JEAN-MARIE PFAFF

MEIN LEBEN

VOM STRASSENFUSSBALLER
ZUM WELTTORHÜTER

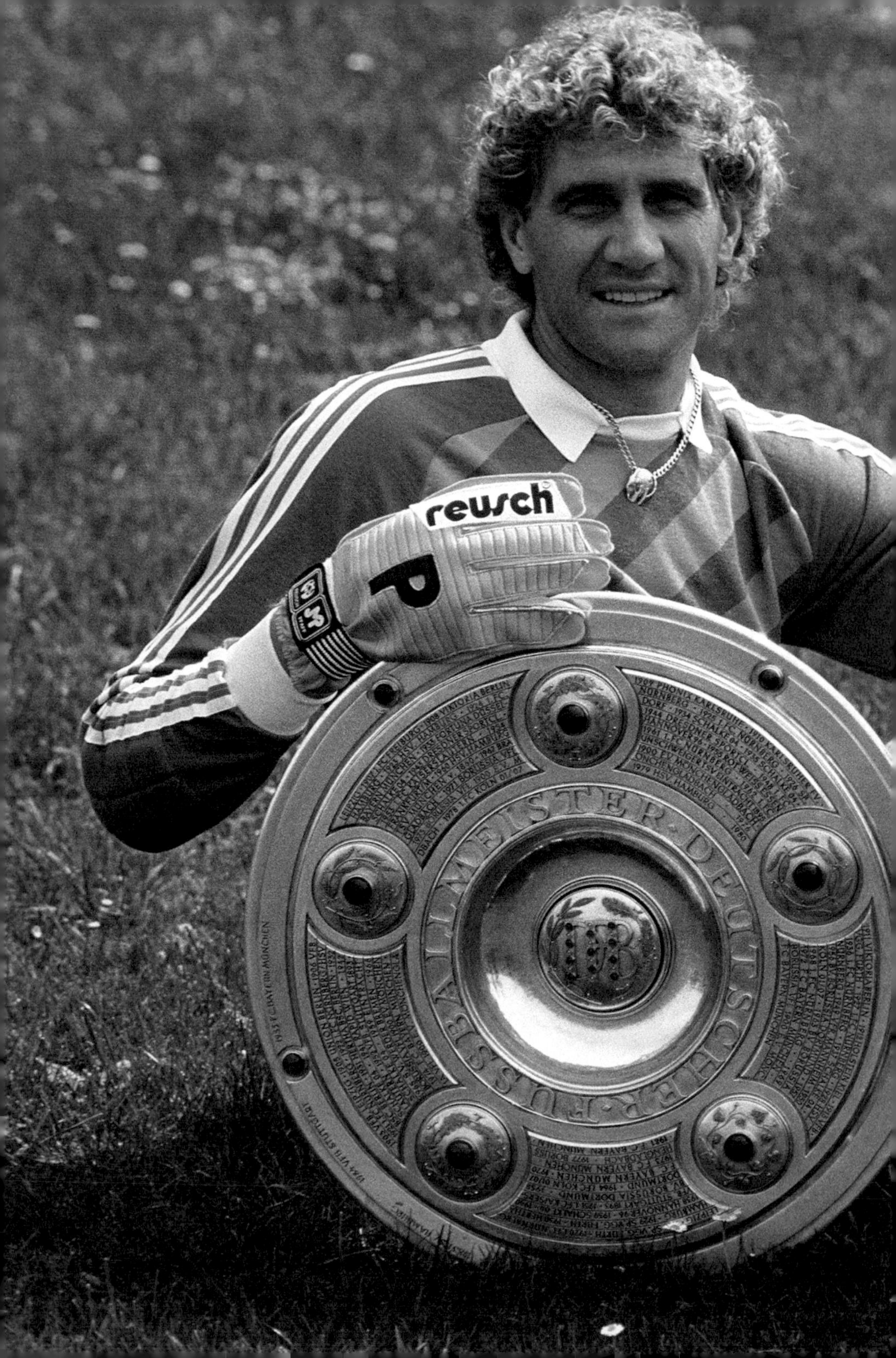
reusch

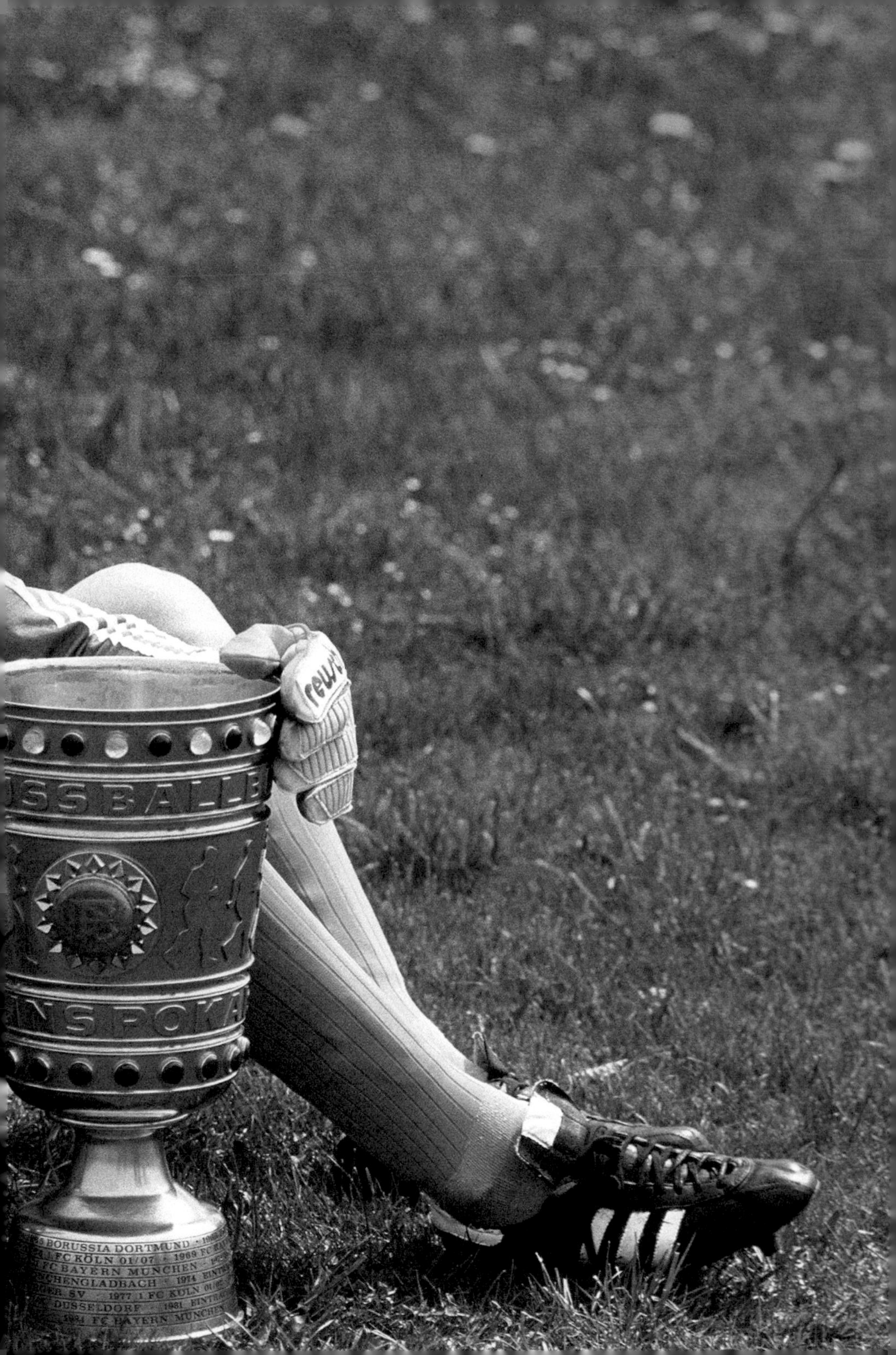
BORUSSIA DORTMUND
1. FC KÖLN 01/07 · 1969 FC
FC BAYERN MÜNCHEN
1974
1977 1. FC KÖLN
DÜSSELDORF · 1981
1984 FC BAYERN MÜNCHEN

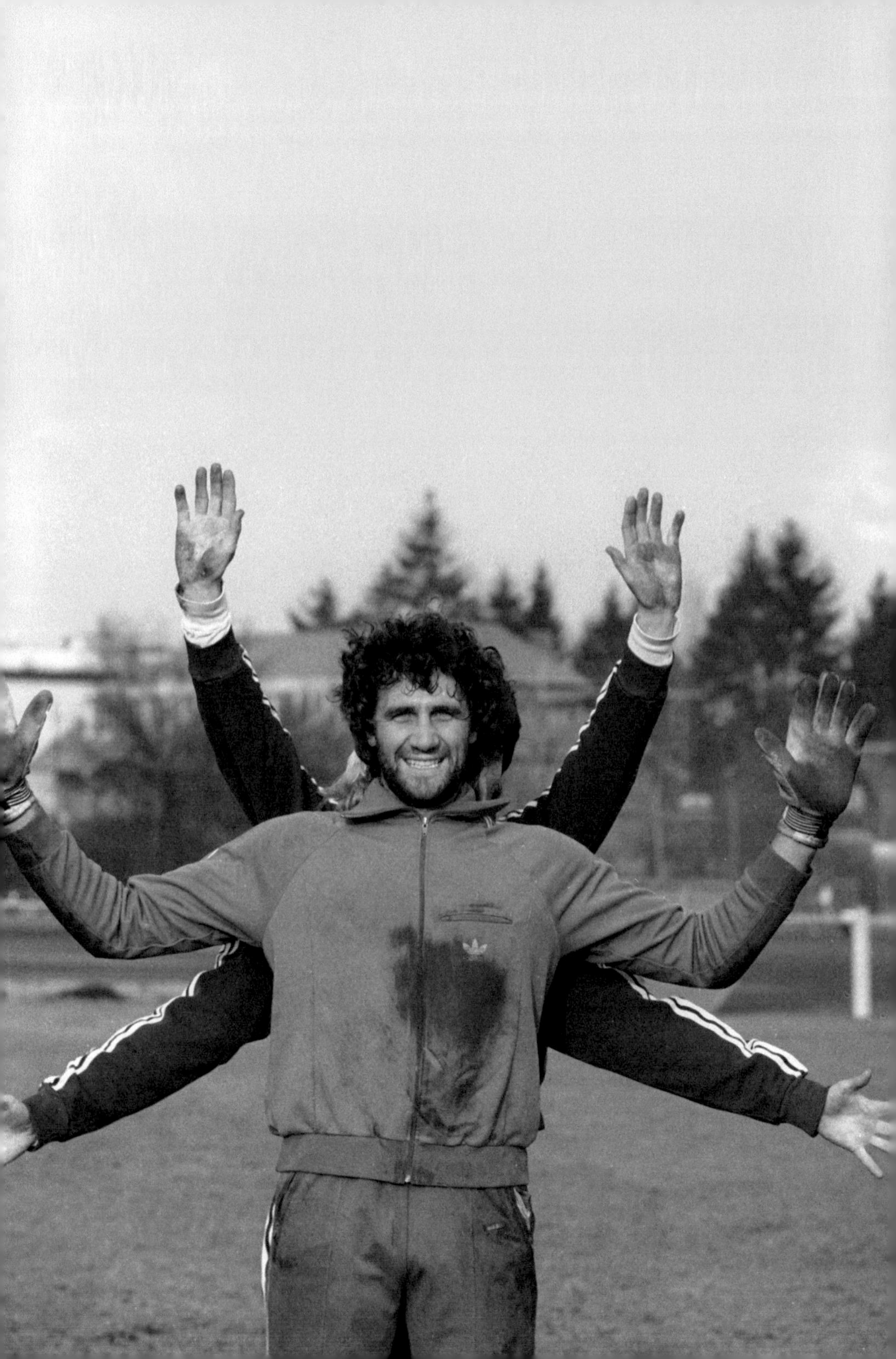

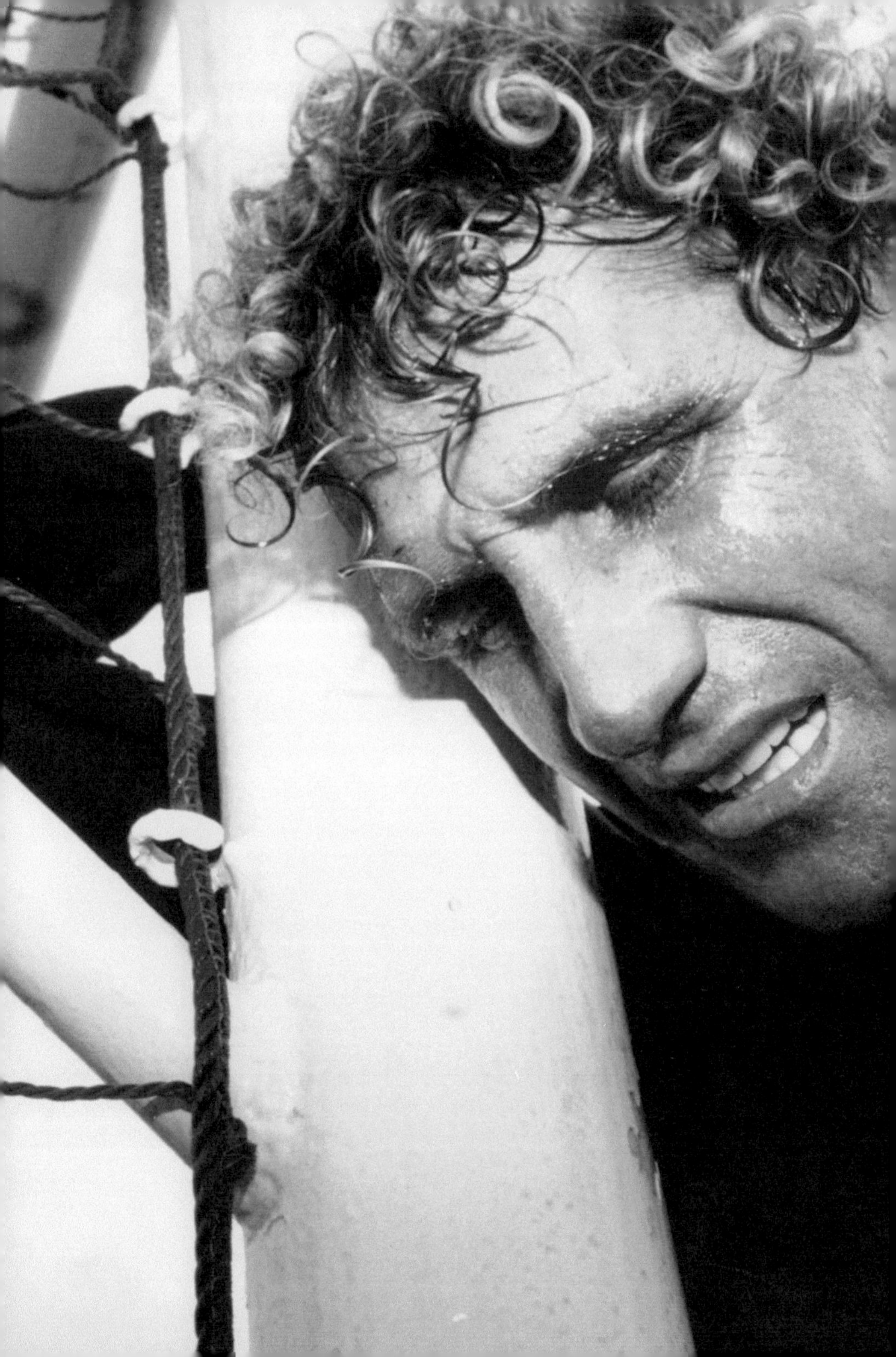

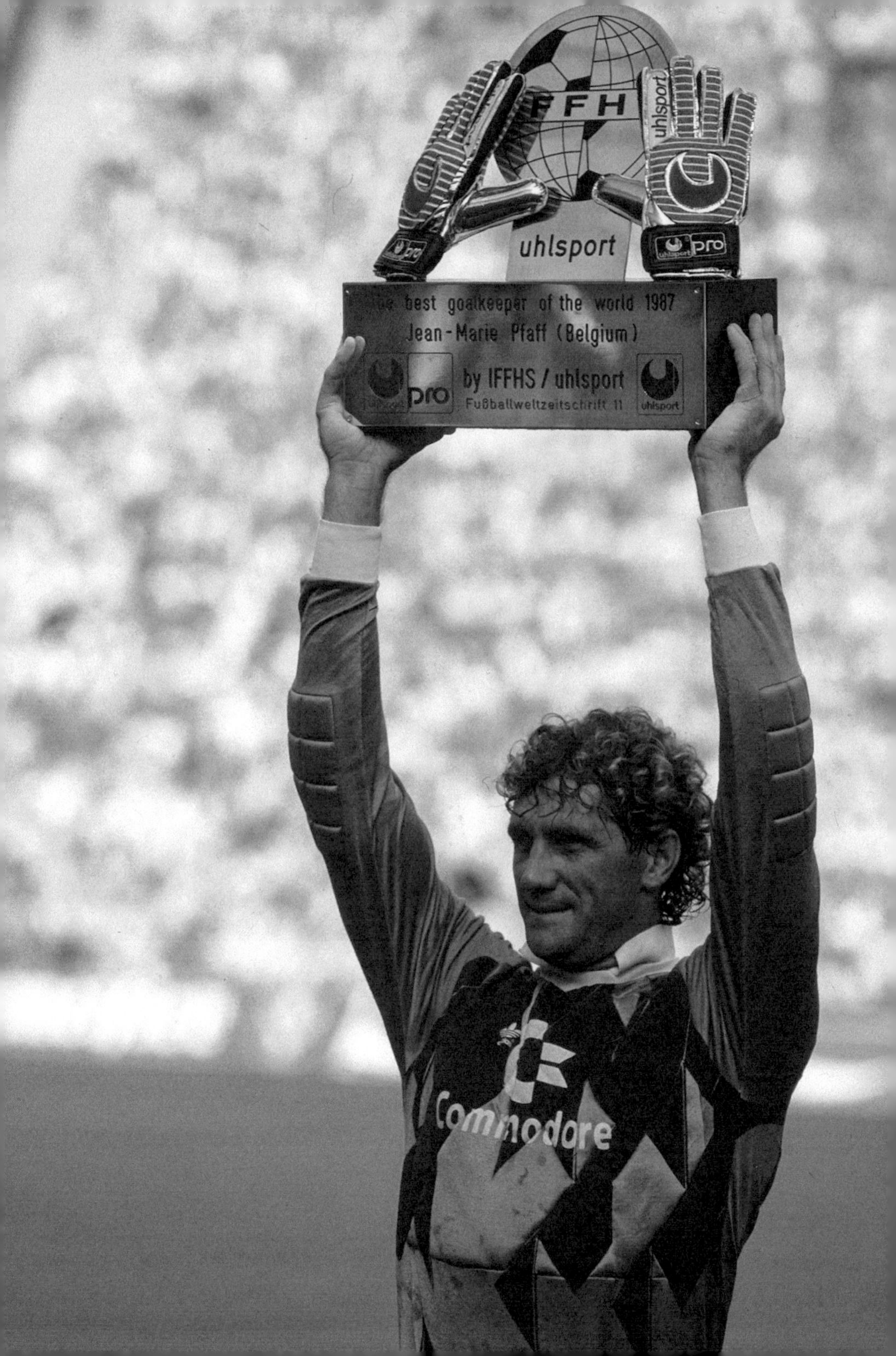
IFFH
uhlsport
uhlsport
pro
pro
best goalkeeper of the world 1987
Jean-Marie Pfaff (Belgium)
by IFFHS / uhlsport
Fußballweltzeitschrift 11
pro
uhlsport
Commodore

IMPRESSUM

Bibliografische Information der Deutschen Nationalbibliothek
Die Deutsche Nationalbibliothek verzeichnet diese Publikation in der Deutschen Nationalbibliografie; detaillierte bibliografische Daten sind im Internet über http://dnb.d-nb.de abrufbar.

Pfaff, Jean-Marie:
Jean-Marie Pfaff – Mein Leben.
Vom Straßenfußballer zum Welttorhüter

ISBN Hardcover: 978-3-96283-008-3

Verlag Sicher Wissen, b2b contact GmbH,
Bürgerreuther Straße 27, 95444 Bayreuth
www.sicher-wissen.de, Tel: 0800-7030390, info@sicher-wissen.de

Textunterstützung: Dr. Michael Madel, Redaktions- und Kommunikationsbüro
Lektorat: Michael Backhausen, Korrektorat: Dr. Wolfgang Delseit
Design, Layout, Satz, Produktion:
text-ur text- und relations agentur Dr. Gierke

Verzeichnis der verwendeten Fotos (Bildrechte), alphabet. Angabe:
Belga News Agency: 22, 80, 114, 123, 290
Fred Joch: 9, 14, 151, 159, 173, 180, 238
Hans Rauchensteiner (Agentur Pressefoto Rauchensteiner und Rechtsnachfolger): 2/3, 24/25, 52/53, 57, 92, 96, 128/129, 137, 143, 146/147, 154, 178/179, 186, 188, 201, 214, 236, 244, 246/247, 260/261, 282/283, 286, 294/295
Horstmüller Pressebilderdienst GmbH: 5, 148, 194, 228
Imago stock&people GmbH: Titelbild, 19, 84/85, 133, 181, 226
Martin Heidt: 243, 265
Media Reporters Productions srl: 253, 256
Photo News: 7, 250, 263, 269, 273, 275
Pressefoto Markus Ulmer: 266
Privatfotos Jean-Marie Pfaff: 29 (unter Verwendung einer Horoskopzeichnung von Lode Willems), 30, 33, 36, 42, 45, 64, 73, 83, 87, 90, 106, 130, 165, 264, 277

INHALT

VORWORT VON SEPP MAIER

EIN WORT VON TORWART ZU TORWART

Jean-Marie hat in den 1980er-Jahren mit einer Mischung aus blitzschnellen Reflexen, großer Sprungkraft und ausgefeilter Technik sowie hoher Konzentration den Torwartstil einer neuen Torwartgeneration geprägt. Er und ich haben vieles gemeinsam, aber eines ganz besonders: Die Menschen und Fans lieben uns bis heute nicht nur wegen unserer fußballerischen Leistungen. Nein, sie respektieren uns von Mensch zu Mensch, sie feiern uns, weil wir als Fußballstars in einem auch damals schon von materiellen Dingen geprägten Sport Menschen zum Anfassen geblieben sind.

Jean-Marie und ich waren nie „Schicki-Micki-Fußballer" und hatten immer, bis heute, ein sehr nahes Verhältnis zu den

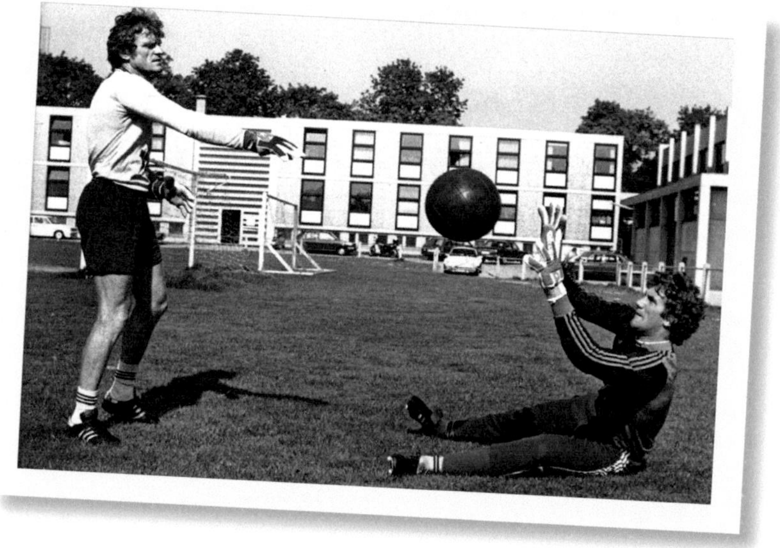

Schweißtreibend: Sepp Maier und Jean-Marie „lieben" das Training mit dem Medizinball.

Fans. Das hat uns allgemein beliebt gemacht, nicht nur bei den Fans unserer jeweiligen Klubs und Teams, sondern weit darüber hinaus.

Vieles von dem, was Jean-Marie in seiner Autobiografie über sein Leben als Torwart erzählt, kann ich sehr gut nachvollziehen. Klar, wir sind nun einmal beide Torhüter und ticken daher ähnlich. Während es Jean-Marie von Beginn an ins Tor gezogen hat, träumte ich in meiner Jugend davon, als Mittelstürmer erfolgreich zu sein. Letztendlich ist es für Bayern München und unsere Nationalteams aus Belgien und Deutschland von Vorteil gewesen, dass wir beide im Tor gelandet sind.

Torhüter sind oft die Exoten in einem Team. Wir stehen da hinten, um den Kasten sauber zu halten. Zugleich jedoch nehmen wir großen Einfluss auf das Spiel, wir haben ja den besten Überblick. Auch Jean-Marie hat diese Kunst exzellent beherrscht. Natürlich kann ich mich als Torwart in seine Situation versetzen und beurteilen, was es heißt, manchmal recht allein und einsam zwischen den Pfosten zu stehen. Jean-Marie hat diese Position hervorragend ausgefüllt, weil er diesen unbezwingbaren Drang hatte, immer besser zu werden und seine Rolle als Torwart perfekt auszufüllen. Das gelingt nicht in jedem Spiel, aber Jean-Marie hat nie aufgegeben und ist auch nach heftigen Rückschlägen stets wieder aufgestanden.

Diese Mentalität habe ich hautnah erlebt, als er sich bei mir in Anzing mithilfe spezieller Trainingsmethoden und Übungen auf seine Spiele im Tor des FC Bayern München vorbereitet hat. Das waren tolle Tage und intensive Trainingseinheiten, bei denen wir trotz aller Anstrengungen viel gelacht und unseren Spaß gehabt haben.

Jean-Marie schreibt, dass es für ihn eine große Ehre bedeutete, mein Nachfolger bei Bayern München zu werden. Das Kompliment möchte ich erwidern: Jean-Marie – ich freue mich und bin stolz darauf, dass du dich damals als mein Nachfolger durchsetzen konntest!

Sepp Maier

EINLEITUNG

UNSERE FAMILIE IST DAS, WAS UNS AUSMACHT

Dies ist keine normale Autobiografie eines Fußballers, in der ein prominenter Sportler von seinen Erfolgen berichtet und erzählt, welche Stolpersteine er beiseiteräumen musste oder welche Rückschläge er gemeistert hat, um ein bekannter Fußballer und Torwart zu werden. Wenn du auf Klatschgeschichten hoffst oder lesen möchtest, welche Konkurrenten ich im Tor wegboxen musste, um mich zum Beispiel bei Bayern München durchzusetzen, muss ich dich leider enttäuschen. Dies ist kein Enthüllungsbuch, in dem schmutzige Wäsche gewaschen wird. Denn, um es vorwegzusagen, für mich, Jean-Marie Pfaff, geboren am 4. Dezember 1953 in Lebbeke in der Region Flandern in der Provinz Ostflandern in Belgien, gibt es einige

Dinge, die sehr viel wichtiger sind als das Fußballspiel und das runde Leder.

Was glaubst du, welche Dinge ich meine?

DER MENSCH HINTER DEM FUSSBALLSTAR

Wenn ich einen Fußballplatz betreten habe, wollte ich natürlich gewinnen. Das begann bereits in den 1960er-Jahren in Lebbeke, wenn wir Jungs uns trafen, um auf dem holprigen Acker einem runden Etwas hinterherzujagen, das einem Fußball nur ein wenig ähnelte. Dieses Schlachtfeld nannten wir „The Kongoke" – also einen Kampfplatz –, ein holpriges Sandfeld in der Kerkstraat. Dort wurden Duelle zwischen Teams ausgetragen, die die verschiedenen Straßen unserer Nachbarschaft vertraten. Nach der Schule ging es so gut wie immer raus zum Kicken. Einen Rasen kannten wir nicht, auf dem Acker waren schnell zwei Hand- oder Taschentücher oder Kleidungsstücke auf den Boden gelegt – dann mussten eben zwei von uns Burschen ohne Pullover spielen! –, die als Torpfosten herhalten mussten. Die größeren Jungs wussten zuerst nicht wirklich, was sie mit mir, dem leicht übergewichtigen Jungen, den sie „Fettie" nannten, anfangen sollten. Darum haben sie mich ins Tor gestellt.

Gewinnen wollte ich auch, als ich später mit meinen Brüdern kickte. Und erst recht, als ich 1978 half, für den KSK Beveren den belgischen Pokal und damit den ersten Titel zu gewinnen. Und selbstverständlich wollte ich auch gewinnen, als Belgien 1986 im Halbfinale der Fußballweltmeisterschaft in Mexiko gegen Diego Maradona um den Einzug in das Finale gekämpft hat. Mein Ehrgeiz hat dafür gesorgt, dass ich stets der Bessere und der Beste sein wollte.

Jetzt vermutest du vielleicht, dass das Fußballspielen doch das Wichtigste in meinem Leben gewesen sein muss. Aber nein: Das Wichtigste in meinem Leben ist die Familie gewesen. Und das wird sie auch immer bleiben. Zunächst meine Eltern und meine Geschwister, von denen ich gleich elf hatte, fünf Brüder und sechs Schwestern, und später meine Frau Carmen und meine Kinder Debby, Kelly und Lyndsey mit ihren Familien. Mittlerweile habe ich sechs Enkelkinder.

Deshalb geht es mir in meiner Autobiografie auch darum, dass du mich als Menschen kennenlernst und nachvollziehen kannst, wie ich der wurde, der ich heute bin, und wie ich mich vom Straßenfußballer zum Welttorhüter entwickelt habe. Es ist für jeden Menschen wichtig zu wissen, wo er herkommt und welche Erlebnisse ihn zu dem gemacht haben, der er ist.

Wenn du dieses Buch nach dem Lesen aus der Hand legst und sagst, dass du nun den Menschen Jean-Marie Pfaff besser kennst und verstehst, dann habe ich eines der Ziele, die ich mit dieser Autobiografie verfolge, erreicht.

Der berühmte und bekannte Fußballer, der 1986 in Mexiko einen nie erwarteten vierten Platz belegte und 1987 mit Bayern München im Wiener Praterstadion, dem späteren Ernst-Happel-Stadion, im Finale des Pokals der Landesmeister gegen den FC Porto stand, war ich nicht immer. Wenn du wissen willst, wie ich als junger Mensch in der flämischen Stadt Lebbeke in einem Wohnwagen gelebt habe und aufgewachsen bin und wie es geschehen konnte, dass ich heute in einer schönen Villa in Brasschaat bei Antwerpen lebe, dann solltest du meine Autobiografie lesen.

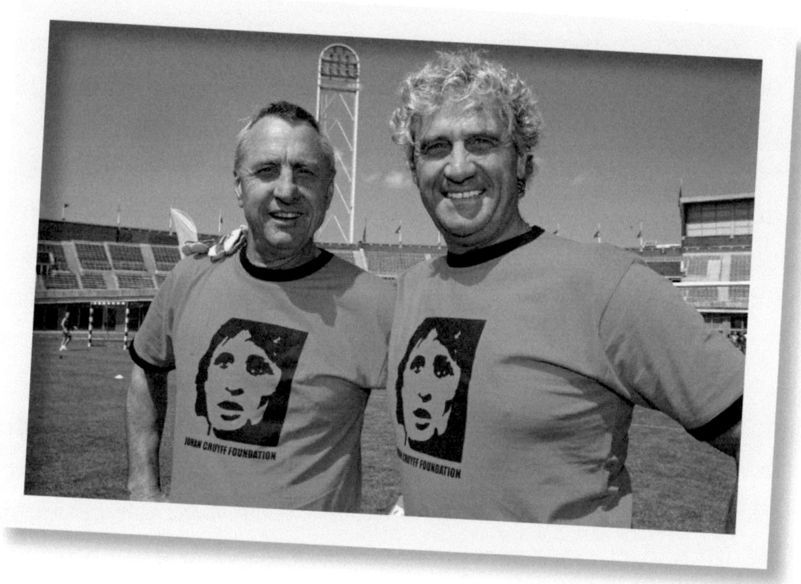

Jean-Marie und Johan Cruyff beim Johan-Cruyff-Foundation-Cup 2010 in Amsterdam

WAS WIRKLICH ZÄHLT IM LEBEN

Der niederländische Fußballweltstar Johan Cruyff hat einmal über mich gesagt, er habe selten einen Fußballer kennengelernt, der seine Gegner so wertgeschätzt hat, wie ich es getan habe und heute noch tue. Er hat mich als sozialen Menschen bezeichnet, der sich neben all seinen (auch sportlichen) Aktivitäten immer die Zeit genommen hat, sich um andere Menschen zu kümmern, die ihm etwas bedeuteten und für ihn etwas Besonderes waren. Dass ich ein einzigartiger Mensch sei, schien Johan Cruyff eine Untertreibung zu sein. Vielen Dank für diese berührenden Worte, Johan.

Ich würde mich freuen, wenn auch ihr, liebe Leserinnen und liebe Leser, nach der Lektüre dieser Autobiografie sagen würdet, dass ich nicht nur ein guter Torwart war, sondern auch ein guter Mensch bin. Denn darauf kommt es an: Zuerst musst du ein guter Mensch sein, dann ein guter Torwart!

Vielleicht können du oder deine Kinder, die davon träumen, Karriere als Fußballer zu machen, etwas von einem Fußballer lernen, der zu einer Zeit aufgewachsen ist, in der es noch nicht üblich war, bereits in Kindheit und Jugend eine minutiös vorausgeplante Karriere in einem Fußballleistungszentrum zu durchlaufen. Dabei muss die Verwirklichung deines Lebenstraums gar nicht unbedingt mit dem Sport oder dem Fußball zu tun haben. Ganz gleich, was du dir wünschst und erhoffst: Du kannst selbst dann deine Wünsche und Hoffnungen erfüllen, wenn deine Startbedingungen und Lebensumstände nicht die günstigsten sind. Dazu soll dich meine Lebensgeschichte ermutigen.

Viele der Erlebnisse und Erfahrungen, die mich geprägt haben, haben mit dem Fußball überhaupt nichts oder wenig zu tun. Ich denke zum Beispiel an den tragischen Tod meines Neffen Mario und vor allem an meinen Vater, den ich bereits im Alter von nur zwölf Jahren 1965 verloren habe und der mir mit seinem tiefen Glauben an mich und meine Fähigkeiten, auch als Fußballer und Torwart, geholfen hat, meine Ziele in meinem Leben zu erreichen. Ihm habe ich einst am Sterbebett versprochen, alles zu tun, ein guter und großer Torwart zu werden. Ich glaube, ich konnte dieses Versprechen einlösen. Und das macht mich jetzt in dem Moment, in dem ich weit über ein halbes Jahrhundert zurückblicke und tief in die Vergangenheit eintauche und mich erinnere, sehr glücklich.

VOM KOPF DIREKT INS HERZ

Es gibt nichts Wichtigeres im Leben als Menschen, die an dich glauben und dir vertrauen. Wenn du solche Verwandte, Freunde und Bekannte hast, wirst du deine Ziele erreichen und erfolgreich sein.

Dabei geht es nicht um Verstand und Vernunft und rationale Gründe, die den Kopf ansprechen und die andere Menschen an dich glauben lassen. Nein, es geht um etwas ganz anderes. Viel entscheidender sind aus meiner Sicht Gründe, die direkt das Herz erreichen. Wenn dir ein Mensch, der dir sehr nahesteht, versichert, er glaube an dich und die Verwirklichung deiner Träume, dann führt das zu einem großen Antrieb und setzt mächtige Kräfte und Energien in dir frei. Mein Vater Honoré und meine Mutter Gerdina waren solche Menschen. Das, was sie mir gesagt und mit auf den Lebensweg gegeben haben, hat sich in meinem Körper festgesetzt, sich in meinen Genen eingepflanzt und mir – da bin ich sicher – auch auf dem Fußballplatz und als Torwart geholfen.

Bei der Arbeit an diesem Buch habe ich mich an lange zurückliegende Dinge erinnert, die mir oft gar nicht mehr gegenwärtig waren. Manchmal hatte ich dabei das Gefühl, dass ich an einem Fluss sitze und die Bilder der Erinnerungen an mir vorüberziehen. Manche Bilder und Erinnerungen treiben unbeachtet weiter, andere werfe ich zurück in den Fluss, auch weil sie zu emotional und schmerzhaft sind. Und wiederum

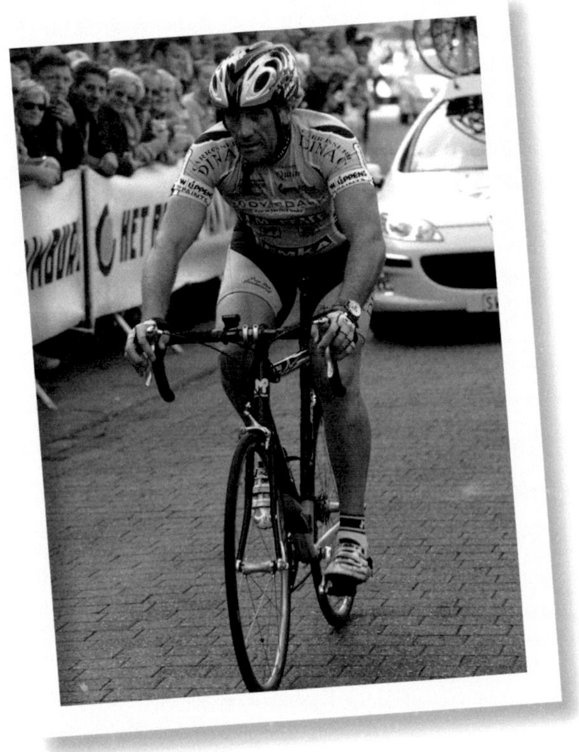

Das wirklich Wichtige im Leben:
Vor allem nach seiner Karriere engagiert sich Jean-Marie für wohltätige Zwecke, etwa bei Benefiz-Fahrradtouren.

andere Bilder und Erinnerungen greife ich heraus, damit sie in diesem Buch auftauchen können und dein Herz ebenso direkt berühren wie meines. Weder Alter, Vermögen, Herkunft noch das Aussehen zählen, sondern das, was ein Mensch in seinem Herzen trägt. Wir Menschen sehen das wirklich Wichtige im Leben immer nur mit dem Herzen.

Meine wichtigsten Lebensstationen und Erfolge

- Meine Familie: Meine Frau Carmen und meine drei Töchter Debby, Kelly und Lyndsey mit ihren jeweiligen Familien, vor allem den Enkeln Keano und Liam, Shania und Kenji, Bruce und Fay
- 64-facher belgischer Nationaltorhüter
- Mit Belgien zweiter Platz bei der Europameisterschaft 1980 in Italien
- Mit Belgien vierter Platz bei der Weltmeisterschaft 1986 in Mexiko
- Belgischer Pokalsieger 1978 mit KSK Beveren (Gegner: Sporting Charleroi)
- Belgischer Meister 1979 mit KSK Beveren
- Mit Bayern München DFB-Pokal-Sieger 1984 und 1986
- Mit Bayern München Deutscher Meister 1985, 1986 und 1987
- Mit Bayern München DFB-Supercup-Sieger 1987
- Mit Bayern München Finalist im Europapokal der Landesmeister 1987 (Gegner: FC Porto)
- Welttorhüter 1987
- Engagement bei Lierse SK 1988–1989
- Engagement bei Trabzonspor (Sportklub Trabzon) 1989–1990

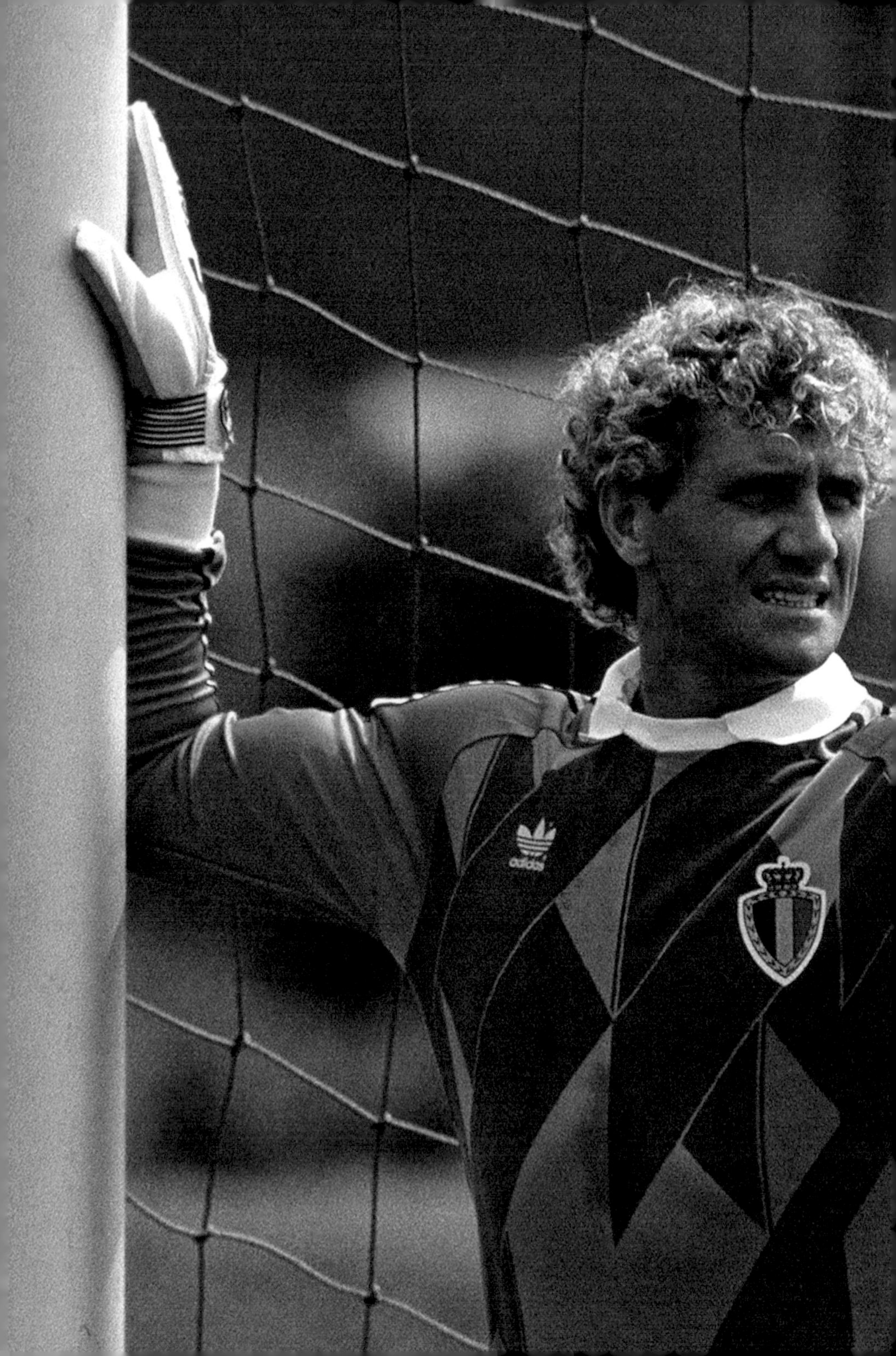
adidas

KAPITEL 1

WIE ICH DER WURDE, DER ICH HEUTE BIN

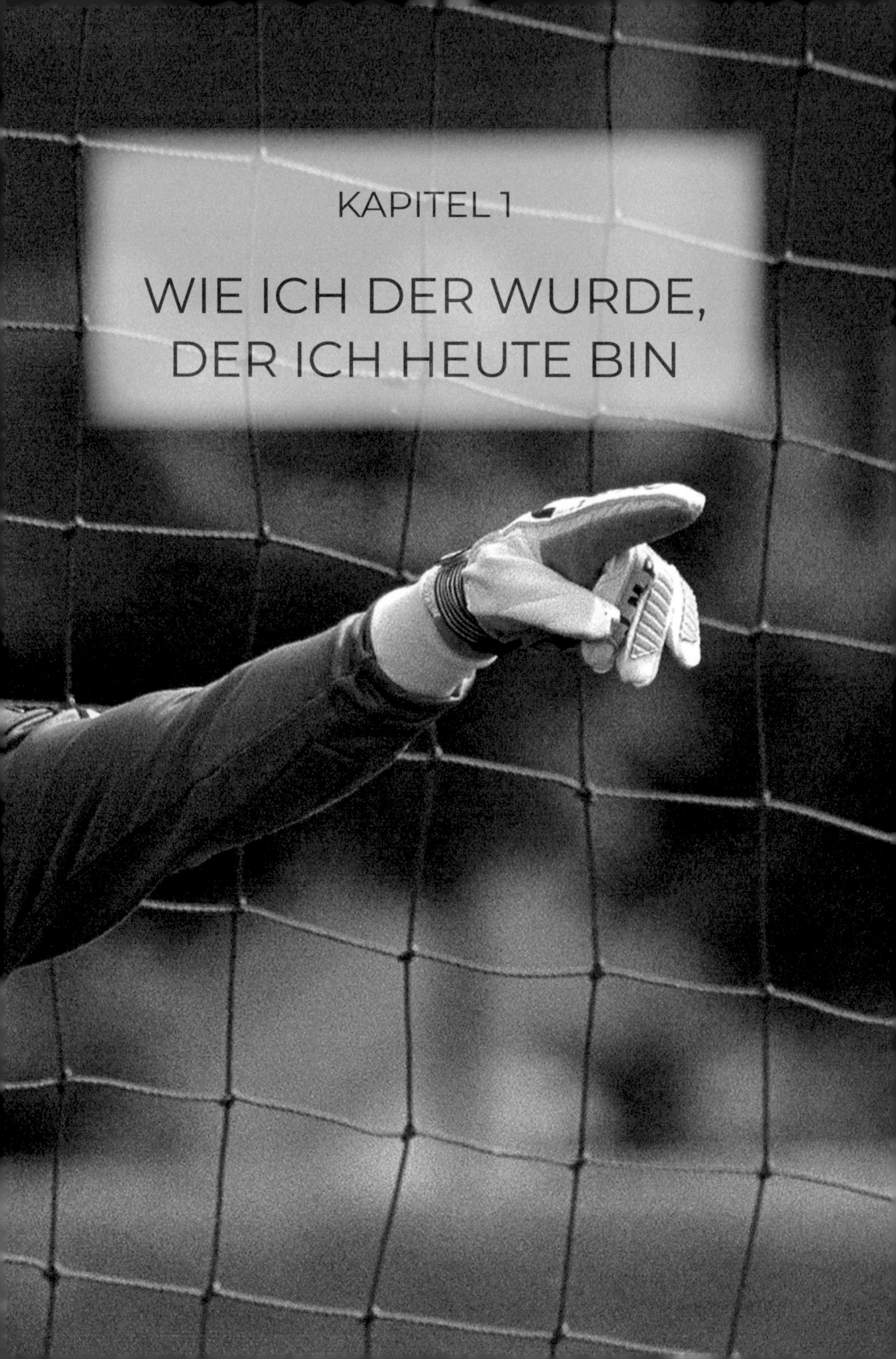

Wenn wir nicht genau wissen, wie und wo wir angefangen haben, können wir auch nicht einschätzen, wohin wir uns entwickeln werden. Ich möchte wissen, wie ich zu dem Menschen geworden bin, der mich morgens im Spiegel anschaut.

FLUTKATASTROPHEN, BANANENFLANKEN UND DIE NUMMER 10 IM HAUSE PFAFF

Wir schreiben das Jahr 1953 – die harten Jahre des Zweiten Weltkrieges sind vorbei, die entbehrungsreichen Nachkriegsjahre überstanden. Aber es ist wieder einmal einiges los auf der Welt:

Der sowjetische Machthaber Josef Stalin stirbt in Moskau, in der damaligen DDR kommt es am 17. Juni zu einem Volksaufstand. Das sind herausragende politische Ereignisse. Auch der Sport hat einiges zu bieten: Ann Davison überquert als erste Frau den Atlantik als Einhandseglerin, Edmund Hillary und Tenzing Norgay besteigen im Mai den 8.848 Meter hohen

Mount Everest, es ist die Erstbesteigung des höchsten Berges der Welt.

Im Februar ereignet sich die schreckliche Flutkatastrophe in den Niederlanden, die als „Hollandsturmflut" in die Geschichtsbücher eingegangen ist. Auch Großbritannien und Belgien sind betroffen und werden in Mitleidenschaft gezogen. An der flämischen Küste erleiden vor allem die Küstenorte große Schäden, die Folge sind Obdachlose, Verletzte und Todesopfer. In Belgien sterben 14 Menschen. In Beveren bricht der Seedeich, die Innenstadt von Oostende wird vollständig überflutet.

Was ist aus dem Jahr 1953 fußballerisch zu berichten? Der 1. FC Kaiserslautern wird deutscher Fußballmeister (es stimmt mich traurig, wenn ich höre, dass dieser große Verein mittlerweile, in der Saison 2020/2021, in der dritten Liga in Deutschland gegen den Abstieg kämpft), in Belgien bestimmen in den 1950er-Jahren der FC Lüttich und RSC Anderlecht das fußballerische Geschehen, 1953 wird der FC Lüttich belgischer Fußballmeister. In diesem Jahr erblicken einige spätere Fußballstars das Licht der Welt, zum Beispiel der Kopfballspezialist Dieter Hoeneß, der Stürmerstar Hans Krankl, der „Bananenflanken"-Gott Manfred Kaltz (der in meiner Karriere eine wichtige Rolle gespielt hat, dazu später mehr), der brasilianische Fußballkünstler Zico, Felix Magath und Ewald Lienen, die Trainer Christoph Daum und Huub Stevens. Und auch ich komme 1953 zur Welt, und zwar am 4. Dezember. Ich bin das zehnte Kind meiner Eltern, die sich im Laufe ihres Lebens über sechs Jungen und sechs Mädchen freuen dürfen, wobei meine älteste Schwester sehr früh gestorben ist.

Später bin ich als Torhüter immer die Nummer 1, in unserer Großfamilie war ich die Nummer 10. Aber du weißt ja, welche wichtige Rolle die Nummer 1 und die Nummer 10 in fast jedem Team spielen. Der Torwart mit der Nummer 1 und der Spielmacher mit der Nummer 10 auf dem Rücken – ohne diese beiden Spieler geht gar nichts!

EIN SPORTLICHER SCHÜTZE, DER IM TOR LANDET: MEIN HOROSKOP

Geboren werde ich an jenem 4. Dezember im Sternzeichen des Schützen, um 19:30 Uhr. Es gibt ein „Jean-Marie-Pfaff-Horoskop", das der Astrologe Lode Willems ausgewertet hat. Demnach bin ich ein sportlicher und kreativer Mensch, der ein großes Bedürfnis nach Offenheit und Freiheit hat, der neugierig ist und die Welt kennenlernen möchte. Ich bin ein Naturliebhaber und mag Tiere, ich verfüge über eine philosophische Ader und denke gern über das Leben nach. Zudem bin ich ein sehr familienverbundener Mensch, der gut mit (seinen) Kindern auskommt, aber auch auf den Ratschlag älterer Menschen hört. Ich trenne mich nur ungern von alten Sachen und bin ein Sammler – das glaubt sofort jeder, der in mein Trophäenzimmer schaut, in dem ich all die Erinnerungsstücke aufbewahre, von denen in diesem Buch die Rede sein wird.

Was sagt mein Horoskop noch über mich aus? Nun, ich bin eine extravagante, ja originelle Persönlichkeit, die mit Eigenschaften gesegnet ist, die mich von anderen Menschen abheben und unterscheiden. Ich habe einen Drang zur Selbstdarstellung und möchte mich zugleich mit möglichst vielen Menschen verbinden und anfreunden. Das Horoskop sagt mir voraus, ein „Star" zu werden und ein großes Publikum zu be-

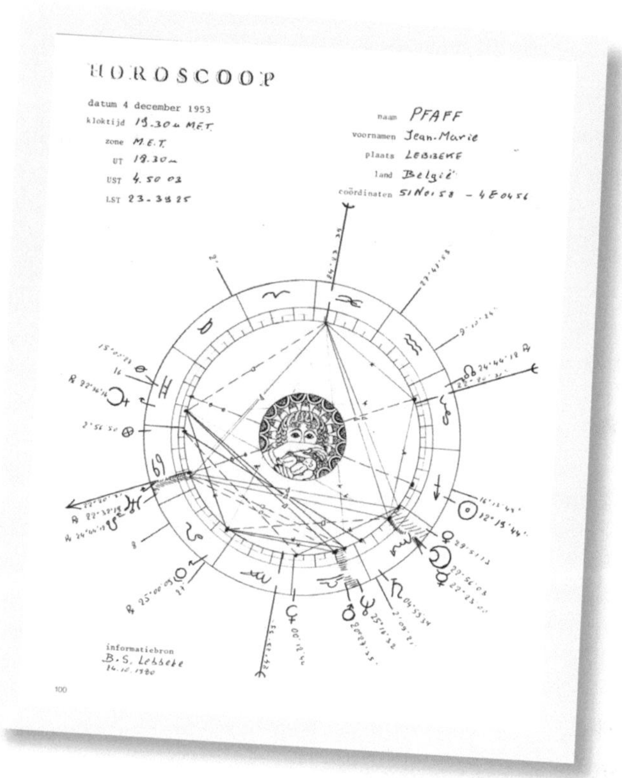

Jean-Maries Horoskop,
1953 erstellt von dem Astrologen Lode Willems

geistern. Zudem bin ich ein kämpferischer und zugleich einfühlsamer Mensch mit einem intensiven Hang zum Individualismus – ich weiß, was ich will, gehe meinen eigenen Weg und unterstütze gern Menschen, die sich in Not befinden. Zudem verfüge ich über ein gewisses Erzähltalent – mal schauen, ob diese Autobiografie dies belegen wird! – sowie über eine lebendig-humorvolle Sprache.

Ob all das zutrifft, mögen andere beurteilen. Auf jeden Fall kann ich vieles von dem, was mein Horoskop voraussagt,

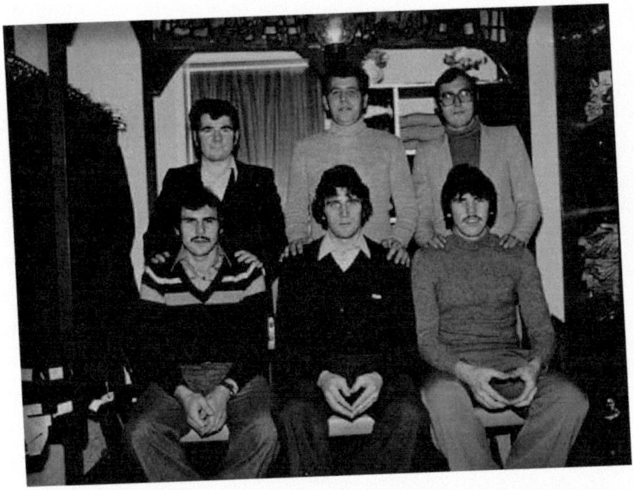

Zusammenhalt – die Pfaff-Brüder, v. l. n. r.; oben: Jean-Baptist, Louis, François; unten: Antoon, Jean-Marie, Danny

unterschreiben. Das meiste, was ich jetzt zu erzählen habe, stimmt mit der Auswertung meines Horoskops überein. Ist der Lebensweg eines Menschen also vom Tag seiner Geburt an schicksalhaft vorherbestimmt? Ich weiß es nicht. Es ist jedoch erstaunlich, wie sehr sich mein Lebensweg in dem Horoskop widerspiegelt.

„AUS DEM JEAN-MARIE WIRD MAL EIN GANZ GROSSER!“

Eine Geburt ist zu dieser Zeit nicht unbedingt ein Grund, ins Krankenhaus zu gehen, vor allem nicht für meine Eltern: Immerhin hatte meine Mutter vor mir schon neun Kinder auf die Welt gebracht, sie wusste darum genau, was sie erwartete und was zu tun war. Meine älteste Schwester war bereits sehr früh verstorben, aber jetzt durften sich Marie-Louis, Lieske (Katarina), Jean-Baptist, Louis, François, Elisabeth und Antoinette (die Zwillinge) und Antoon, den wir Toon nannten, über einen weiteren Bruder freuen: Jean-Marie. So erblickte ich mithilfe einer Hebamme und meiner erfahrenen Mutter das Licht der Welt. Später kamen noch Anneke und Danny hinzu. Mein Name Jean-Marie setzt sich zusammen aus dem Vornamen meines Paten Jean de Lathouwer, einem Caféhausbesitzer, und Marie Raeymakers, einer Tante mütterlicherseits.

Meine Eltern Honoré und Gerdina Pfaff waren und sind für mich die größten Vorbilder. Von meinem Vater habe ich das Selbstbewusstsein und den Glauben an mich selbst erhalten. „Aus dem Jean-Marie wird mal ein ganz Großer!" – diesen Satz habe ich häufig von ihm gehört. Dieser Glaube an mich selbst hat mich zu einem von den Stürmern respektierten und gefürchteten Torwart werden lassen.

Meine Mutter war ein eher sicherheitsorientierter Mensch. Stets heiter und froh, auf Beständigkeit und Geborgenheit bedacht, hat sie in meiner Jugend zum Beispiel darauf geachtet, dass ich etwas Anständiges lerne und arbeiten gehe, um Geld für meinen Lebensunterhalt zu verdienen. Meine Mutter hat mich aber auch bei meiner Entscheidung, Fußballer zu werden, vorbehaltlos unterstützt. „Pass gut auf deine Sachen auf und sieh zu, sie nicht kaputt zu machen" und „Sei immer höflich und respektvoll, achte auf Sauberkeit und Disziplin", so ihre Ratschläge an uns Kinder. Weil wir in eher ärmlichen Verhältnissen aufgewachsen sind, war es schon von Bedeutung, auf den einzigen Anzug Acht zu geben und das, was man am Körper trägt, sauber und in Ordnung zu halten.

Meine Mutter wusch und kochte den ganzen Tag für ihre Kinder, und wenn wir Kinder Freunde mit nach Hause brachten, konnten schon einmal zwölf, 13, 14 oder 15 Personen am Tisch sitzen, die einfach, aber ausreichend verköstigt wurden. „Ich ziehe es vor, dass die Kinder hier zu Hause am Tisch sitzen und zu Hause spielen – das ist besser, als wenn sie sich irgendwo aufhalten, wo ich nicht auf sie achten und mich um sie kümmern kann", so meine Mutter.

Leider verhielt es sich umgekehrt nicht immer so. Wir Pfaff-Kinder wurden eher selten eingeladen und durften oft genug, weil wir zum Beispiel schmutzige Schuhe anhatten, andere Häuser und Wohnungen nicht betreten. Wir mussten vor der Tür warten. Das hat meine Mutter sehr geschmerzt und schockiert, aber sie hat sich nie beklagt. Wenn man in ärmlichen Verhältnissen aufwächst, gibt es leider oft dumme Menschen, die es dir gegenüber an Respekt fehlen lassen und sich für etwas Besseres halten.

Ich erinnere mich daran, als einmal eine Jugendauswahl zusammengestellt wurde. Obwohl alle der Ansicht waren, ich würde als Torwart in die erste Mannschaft dieser Auswahl gehören, wurde mir ein anderer Junge vorgezogen; mir blieb die Position des Ersatztorhüters. Vielleicht lag es daran, dass dieser Junge der Sohn eines Sponsors war ...

Meine Eltern konnten weder lesen noch schreiben, aber in meinen Augen waren sie intelligenter und bezüglich der wirklich wichtigen Dinge des Lebens klüger als die meisten Menschen. Einer ihrer Wahlsprüche lautete: „Empfange andere Menschen so, wie du selbst wünschst, empfangen zu werden" – diesen Wahlspruch der Pfaffs haben damals nicht alle Menschen befolgt. Das ist heute nicht anders als früher.

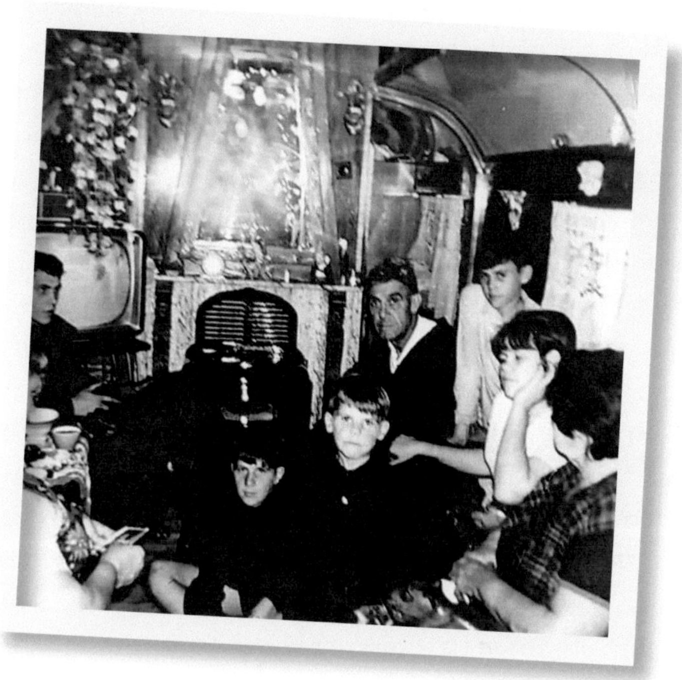

Einfaches und ehrliches Leben in Wohn- und Campingwagen: Jean-Marie im Kreise seiner Familie

LEBEN IM WOHNWAGEN

In meiner Kindheit und Jugend war nie genügend Geld vorhanden. Um die Ausstattung mit materiellen Dingen war es bei uns eher schlecht bestellt. So haben wir eine Zeit lang in gleich mehreren Wohnwagen und Campingwagen gelebt, da waren die Verhältnisse sehr beengt. Meine Eltern lebten mit den kleineren Kindern in einem Wohnwagen, da war ich auch mit dabei. Die größeren Brüder und die größeren Schwestern lebten in zwei weiteren Campingwagen.

Ich bin also in beschränkten Verhältnissen aufgewachsen, vor allem aus der Sicht von Kindern und Jugendlichen, die in der heutigen Zeit groß werden. Meine Eltern haben mit dem Verkauf von Teppichen ein bescheidenes Einkommen erzielt. Sie zogen von Dorf zu Dorf, von Stadt zu Stadt, und mein Vater ging von Haus zu Haus, um seine Teppiche zu verkaufen. So führten meine Eltern, meine Geschwister und ich ein hartes, aber stolzes und freies Leben. An Luxus war nicht zu denken, aber wir hatten stets zwei Mahlzeiten am Tag auf dem Tisch und konnten uns ordentlich kleiden. Freude ist das, was du aus deinem Leben machst, und wir waren glücklich mit dem, was wir hatten. Es gab eine enorme Solidarität innerhalb unserer Großfamilie. Natürlich wurde auch gestritten und ab und zu an den Haaren gezogen, aber das ist ja bei so vielen Kindern völlig normal. Wenn es darum ging, arbeiten zu gehen und zum gemeinsamen Haushaltseinkommen beizutragen, waren alle im Rahmen ihrer jeweiligen Möglichkeiten bereit dazu. Die älteren Kinder kümmerten sich um die jüngeren Geschwister, meine Schwestern halfen meiner Mutter bei der Wäsche und im Haushalt.

TEPPICHVERKAUF AN DER HAUSTÜR

Dass Dinge direkt an der Haustür verkauft wurden, gehörte damals zu den gängigen Möglichkeiten, den Lebensunterhalt zu verdienen. Die Menschen fuhren nicht rasch zum Supermarkt, um sich mit dem Notwendigen einzudecken und zu versorgen, sondern sie erstanden viele der Dinge, die sie zum täglichen Leben benötigten, direkt an der Haustür. Ob Scherenschleifer,

Teppichverkäufer, Schuster, Schneider, Gemüsehändler, Milchmann und so weiter – all diese Händler zogen von Haustür zu Haustür und boten den Kunden ihre Waren direkt an. Selbstverständlich war es wichtig, einen guten Ruf zu haben. Wer als Scharlatan oder Betrüger verschrien war, hatte keine Chance mehr, den Menschen Waren und Dienstleistungen erfolgreich an deren Haustür anzubieten und zu verkaufen. Mein Vater achtete immer sehr auf die exzellente Qualität der Stoffe. Wenn seine Geschäfte gut liefen, erhielt er von dem Großhändler, bei dem er seine Teppiche und Stoffe erstand, als Dankeschön ein paar Meter Stoff, aus denen er Kostüme und Kleidung für uns, seine Kinder, anfertigen ließ. Es gab kein größeres Vergnügen für ihn.

Dies funktionierte so lange, bis durch die Konkurrenz eines Supermarktes dieses Einkommen geschmälert wurde. Von da an kauften die Menschen immer seltener ihre Teppiche bei meinem Vater. Das Haustürgeschäft lief schlechter und schlechter.

So kam es, dass ich schon sehr früh eigenes Geld verdienen und zum Familieneinkommen beitragen musste, indem ich zum Beispiel Obst wie Bananen und Äpfel verkauft habe. Von diesem Verdienst konnte ich mir auch eigene Fußballschuhe und Torwarthandschuhe kaufen. Denn manchmal kam es vor, dass ich mit den Schuhen und Handschuhen meiner Brüder spielen musste. Zwar fiel mir das nicht weiter schwer, denn in unserer Großfamilie war es üblich, dass wir Kinder die Sachen untereinander aufgetragen haben. Aber alles das ist nichts verglichen mit dem, was meiner Familie und mir am 8. Dezember 1965 widerfuhr.

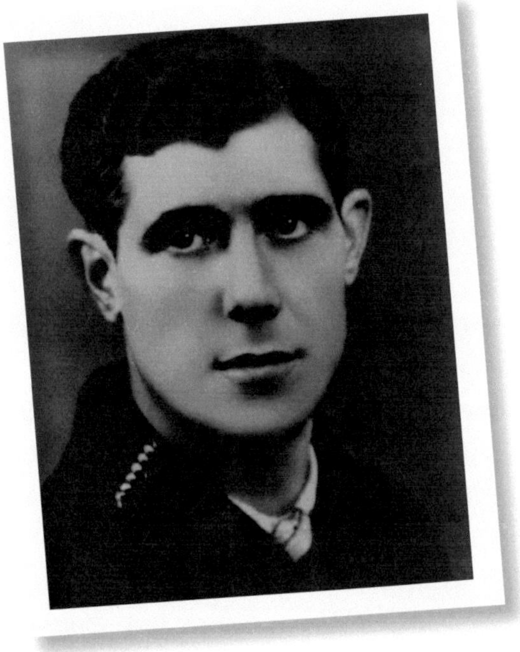

Jean-Maries früh verstorbener Papa Honoré: „Aus dem Jean-Marie wird mal ein ganz Großer!"

DER TOD UND DIE IDYLLE

Es war vier Tage nach meinem zwölften Geburtstag. Im Leben liegen die erfreulichen und schönen Dinge und die schrecklichen Ereignisse oft ganz nah beieinander. Am 8. Dezember 1965 verstarb mein Vater. Natürlich fehlt einem zwölfjährigen Jungen der Papa sehr. Dieses Ereignis hat mein Denken und meine Persönlichkeit nachhaltig geformt. Mein Vater wurde nur 51 Jahre alt, geboren wurde er am 14. Juli 1914.

Seine Leidensgeschichte begann, als er mit seinem Wagen einer Radfahrerin ausweichen musste und gegen einen Baum fuhr. Leider kollidierte er dabei doch noch mit der Radfahrerin, die an den Folgen des Unfalls verstarb. Mein Vater verletzte sich schwer am Brustkorb und an den Rippen, später kam es auch zu schmerzhaften Infektionen. Besonders schlimm jedoch traf ihn der Tod jener Radfahrerin. Die Polizei stellte zwar fest, dass meinen Vater keinerlei Schuld traf, aber das brachte die Frau auch nicht zurück ins Leben.

Einige Zeit nach diesem Unfall zogen wir um, ein Umzug, der zu großen Veränderungen führte, weil wir dieses Mal nicht in unseren Wohn- und Campingwagen blieben, sondern ein richtiges Haus zu unserem neuen Zuhause machten. Das war auch der Zeitpunkt, an dem mein Vater sich aus dem Teppichgeschäft und dem Haustürverkauf ein wenig zurückzog und ein kleines Café zu einem Schnäppchenpreis erstand. Das Café Venus wurde von den Menschen gut angenommen, und wir Kinder halfen nach Kräften mit, um uns eine neue Lebensgrundlage aufzubauen.

Die Eltern meiner Mutter wohnten gleich gegenüber, und so konnte sich die ohnehin schon vertrauensvolle Beziehung zu meinen Großeltern vertiefen. Zeit meines Lebens habe ich den Ratschlägen älterer Menschen gern vertraut, das begann bereits bei ihnen. Das Verhältnis zu ihnen war geprägt durch einen tief empfundenen Respekt, einen Respekt, den heutzutage jüngere Leute älteren Menschen gegenüber nur noch selten zeigen. Insbesondere meine Großmutter fragte mich voller Güte und Interesse nach meinen Tageserlebnissen und gab mir auch so manchen guten Ratschlag, der uns half, einzuschätzen, was für uns Kinder gut war und was nicht. Mein Großvater besaß ein kleines Pferd, dem wir einen Wagen anspannten, um in der Nachbarschaft und im Dorf zum Beispiel Eisenabfälle zu sammeln und zu verkaufen. Dabei kam es immer wieder zu einem kleinen Plausch bei einem Glas kühler Limonade.

Es war schon fast idyllisch, wenn mein Großvater mit seiner großen Sense das Gras mähte. Ich erinnere mich daran, als ob es heute geschehen wäre: Mein Großvater mit der zischenden Sense, das Knacken des Grases. Er hat uns den Respekt vor jedem Lebewesen gelehrt, das waren wundervolle und unbeschwerte Zeiten ...

Bis in diese Idylle auf eine brutale Weise der Tod hereinbrach.

DAS VERSPRECHEN AUF DEM STERBEBETT

Mein Vater war zwar froh und glücklich, dass das Café so gut lief, aber ich glaube, er hätte lieber sein Teppichgeschäft noch weiter vorangebracht. Das Nomadenleben in den Wohn- und Campingwagen und der damit verbundene Freiheitsgedanke lagen ihm im Blut. Schließlich zogen wir in die Bijlstraat 168, die Straße, in der ich einen Großteil meiner Kindheit und Jugend verbrachte. Dann aber kam jener 8. Dezember 1965: Ich erinnere mich, als ob es heute passiert ist, und versetze mich in jene Zeit zurück:

Die Wunde, die mein Vater sich einst bei dem Unfall mit einer Radfahrerin zugezogen hatte, ist nie vollständig verheilt und hat sich nun, viele Jahre nach dem Unfall, wieder entzündet. Es beginnt recht harmlos, aber just an dieser eitrigen Stelle hat sich ein Magenkrebsgeschwür entwickelt. Als es zu einer Magenblutung kommt, das Fieber ansteigt und nicht weichen will und mein Vater immer mehr abmagert, müssen wir einsehen, wie schlimm es um ihn steht. Es ist schrecklich mitanzusehen, insbesondere für einen elfjährigen Sohn, wie der eigene Vater dahinsiecht und unter heftigen Schmerzen leidet und wie ein Baum von einem Mann, der mit 90 Kilo eine stattliche und Respekt einflößende Erscheinung ist, auf ein Fliegengewicht von 47 Kilo zusammenschrumpft.

Wir versuchen alles Mögliche und Unmögliche, um meinem Vater zu helfen, auch durch die Kunst der Ärzte. Dabei bekommen wir es mit zwei Gruppen zu tun: zum einen die Gruppe der Ärzte, die uns nur mitteilen kann, dass mein Vater sterben wird und wir uns auf seinen Tod vorbereiten sollen. Und dann die unselige Gruppe der Quacksalber, die meine Familie sehr viel Geld kostet und uns das Blaue vom Himmel verspricht. Wir, die Familie, klammern uns fortan an jeden Strohhalm der Hoffnung und lassen die verrücktesten Behandlungsmethoden durchführen, um ihm zu helfen. Pillen, Pülverchen, sogar das Blut eines Hasen lassen die Scharlatane ihn trinken. Es ist nicht zu glauben, und natürlich hilft alles nicht.

Was besonders schmerzt: Mein Papa schaut sich zum letzten Mal ein Spiel von mir an. Dort steht er an der Balustrade, eingekuschelt in seinen warmen Mantel, weil ihm immerzu kalt ist, neben ihm seine Frau, meine Mutter. Ich versuche wie stets, mein Bestes zu geben, ich spiele und halte für ihn, als ob ich spüren würde, es handele sich um das letzte Mal. Meine tief empfundene Erinnerung geht weiter: Am 11. November 1965 bringen wir ihn ins Krankenhaus, ich besuche ihn so oft wie möglich, ich betrete den Flur des Krankenhauses, es ist der dritte Raum, wenn ich von links komme, der vierte Raum, wenn ich von rechts komme. Ich betrete das Krankenzimmer mit der stillen Bewunderung, die ein Kind für seinen Vater hat, ich massiere ihn, ich reibe ihm den Rücken ein, es tut ihm so gut, er ist so dankbar, ich kenne jeden Quadratzentimeter seines Rückens. Nach zwei Wochen darf er nach Hause zurückkehren, ich bin glücklich, aber als ich meine Mutter frage, warum sie nicht auch glücklich ist, schweigt sie, und ich ahne die Antwort ...

Während des letzten Gesprächs, das ich mit meinem Vater an seinem Sterbebett führe, nimmt er mir ein Versprechen ab: Ich verspreche ihm, dass ich mein Bestes geben muss und werde, um ein großer und guter Torhüter zu werden. Mit Tränen in den Augen schwöre ich es ihm.

Ich werde am 4. Dezember zwölf Jahre alt, vier Tage später ist mein Vater tot. Er stirbt am 8. Dezember 1965 in seinem Bett. Die Trauerfeier findet in der Bijlstraat 168 statt. Danach legen sie meinen Papa in einen Zinksarg und bestatten ihn im Familiengrab in Aalst. Meine Mutter hat sich gewünscht, dass in Beveren ein neues Familiengrab eröffnet wird, aber mein Vater will unbedingt bei seinen Eltern sein. Es ist sein letzter Wunsch, und er wird respektiert, auch wenn es meine Mutter sehr verletzt haben muss, dass es kein neues Familiengrab gibt.

Es bleibt bis heute eine schmerzliche Erinnerung.

IM GESPRÄCH MIT MEINEM PAPA

Der Tod meines Vaters ist ein schwerer Schlag für uns. Und ganz besonders für mich. Ich kann mit dem Tod noch nichts Konkretes verbinden, aber ich weiß, dass ich den Helden meiner Kindheit verloren habe und nie wiedersehen werde. Ich vermisse seinen Rat bereits jetzt, sein zärtliches Streicheln über meinen Kopf, mit dem er mir sein Vertrauen ausspricht. Und darum beschließe ich:

Wenn ich ein Problem habe, wenn ich vor einer Herausforderung stehe, dann nehme ich mit dir, Papa, Kontakt auf, dann spreche ich mit dir und bitte dich um Rat und Unterstützung.

Ich ahne in diesem Moment nicht, wie oft mir mein Papa in meinem weiteren Leben helfen wird, auch auf dem Fußballplatz.

Meine Mutter hat mir bei der Beerdigung ins Ohr geflüstert: „Du weißt, was Papa gesagt hat: ‚Unser Jean, der Kleine, das wird mal ein ganz Großer.' " Und an genau diese Worte meines Vaters werde ich mich in meinem Leben oft erinnern, wenn es schwierig wird. Ich weiß dann: Mein Vater glaubt an mich. Und dieser Glaube wird Berge versetzen.

DAS LEBEN OHNE VATER: EIN PFAFF FÜR ALLE, ALLE PFAFFS FÜR EINEN

Auch wenn ich mit meinem Vater immer wieder ins Gespräch kommen durfte, hat er mir nach seinem allzu frühen Tod in einigen Situationen meines Lebens schlicht und einfach gefehlt. „Würde es nicht schneller gehen, wenn du es so machst?" Das hat er mich oft gefragt, wenn er meinte, ich befände mich auf dem falschen Weg, und er mir auf seine vor- und nachsichtige Art einen Ausweg zeigen oder eine Alternative bieten wollte. Und am liebsten war es ihm, wenn ich von selbst diesen Ausweg fand.

Nach dem Tod ihres Mannes wusste meine Mutter kaum, wie sie diejenigen ihrer Kinder satt bekommen sollte, die noch nicht erwachsen waren. Mit 49 Jahren war sie plötzlich Witwe – meine Mutter ist Jahrgang 1916. Unsere wirtschaftliche Situa-

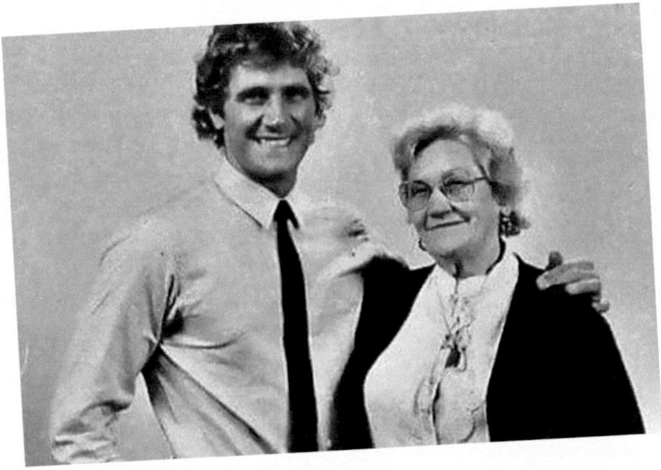

„Einer für alle, alle für einen": Jean-Maries Mama Gerdina verfolgt jeden Karriereschritt ihres Sohnes mit Stolz.

tion war daher nicht einfach. Den Teppichverkauf mussten wir endgültig einstellen. Jedes Familienmitglied hat im Rahmen seiner Möglichkeiten zum Lebensunterhalt beigetragen. „Einer für alle, alle Pfaffs für einen", das war unser Motto zu jener schwierigen Zeit. Großer Dank gebührt einem der Ärzte, der meinen Vater behandelt hatte, Dr. Kendal hieß er. Dieser Arzt zeigte eine generöse Geste, indem er auf sein Honorar verzichtete und uns damit vor großem Elend bewahrte. Denn jene Quacksalber wollten ihr Geld sofort und unverzüglich.

Ich erinnere mich an eine Situation, in der mir klar wurde, was es bedeutet, ohne den Vater leben zu müssen, ohne den Vater, der mich stets beschützt und verteidigt hat.

Damals wurden wir jugendliche Fußballspieler von den Vätern zu den Auswärtsspielen gefahren. Eines Tages, als wieder einmal ein wichtiges Spiel anstand, hat der Vater eines Fußballkameraden sich geweigert, mich in seinem Wagen mitzunehmen. „Du bist zu schmutzig“, hielt er mir gefühllos vor. Ich verstand die Welt nicht mehr. Ich weiß nicht, ob dies damit zusammenhing, dass wir einst in jenen Wohn- und Campingwagen gelebt hatten, die ich bereits erwähnt habe. Diese Wohnsituation wurde von einigen Nachbarn akzeptiert, ist aber bei einigen Menschen auf Ablehnung gestoßen. Auf jeden Fall musste ich zu Fuß zu dem Sportplatz laufen.

Du kannst dir vorstellen, wie traurig ich in diesem Moment war und wie sehr ich geweint habe. Ich fühlte mich zurückgestoßen und gedemütigt. Wenn mein Vater damals noch gelebt hätte, hätte er mich verteidigt und beschützt. Mein Vater hat seine Kinder gelehrt, dass es nicht richtig ist, Unterschiede zwischen den Menschen zu machen. Er hat uns Kinder alle gleich behandelt und keinen Unterschied zwischen uns gemacht. Natürlich haben wir Unsinn und das eine oder andere angestellt. Unser Vater hat uns zwar bestraft, ist dabei aber immer sehr gerecht vorgegangen. Mein Gerechtigkeitsgefühl, das bei mir sehr stark ausgeprägt ist, ist vor allem auf den Einfluss meines Vaters zurückzuführen.

So wie mein Vater keinen Unterschied zwischen seinen Kindern gemacht hat, ist er auch allen anderen Menschen mit dem gleichen Respekt entgegengetreten. Nie hätte er die Reaktion jenes Vaters, der mich nicht in seinem Wagen mitfahren lassen wollte, akzeptiert, er wäre ihm mit Entschiedenheit begegnet. Aber er war in dieser Situation nicht da, er konnte nicht da sein …

Viele Jahre später, als ich dem Jungen jenes mitleidlosen Vaters nochmals begegnet bin, hat sich mein ehemaliger Fußballkamerad für dessen boshaftes Verhalten entschuldigt: „Es tut mir leid, was mein Vater damals gemacht hat, das war nicht richtig!", so seine Worte.

ERFAHRUNGEN PRÄGEN WERTE

Bereits als ich neun Jahre alt war, habe ich meinen kranken Vater gepflegt. Manchmal konnte ich nicht Fußball spielen, weil ich mich lieber um ihn gekümmert habe. Nach seinem Tod wurde die Situation für uns nicht einfacher. Solche Erlebnisse und Erfahrungen in einem sehr jungen Alter prägen einen Menschen. Es ist ein Unterschied, ob ein Kind jeden Tag unbeschwert und unbekümmert seinem Hobby nachgehen kann oder ob es in schwierigen, ja, bescheidenen Verhältnissen und in einer Großfamilie aufwächst und darum zum Beispiel zum Lebensunterhalt beitragen muss und früh Verantwortung übernehmen darf.

Ich schreibe hier mit Absicht „Verantwortung übernehmen darf", denn im Rückblick hat es mir geholfen, dass ich so früh solche Aufgaben übernommen habe. Selbstverständlich waren es harte und manchmal belastende Zeiten und Situationen, die ich durchlebt habe. Letztendlich jedoch haben sie zu meiner Weiterentwicklung beigetragen und mich zu dem Menschen geformt, der ich jetzt bin. So habe ich sehr früh und am Beispiel meiner Eltern und meiner Familie gelernt, wie bedeutsam Werte wie Respekt, Achtung, Rücksichtnahme, Toleranz, Pflicht- und Verantwortungsgefühl, Disziplin und Fleiß, Offenheit sowie Ehrlichkeit und Gerechtigkeit sind. Zudem habe ich erfahren und gelernt, dass man erst in der Not

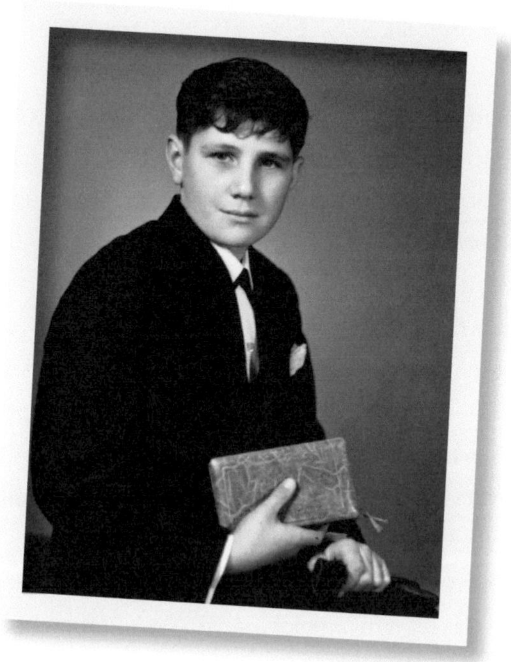

Kommunion: Jean-Marie wächst in einem werteorientierten Umfeld auf.

Menschen wahrhaft kennenlernt und erkennt, wer sie wirklich sind. Manchmal kommen die Menschen nur dann zu dir, wenn du erfolgreich und bekannt bist und sie etwas von dir wollen und sich etwas von dir erhoffen. Ein solches egoistisches Verhalten habe ich stets abgelehnt. Ich finde es gut, wenn dir ein Mensch offen und ehrlich ins Gesicht schauen kann und sich nicht verstellt.

Ich habe nie vergessen, wo ich herkomme. Mein Bedürfnis, anderen Menschen zu helfen und sie zu unterstützen, geht auf den Einfluss meiner Eltern, insbesondere meines Vaters, zurück. Und auch meinen großen Ehrgeiz verdanke ich meinem Vater.

MIT EHRGEIZ UND BESESSENHEIT NACH VORN

Gerade weil mein Vater so früh verstorben ist, war es immer mein Wunsch, seinen Ansprüchen gerecht zu werden. Er hat an mich geglaubt und mir Trost und Zuspruch gespendet, wenn ich verloren habe oder mir ein Fehler unterlaufen ist. Er hatte mir ja prophezeit, einmal ein ganz Großer zu werden. Das war ein großer Ansporn für mich. All dies hat dazu geführt, dass es tatsächlich mit der Weltkarriere geklappt hat. Mein Ehrgeiz und mein Hang zum Perfektionismus haben dabei eine große Rolle gespielt. Eben weil ich in einfachen Verhältnissen und in einer sehr großen Familie aufgewachsen bin, habe ich gelernt, mich durchzusetzen.

Darum musste mir ein Trainer kaum einmal in den sprichwörtlichen Hintern treten und mich selten zu irgendetwas zwingen oder antreiben. Ausnahmen bestätigen die Regel! Ich selbst wollte immer besser werden und habe mir im Training Methoden und Strategien überlegt, wie mir dies gelingt. Das galt insbesondere für die Zeit nach dem Tod meines Vaters. Ich flüchtete geradezu in den Sport und versuchte, mich ständig zu verbessern.

Nach dem Verlust meines Vaters gingen zwei meiner Schwestern in einer Textilfabrik arbeiten. Wenn sie morgens um vier aufstanden, um ihre Arbeitskleidung anzuziehen und rechtzeitig auf der Arbeit zu erscheinen, streifte ich mir den Trainingsanzug über, um sie zur ein paar Kilometer entfernten Bushaltestelle zu begleiten. Ich machte auf dem Weg dorthin Gymnastikübungen, Sit-ups und viele weitere Übungen, um Kondition aufzubauen. Dann ging ich nach Hause und machte mich bereit für die Schule.

Diese Besessenheit hat sich später fortgesetzt. Heutzutage gibt es ausgebildete Torwarttrainer, zu meiner Zeit war das nicht der Fall. Trotzdem habe ich, lange bevor es üblich war, dass Torhüter ein spezielles Trainingsprogramm absolvieren, mit Sepp Maier in München in seiner Halle in Anzing trainiert, und zwar heimlich. Ich sah darin eine Möglichkeit, ein noch perfekterer Torwart zu werden; außerdem bin ich als Nachfolger von Sepp Maier nach München geholt worden, darum war es für mich eine große Ehre, mit ihm zu trainieren. Aber wie gesagt, das Ganze geschah heimlich.

Nach meinem Wechsel 1982 nach München schlug ich dem Klub vor, „Die Katze von Anzing", wie der Sepp genannt wurde, als Torwarttrainer einzustellen. Aber damals wollten die Klubverantwortlichen das nicht. Und darum fuhr ich knapp zwei Jahre lang zwei, drei Mal in der Woche nach dem Training an der Säbener Straße zu Sepp nach Anzing, um mit ihm weiter zu trainieren. Mein Ehrgeiz war größer als die Befürchtung, die Chefs könnten etwas von dem heimlichen Training mitbekommen.

Übrigens bin ich dafür mitverantwortlich, dass es in Deutschland dann doch recht frühzeitig so etwas wie ein spezielles Torwarttraining gab. Irgendwann Mitte der 1980er-Jahre saß ich nach einem Spiel beim HSV neben Franz Beckenbauer im Flugzeug. Er hat damals die deutsche Nationalelf betreut, ich riet ihm, Sepp Maier als Torwarttrainer zum DFB zu holen. Der Weltmeister-Trainer von 1990 hat sich überzeugen lassen, später hat sich der FC Bayern auch dafür entschieden; zu dem Zeitpunkt spielte ich aber schon nicht mehr in München.

DER EHRLICHE IST NICHT DER DUMME

Das, was ich erreicht habe, habe ich mir ehrlich verdient. Ehrlichkeit gehört zu den Dingen im Leben, die wirklich zählen. Nur mit Ehrlichkeit, Offenheit und Fleiß kommst du weiter. Ich bin glücklich mit dem, was ich erreicht habe. Manchmal denke ich: „Mehr geht nicht." Was ich habe, darauf bin ich stolz. Damit meine ich weniger materielle Dinge, sondern vor allem Beziehungen: zu der Familie, zu den Freunden, zu den Fans. In Beziehungen ist die Ehrlichkeit für mich ein hoher Wert. Gerade im Fußball gibt es viel Unehrlichkeit, Fußball ist letztendlich ein Business, ein Geschäft, in dem mit harten Bandagen gekämpft wird. Aber davon sollten wir Spieler uns nicht beeinflussen oder gar verbiegen lassen.

Die Basis für meinen Hang zu Ehrlichkeit, Offenheit und Transparenz wurde ebenfalls in der Familie gelegt. Auch dieses Verdienst kommt meinen Eltern zu, die uns Kinder sehr früh bestimmte Werte vermittelt haben. Einfach „Danke" und „Bitte" zu sagen und anderen Menschen, denen es nicht so gut geht, zu helfen, gehörte für uns zu den selbstverständlichen Umgangsformen. Das prägt: Als wir mit Bayern München den DFB-Pokal gewonnen haben, habe ich den Pokal zuerst mit Bier gefüllt und bin damit zum Platzwart gegangen, damit er auch etwas trinken konnte. Und später bin ich zur Putzfrau gegangen und habe zuvor eine Puppe in den Pokal gelegt. Zu dem Platzwart und der Putzfrau habe ich jeweils gesagt: „Du hast auch alles für diesen wichtigen Erfolg getan, du hast deinen Anteil daran."

Diese Menschen entscheiden mit darüber, ob du als Fußballer erfolgreich sein kannst. Das gehört zur Ehrlichkeit dazu, doch viele vergessen das. Ohne diese Menschen geht gar nichts, das dürfen wir nie außer Acht lassen. Wichtig ist, dass ein Mensch sein Herz sprechen lässt und dabei ehrlich ist und nie vergisst, wo er herkommt. Ich gebe auch heute noch meine Kleidung oft an Hilfsbedürftige. Und wenn ich essen gehe und einen Menschen sehe, der arm ist und dem es nicht so gut geht, dann lade ich ihn ein. Ich gebe lieber, als zu nehmen. Ich ärgere mich über Menschen, die sich auf Kosten anderer bereichern. Das macht mich wütend. Und ich möchte nicht, dass andere Menschen für mich leiden.

Ich erinnere mich an ein Ereignis aus der Schulzeit, ich muss ungefähr zehn Jahre alt gewesen sein. Ich war nie ein Verräter und habe Schulkameraden nie „verpfiffen", auch wenn ich selbst manchmal mit Ungerechtigkeiten zu kämpfen hatte und – so würde man heute sagen – gemobbt worden bin. Wenn etwas in der Schule passiert ist und der Verursacher oder Schuldige gesucht wurde, bin ich oft zu Unrecht verdächtigt worden. Auch meine Geschwister könnten von solchen Erfahrungen berichten. Aber selbst, wenn ich genau wusste, wer der eigentliche Übeltäter war, habe ich denjenigen nicht verraten. Wie gesagt: Ich wollte schon damals nicht, dass andere Menschen für mich leiden.

Als mein Vater noch lebte, ist er in solchen Fällen eingeschritten. Mich zu Unrecht bestraft zu sehen – das konnte er nicht ertragen. Solche Erfahrungen haben, glaube ich, dazu beigetragen, dass mein Gerechtigkeitssinn und meine Liebe zur Ehrlichkeit sehr ausgeprägt sind. Einmal war es in der Schule wieder zu einer falschen Anschuldigung gekommen: Weinend berichtete ich meinem Vater davon, der wütend und erbost seinen Mantel überstreifte und mit mir den Lehrer aufsuchte, der dafür die Verantwortung trug: „Du kannst mein Kind bestrafen, wenn es etwas falsch gemacht hat, aber nicht für etwas, was jemand anderer getan hat!", so mein Vater zu dem Lehrer. Der Lehrer hat seinen Fehler eingesehen, das Mobbing durch die anderen Schüler nahm in der Folge ab, und insgesamt gesehen habe ich in der Schule doch eine schöne Zeit verbracht, in der ich viel für das Leben gelernt habe. Aber als ich 14 Jahre alt war, verließ ich die Schule, um arbeiten zu gehen. Dass wir zu Hause mehr Geld benötigten, um über die Runden zu kommen, hat dabei auch eine Rolle gespielt.

Rückblickend möchte ich festhalten: Den Enthusiasmus, den ich für den Sport und den Fußball entwickelte, habe ich in der Schule eher selten an den Tag gelegt. In der Schule begnügte ich mich meistens damit, genau das zu tun, was getan werden musste, nicht mehr, aber auch nicht weniger. Relativ schnell stand dann neben der Familie der Fußball im Mittelpunkt.

TALENT UND CHARAKTER SIND WICHTIG

Um im Fußballgeschäft nach oben zu kommen und sich durchzusetzen, ist viele harte Arbeit notwendig. Noch schwerer ist es, für längere Zeit dort oben zu bleiben. Talent allein genügt nicht und ist nicht entscheidend. Auch ein vernünftiger und starker Charakter ist wichtig. Man muss lernen, damit umzugehen, dass man so bekannt ist. Ebenso wichtig ist es, ein verlässlicher Teamplayer zu sein und dem Leistungsdruck, der nicht zuletzt durch das ständige Leben in der Öffentlichkeit und den medialen Druck entsteht, standzuhalten. Ich glaube, mir ist es mithilfe meiner Familie und vor allem meines Vaters und meiner Mutter gelungen, einen starken Charakter auszubilden, sodass ich mich auch in schwierigen Situationen „durchbeißen" konnte. Das ist, vermute ich, ein Grund, warum ich nicht nur in Bayern und in Belgien beliebt war und bin, sondern überall dort, wo ich hinkomme. Franz Beckenbauer hat einmal gesagt: „Jean-Marie Pfaff ist ein Vorbild für viele gewesen." Meine Eltern haben dafür den Grundstein gelegt.

Selbstverständlich gehört auch Glück dazu. Es gibt ein Ereignis in meiner Kindheit, das fast verhindert hätte, dass ich ein so erfolgreicher Torwart werden konnte, und meine Träume fast zerstört hätte.

KAPITEL 2

MEINE TRÄUME UND HOFFNUNGEN ALS JUNGER MENSCH

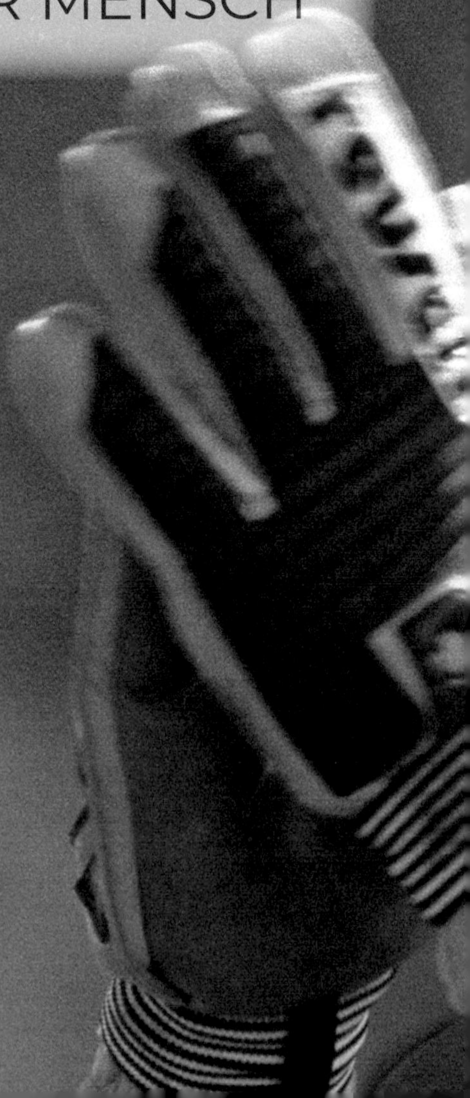

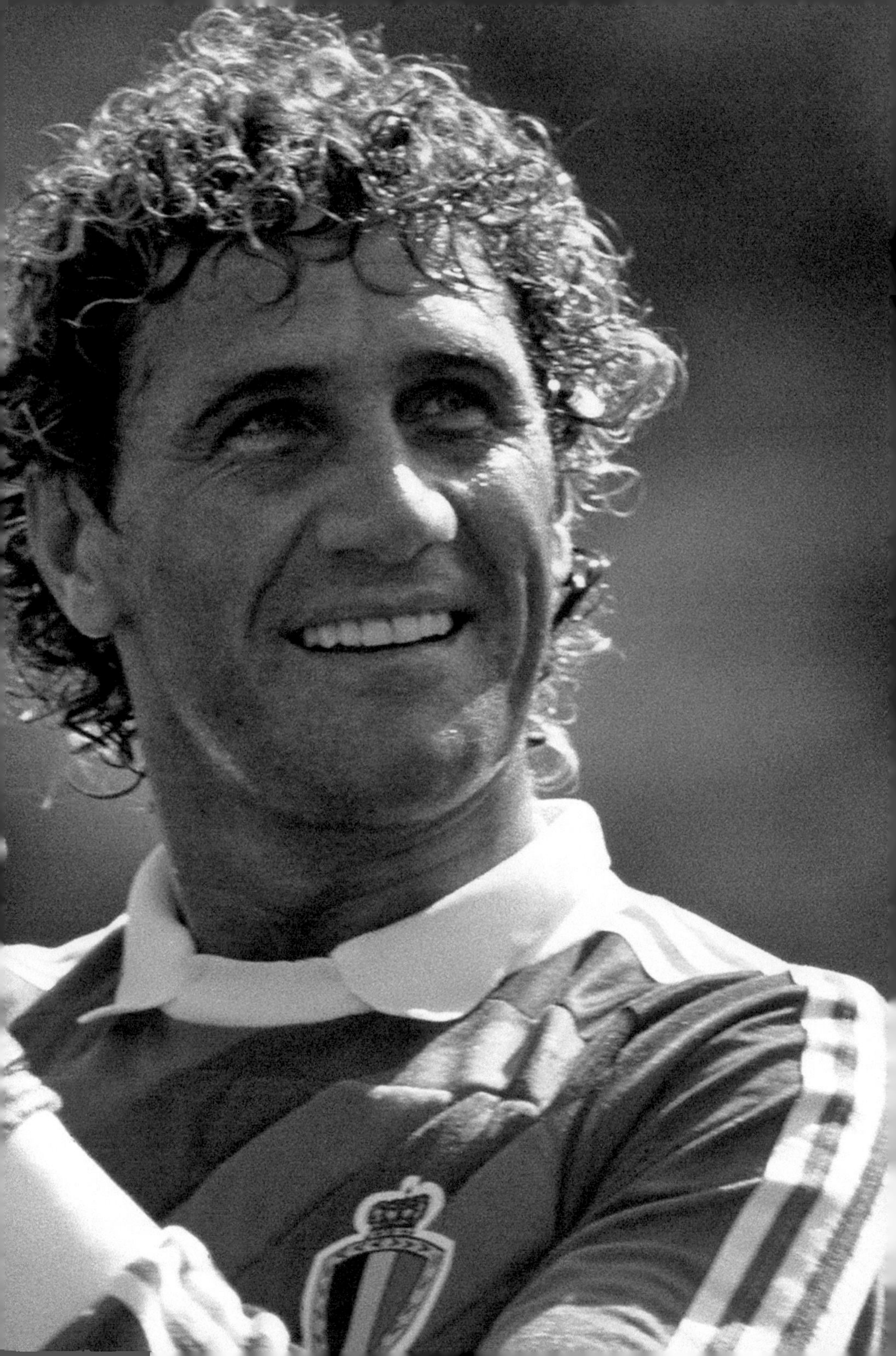

Ich muss ungefähr zwei Jahre alt gewesen sein, als ich mir an einer Bahnschranke eine schwere Verletzung am linken Arm zuzog. Wir saßen damals im Wagen meines Vaters, der an einem Bahnübergang an einer Bahnschranke in Haasdonk stand, einem Dorf unweit von Antwerpen. Damals gab es noch einen Schrankenwärter, der die Aufgabe hatte, an einem Bahnübergang die Schranken zu schließen und sie nach erfolgter Durchfahrt des Zuges wieder zu öffnen. Für uns Kinder war es ein tolles Erlebnis und Abenteuer, die vorbeirauschenden Züge zu beobachten. Einige meiner Brüder und ich stiegen aus und gingen zu der Schranke. Ja, und dann passierte es ...

DER GERETTETE ARM

Mein Arm wurde in der Bahnschranke eingeklemmt. Die Schranke ging nach oben, ich konnte mich befreien, der Arm baumelte an meinem Körper, ich dachte, ich würde sterben. Von dem Schrankenwärter war keine Hilfe zu erwarten, dass sich ein Kleinkind in Not befand, schien ihn nicht weiter zu interessieren und zu berühren. Mein Vater fuhr mit mir zum Doktor, und der Arzt befürchtete, der Arm müsse amputiert werden! Doch damit war mein Vater nicht einverstanden, auf keinen Fall!

Mein Vater suchte mit mir einen zweiten Arzt auf, und dieser Arzt war der Ansicht, der Arm könnte gerettet werden. Zu meinem großen Glück, denn ein Torwart mit nur einem Arm – verzeih mir die makabre Anmerkung –, das ist doch sehr von Nachteil. Darum kann ich mich bei meinem Vater, seiner Entschlossenheit und jenem Doktor bedanken, dass diese alles dafür getan haben, meinen Arm zu retten. Und der ein oder andere Fußballverein schließt sich diesem Dank womöglich an ...

Noch heute zeugt eine große Narbe davon, dass meine Karriere als Sportler und Torhüter damals an einem seidenen Faden hing, natürlich ohne dass damals irgendjemand darüber nachgedacht hätte. Im Rückblick jedoch muss ich sagen: Ich hatte Glück im Unglück. Diese Verletzung hätte dazu führen können, dass ich meinen Traum, ein bekannter Torhüter zu werden, später gar nicht erst hätte träumen können. Diese Geschichte belegt, wie nahe Glück und Unglück, Schmerz und Freude, Erfolg und Misserfolg, erfüllte und unerfüllte Träume beieinander liegen, auch in meinem Leben.

In der Folge dieses Unglücks zogen wir um und mieteten ein Stück Land, auf dem wir unsere Wohn- und Campingwagen abstellen konnten. Mein Vater machte sich damals große Vorwürfe, dass er uns Kindern nicht strikt verboten hatte, in der Nähe der Bahnschranke zu spielen. „Viel zu gefährlich!", so sein Urteil jetzt. Und im Zuge dieser Überlegungen kam es zu dem Umzug.

„EL SYMPÁTICO" IN DER GANZEN FUSSBALLWELT

Eine Entwicklung, ein Erlebnis kann in die eine oder andere Richtung weisen, es gibt Scheidewege in unserem Leben, an denen sich unser weiteres Schicksal entscheidet. Manchmal sind es Zufälle, oft sind es Ereignisse, auf die wir keinen Einfluss haben, und häufig sind es unsere Entscheidungen, die das Zünglein an der Waage spielen und den Ausschlag geben, nach welcher Seite sich die Waagschale neigt. In dem jeweiligen Moment wissen wir zwar noch nicht, was ein bestimmtes Ereignis für uns und unser Leben bedeutet. Das wird erst im Rückblick offenbar.

In diesem Zusammenhang muss ich an etwas sehr Kluges denken, das meine Frau Carmen gesagt hat: Sie meinte einmal, wie wichtig und bedeutsam es sei, dann gut zu Menschen zu sein, wenn sie leben, nicht erst dann, wenn sie tot sind. Wir wissen nicht, wann wir einen Menschen verlieren, ob und wann wir ihn wiedersehen. Das habe ich in meiner Kindheit und Jugend öfter erlebt. Ich glaube, das ist der Grund, warum ich mich bemühe, jedem Menschen offen und ehrlich, unverstellt und authentisch gegenüberzutreten, ohne mich zu verbiegen und zu verstellen. Ich sage offen und ehrlich meine Meinung, vielleicht manchmal selbst dann, wenn sie unangenehm ist. Ich möchte keinem Menschen wehtun mit meiner Ansicht, aber es ist mir sehr wichtig, wo und wann immer möglich das zu sagen, was ich denke und fühle.

Vielleicht war und bin ich auch wegen meiner ehrlichen Art bei so vielen Menschen beliebt. Davon habe ich schon in meiner Kindheit und Jugend geträumt. Bereits in meiner aktiven Fußballzeit wurde ich „El Sympático" genannt und war

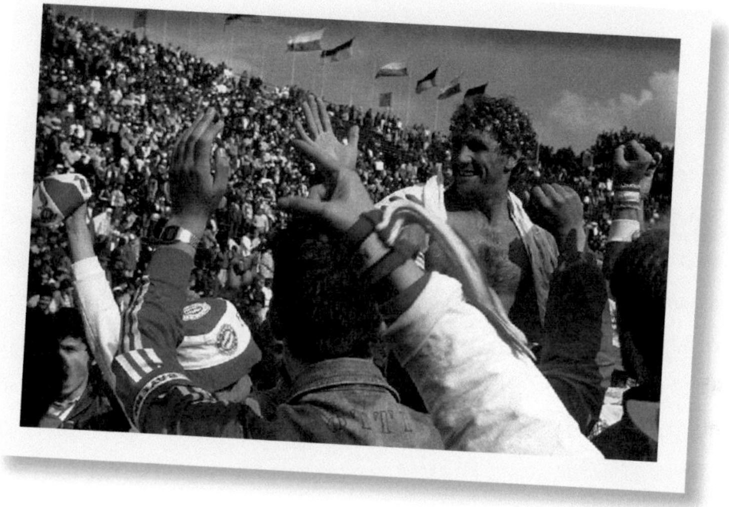

Jean-Marie – „El Sympático" in allen Stadien der Welt

weltweit bei den Fußballfans, der Öffentlichkeit und selbst bei den Medien beliebt und anerkannt. Als Torwart hatte ich überall Fans, besonders bei Bayern München, aber auch in ganz Deutschland und in der Türkei, in Belgien und in den Niederlanden. Ich glaube, ich darf schon behaupten, dass ich zusammen mit der Radlegende Eddy Merckx, den ich auch persönlich kennenlernen durfte, zu den bekanntesten Sportlern Belgiens gehöre. In meiner aktiven Zeit bei Bayern München sind mir als „belgischem Bayer" oft sogar in den gegnerischen Stadien die Herzen vieler Fans zugeflogen, und zwar nicht nur die Herzen der Bayern-Fans, sondern oft auch die Sympathien der Fans der Mannschaften, mit denen wir um Titel konkurrierten. Das hat mir sehr viel bedeutet. Ich denke zum Beispiel an Hamburg, Bremen, Köln und Mönchengladbach und auch an viele ausländische Städte – eben „El Sympático" in der ganzen Fußballwelt.

DIE MENSCHEN SIND GLEICH VIEL WERT

Ob dies neben meiner offenen Art mit meiner tiefen Überzeugung zu tun hat, alle Menschen seien gleich viel wert? Ich glaube schon. Diese Überzeugung ist mir von meinen Eltern vorgelebt worden, das erwähnte ich bereits. Es gibt viele Menschen, die erst etwas Positives über andere zu sagen haben, wenn diese nicht mehr unter uns sind. Ich handhabe das anders, denn schließlich können wir nie wissen, wann wir einen Menschen verlieren und ob wir ihn wiedersehen. Darum bemühe ich mich bis heute, zuvorkommend zu den Menschen zu sein und Gutes über sie zu reden.

Es ging mir in meiner Karriere nie darum, mich auf Kosten anderer zu profilieren. Das ist heute noch so. 2018 galt Belgien bei der Weltmeisterschaft in Russland als Mitfavorit. Als ich in einem Interview gefragt wurde, ob für Belgien und für mich der Titel noch außergewöhnlicher sein würde, weil unser Erzrivale Niederlande diesmal gar nicht dabei sei, antwortete ich: „Nein, wir schauen nur auf uns." Mir missfallen solche Rivalitäten, es geht darum, sich im Spiel zu messen und herauszufinden, wer der Bessere ist, zumindest an dem Tag der Begegnung.

LEBEN UND TOD GEHÖREN ZUSAMMEN

Diese Haltung hat sich bei mir sehr früh gebildet. Sie hat mit dem Tod meines Vaters zu tun, mit dem ich in vielen entscheidenden Situationen meines Lebens einen Dialog geführt habe, auch in wichtigen sportlichen Situationen, in denen ich meinen verstorbenen Papa um Rat gefragt und Antworten erhalten habe. Ich habe dies bereits erwähnt und du wirst noch einige Beispiele dafür erhalten.

Wie rasch wir einen geliebten Menschen von der einen zur anderen Sekunde verlieren können, musste ich bei meinem Neffen Mario erfahren. 1970 kam der Sohn meines Bruders Louis auf tragische Art und Weise ums Leben, als er mit nassen Haaren an eine Steckdose geriet und einen derart heftigen Stromschlag erhielt, dass er daran verstarb. Als es dann hieß: „Mario ist tot“ konnte ich das zuerst nicht glauben und erst recht nicht begreifen. Warum muss so ein junger Mensch so früh von uns gehen? Selbstverständlich prägen solche Erlebnisse. Wir denken in solchen Momenten über die Bedeutung des jeweiligen Erlebnisses selbst nach, aber auch über das Leben an sich. Sie lassen uns manchmal ratlos zurück.

DAS SPIEL FORMT DEN CHARAKTER – UND DER CHARAKTER DAS SPIEL

Mein Papa hatte einst zu mir gesagt: „Du spielst, wie du trainierst.“ Schon sehr früh hat sich bei mir die Überzeugung gebildet, dass die Art und Weise, wie man trainiert, das Spiel prägt. Wenn du gut trainierst und im Training hart arbeitest, dann spielst du entsprechend. Wer sich im Training nicht voll reinhängt und alles gibt, kann im Spiel keine Spitzenleistung bringen. Diese Haltung zeichnet die meisten großen Sportler aus, diese „Immer-weiter-Mentalität“ ist eine Eigenschaft der ganz großen Sportler und Menschen, die etwas Großartiges geleistet und erreicht haben. Der Sport, das Spiel zeigt überdies den wahren Charakter eines Menschen. So wie wir uns zum Beispiel auf dem Fußballplatz verhalten, so leben und gestalten wir unser Leben. Und umgekehrt: So wie wir unser Leben führen, so verhalten wir uns im Spiel und auf dem Platz. Das eine spiegelt sich im anderen.

Auch mich zeichnet die Haltung aus, niemals aufzugeben. Wahrscheinlich haben die bescheidenen Verhältnisse, unter denen ich aufgewachsen bin, dazu beigetragen. Dem belgischen Stürmerstar Romelu Lukaku, der zurzeit (2021) für den FC Chelsea spielt und 2020 mit seinem damaligen Verein Inter Mailand im Endspiel der UEFA Europa League stand und dort mit 2:3 gegen den FC Sevilla unterlag, erging es wohl ähnlich. Romelu Lukaku ist in bitterer Armut aufgewachsen, zählt heute zu den besten Stürmern der Welt und hat seiner Mutter und sich schon früh geschworen, erfolgreich in seinem Sport zu werden. Er hat früh gelernt, sich durchzusetzen, und so ist sein Spiel sehr körperbetont. Er überzeugt mit seiner körperlichen Präsenz und Wucht, ohne deswegen an Beweglichkeit einzubüßen. In einem Interview mit der US-Sportseite „The Players' Tribune" sagte Romelu Lukaku im Juni 2018: „I wanted to be the best footballer in Belgian history. That was my goal. Not good. Not great. The best. I played with so much anger, because of a lot of things ... because of the rats running around in our apartment ... because I couldn't watch the Champions League ... because of how the other parents used to look at me." Dies, vor allem auch diese Blicke der Eltern der anderen Kinder auf den in ärmlichen Verhältnissen aufwachsenden Jungen, erinnert mich schon ein wenig an meine eigene Geschichte.

MIT „IMMER-WEITER-MENTALITÄT" RÜCKSCHLÄGE VERARBEITEN

In dem Endspiel der Europa League 2020 wurde Romelu Lukaku zur tragischen Figur. Er gehörte zu den besten Spielern und erzielte das 1:0 für Inter. Eine starke Leistung, der belgische Stürmer traf in der Europa League im elften Spiel hintereinander, das hatte es zuvor noch nie gegeben. Aber schließlich zeigte sich einmal mehr, was auch ich in meinem Leben und meiner Karriere erfahren musste: Glück und Unglück liegen nahe beieinander. Romelu Lukaku wollte im eigenen Strafraum einen Standard verteidigen – und dabei lenkte er einen spektakulären Fallrückzieher von Diego Carlos nach einem zu kurz abgewehrten Kopfball unglücklich in das eigene Tor ab.

Ich bin sicher, dass dieses Erlebnis und die dramatische Rolle, die Romelu Lukaku in dem Finale übernehmen musste, ihn nur noch stärker machen. Er wird in seiner Karriere seine unbändige „Immer-weiter-Mentalität", die er wie auch ich früh in seiner Kindheit aufgebaut hat, noch oft unter Beweis stellen können.

Charakter, Persönlichkeit und die Art zu spielen stehen in einem Zusammenhang. Als kleinerer Junge habe ich oft gegen weitaus ältere und größere Kinder und Jugendliche im Tor gestanden.

Es war mir egal, etwa bei einem Elfmeter in einer riesigen Pfütze zu landen, ich wollte den Ball einfach halten. „Du musst dich in den Dreck werfen", sagte ich zu mir selbst und sagten andere zu mir – und dann habe ich das gemacht. Immer und immer wieder.

ALS NUMMER 1 DIE NUMMER 1 SEIN WOLLEN

Fußball bestimmte schon sehr früh mein Leben und meine Träume. Dies verstärkte sich, nachdem mein Vater von uns gegangen war. Mein großes Torwartvorbild war Jean Nicolay. Wenn ich in der Sportzeitung ein Foto meines großartigen Vorbildes sah, riss ich es sofort heraus. Aber zu Beginn meiner Laufbahn als Torhüter war gar nicht so klar, dass ich zwischen den Pfosten landen würde. Ein wenig hat meine Faulheit dazu beigetragen, denn ich war als kleiner Junge eher pummelig, von vielen wurde ich „Fettie" gerufen. Pommes frites mit Mayonnaise gehörte zu den Gerichten, an denen ich einfach nicht vorbeigehen konnte. Und das Laufen gehörte nicht gerade zu meinen Lieblingsbeschäftigungen. Darum fehlte mir auf dem Platz die Kondition, um ein Spielmacher zu sein.

Dass ich von einem kleinen Ort mit knapp 10.000 Einwohnern in die Metropole München geraten und dort für einen der größten Fußballvereine der Welt das Tor hüten würde, hätte damals niemand vermutet. Als ich aber erst einmal im Tor gelandet war, wollte ich als Nummer 1 auch die Nummer 1 sein und bleiben, und dafür habe ich alles getan. Ich liebte es von Anfang an, das Spiel mitzudenken, von hinten heraus zu dirigieren, zu beeinflussen und zu lenken. Mich reizte die Herausforderung, die Fehler meiner Abwehr auszubügeln und in der direkten Auseinandersetzung zwischen Torhüter und Stürmer als Sieger hervorzugehen. Ein guter Torwart muss in der Lage sein, sich in den Stürmer und die anderen Spieler hineinzuversetzen, sich in seine Vorstellungswelt zu begeben: „Was wird er als Nächstes machen?" Er sollte darüber hinaus die Fähigkeit besitzen, sich in die Vorstellungswelt der Mitspieler zu begeben, denn es ist hilfreich und sinnvoll, vorwegdenken zu können, was der Mitspieler vorhat. Das ist die Grundlage dafür, das Spiel zu lesen und es als Torwart von hinten heraus zu beeinflussen.

TORHÜTER SEIN – AUCH EINE FRAGE DES CHARAKTERS

Ein Torhüter muss über einen speziellen Charakter verfügen. Wenn wir Kinder gegeneinander kickten, wollten die meisten im Sturm spielen und Tore schießen. Das ist heute noch genauso. Aber ich hatte bereits als junger Jeanke – so nannten mich die meisten Menschen nicht Jean-Marie, sondern Jeanke – den allergrößten Respekt vor dem Job des Torwarts. Ein Torwart kann zwar keine Tore erzielen, aber er kann sie verhindern und seinem Team zumindest das Unentschieden retten. Oder sogar den Sieg festhalten. Und weil ich eben nicht der lauffreudigste Spieler war, landete ich frühzeitig im Tor, erst zwischen Hand- und Taschentüchern oder irgendwelchen Kleidungsstücken, später zwischen richtigen Pfosten.

Wenn dem Torwart ein Fehler unterläuft, ist er der Depp, wenn er mit einer Parade den Sieg festhält und sichert, ist er der große Held. Das weiß jeder Torhüter. Ein Stürmer zum Beispiel bekommt meistens nach einem Fehler oder einer vergebenen Großchance noch im selben Spiel die Gelegenheit zur Wiedergutmachung. Oft ergibt sich diese Gelegenheit gleich mehrfach. Der Stürmer vergibt zehn Großchancen, erzielt kurz vor Schluss das entscheidende Tor – und wird gefeiert und auf den Schultern der feiernden Kameraden vom Platz getragen.

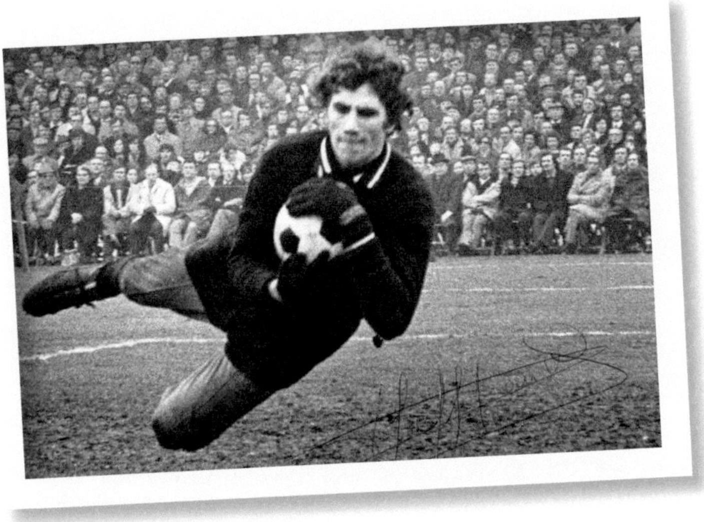

Der junge Jean-Marie reift in Beveren zum späteren Welttorhüter heran.

Als Torwart hingegen steht das Ergebnis eines Fehlers wie in Stein gemeißelt fest – Gegentor! Der Torwart ist oft der einsamste und traurigste Mensch auf dem Platz und im Stadion, aber niemand macht ja mit Absicht Fehler. Um mit dieser Situation klarzukommen, musste er schon ein besonderer Typ sein. Dass er verliert, ist unumgänglich. Es kommt jedoch darauf an, wie er verliert und wie er mit seinen Fehlern umgeht. Das ist entscheidend. Ein Torhüter sollte es verstehen, aus einem negativen Ereignis etwas Positives mitzunehmen. Das zeichnet alle wahren Champions aus. Ein Torwart sollte stets nach vorn blicken, er darf nie nach hinten schauen. Denn dort liegt im schlimmsten Fall nur der Ball, der hinter ihm eingeschlagen ist und die Torlinie überschritten hat.

Auch in meiner Karriere gab es solche Momente. Auf der anderen Seite durfte ich Glücksmomente erleben, in denen ich als Torwart der Held war. Das war insbesondere der Fall, als ich in einem UEFA-Cup-Spiel gegen PAOK Saloniki 1983 als Torwart im Elfmeterschießen den entscheidenden Elfmeter für Bayern München verwandelte oder 1982 in einem Bundesligaspiel gegen den damals großen Hamburger SV kurz vor Schluss einen Elfmeter von Manfred Kaltz parierte und so das Unentschieden für Bayern rettete. Auch in der belgischen Nationalmannschaft gab es solche glücklichen Augenblicke – ich denke an das Eröffnungsspiel und den Sieg gegen Argentinien bei der Weltmeisterschaft 1982 in Spanien und selbstverständlich an die Erlebnisse während der Weltmeisterschaft 1986 in Mexiko, etwa an das Spiel gegen Spanien im Viertelfinale und an das große Match gegen Maradona und den späteren Weltmeister Argentinien. All diese Erlebnisse zeigen die spezielle Situation des Torwarts in schwierigen und großartigen Momenten dieses wunderschönen Spiels.

EIN STÜCK SCHOKOLADE ALS BELOHNUNG

Für mich waren solche Momente immer große Antreiber, das verhielt sich schon in meiner Kindheit und Jugend so. Wenn mir ein Fehler unterlaufen war oder meine Mannschaft verloren hatte, bedeutete das für mich vor allem die Motivation, noch besser zu werden und noch härter zu trainieren. Oft habe ich danach so hart trainiert, dass ich weit über meine körperlichen und psychischen Grenzen hinausgegangen bin und mich dabei sogar übergeben musste.

Ich konnte und ich kann bis heute nicht gut verlieren. Das heißt jedoch nicht, dass ich in meiner aktiven Zeit neidisch oder böse und wütend auf den Gegner oder das eigene Team war. Im Gegenteil: Oft war ich vor allem von mir selbst enttäuscht, weil ich die Erwartungen, die ich an mich selbst gestellt habe, nicht erfüllen konnte. Es fiel mir leichter, wenn es an mir lag, den entscheidenden Fehler gemacht zu haben, nicht an den Mitspielern. In solchen Momenten brauchte ich Unterstützung, vor allem als junger Torhüter. Unsere Trainer in Beveren waren einfache bodenständige und herzliche Leute, die zum Beispiel im Hafen oder bei der Post arbeiteten. Sie verstanden es hervorragend, uns zu begeistern und zu motivieren. Und wenn es nur ein Stück Schokolade oder ein Bonbon war, mit denen uns die Betreuer aus der Jugendabteilung belohnten. Von ihnen erhielt ich oft die Bestätigung, ich sei ein guter Torwart und würde ein großer Torwart werden. Auch meine Brüder haben mich damals gefördert und unterstützt.

Solche Unterstützung braucht ein junger Mensch, der sich selbst und seine Leistungsfähigkeit noch nicht richtig einschätzen kann und sich darüber im Unklaren ist, was er noch alles lernen muss. Ein professionelles Torwarttraining erhielt ich als junger Torwart allerdings nicht. Da ich aber immer mehr lernen und besser werden wollte, überlegte ich mir schließlich selbst Trainingsmethoden unter erschwerten Bedingungen.

Heute hören wir oft, wie wichtig es für junge Fußballer sei, die die Chance haben, Profis und in Nachwuchsleistungszentren geschult zu werden, nicht schon mit elf oder zwölf Jahren an das große Geld und das schnelle Auto zu denken. So lange wie möglich soll der Spaß am Fußballspielen erhalten bleiben. Es ist traurig, dass das überhaupt betont werden muss. Für mich jedenfalls war bereits als Kind und Jugendlicher Fußball mein ganzes Leben. Stundenlang schoss ich den Ball gegen die Hauswände – nicht immer zur Erheiterung der Nachbarn und Hausbewohner – und trainierte meine Reflexe, indem ich den zurückspringenden Ball parierte. Ich habe nicht gezählt, wie viele Fensterscheiben dabei zu Bruch gegangen sind.

Zudem trainierte ich im tiefen Schnee oder auf harten Betonböden. Springen, fliegen, fangen, abrollen – so mein Motto. Im Garten hatte ich mir einen Parcours mit Trainingsmöglichkeiten eingerichtet. Ich kroch durch Ringe, Rohre und Autoreifen, rannte im Zickzack zwischen Pfosten hin und her und hatte dabei den Ausspruch meines Vaters im Ohr: „Du spielst, wie du trainierst!" So konnte ich nach und nach meinen eigenen Torwartstil ausbilden, der sich unter anderem durch eine besonders gerade Körperlinie auszeichnete.

Zudem überlegte ich ständig, wie ich meine Ausrüstung verbessern konnte, zum Beispiel meine Handschuhe und meine Fußballschuhe. Für das, was ich erreicht habe, musste und wollte ich schwer arbeiten und mich persönlich engagieren. Ich erinnere mich, dass ich an meinen Schuhen die Stollen versetzt und bearbeitet habe, um an Standfestigkeit zu gewinnen und noch besser abschlagen zu können. Und zu seinen Handschuhen entwickelt ein Torhüter eine besondere Beziehung, ja fast schon ein intimes Verhältnis. Darum habe ich stets überlegt, wie ich meine Torwarthandschuhe noch besser gestalten kann.

Ich habe es auch bei den Bayern beibehalten, mir kreative Trainingsmöglichkeiten auszudenken. In München habe ich damals zweimal am Tag trainiert. Dann bin ich nach Hause gefahren, um dort weiter zu trainieren, etwa indem ich meine Kinder auf den Rücken genommen und Liegestütze gemacht habe. Im Winter wollte ich in der Halle auf der Matte üben und habe zum Beispiel in Eishockeykleidung mein Torwartspiel verbessert.

DER WUNSCH DES TORWARTS NACH UNABHÄNGIGKEIT

Bereits in jungen Jahren haben sich bei mir der Wunsch und das Ziel ausgebildet, unabhängig von der Abwehr zu sein. Ich habe Abhängigkeiten immer vermieden. Es gibt heutzutage zu viele junge Torleute, die zu abhängig von ihrer Mannschaft sind. Sie müssen das Spiel selbst gewinnen wollen, darum sollten sie versuchen, Einfluss zu nehmen und das Spiel von hinten heraus zu dirigieren. Als Torwart stehst du da hinten oft sehr allein, die Position des Torwarts ist eine sehr einsame. Das gilt sogar für das Training. Ich bin der Meinung, dass ein Torwart es sich nie erlauben darf, schlecht zu halten. Das ist der besondere Druck, unter dem er steht.

Damit meine ich: Ist die Mannschaft schlecht, muss der Torwart gut sein und mit Spitzenleistungen glänzen; nur er kann sein Team vor einer Niederlage bewahren und zumindest das 0:0 halten. Solange der Torwart seinen Kasten sauber hält und dafür sorgt, dass die Null steht, ist das Unentschieden möglich. Die gegnerische Mannschaft wird nervös und neigt dazu, Fehler zu machen. Das heißt: Ein guter Torwart zwingt den Gegner zu Fehlern.

Wenn das Team hingegen gut spielt, muss der Torwart noch besser sein. Ansonsten läuft er Gefahr, dafür verantwortlich zu sein, dass das gute Team verliert, nur weil er nicht gut genug hält. Vielleicht können wir sogar sagen: Ein Team ist

Im Strafraum empfinde ich Einsamkeit

„Ein Torwart ist immer allein, denn er ist der entscheidende Mann. Wenn ein Stürmer eine Chance vergibt, ist es eine Kleinigkeit, aber wenn einem Keeper ein Eckball durchrutscht, ist es eine Katastrophe. Ich habe auch während der Spiele immer nach Beschäftigung gesucht, ständig Gymnastik gemacht, nicht nur, um warm zu bleiben, auch, um diese Einsamkeit zu vergessen."

Jean-Marie in einem Interview am 4. Mai 2013 mit Tim Jürgens von „11 Freunde"

letztendlich nur so gut wie sein Torwart. Wenn der Torwart das schwächste Glied in der Kette ist, wird die Mannschaft so gut wie immer verlieren.

LEKTIONEN IN SACHEN TEAMGEIST

Meine Brüder Jean-Baptist und Louis spielten einst für Eendracht Aalst. Jean-Baptist überzeugte als Stratege und Regisseur im Mittelfeld, Louis glänzte als Stürmer. Er war zehn Jahre älter als ich – charakterlich jedoch ähnelten wir uns sehr. 1960 gelang dem Verein der Aufstieg in die erste belgische Liga, der Erstligaaufenthalt währte jedoch nur zwei Spielzeiten, ehe der Klub wieder abstieg. Und es dauerte anschließend wieder nur kurze Zeit, bis der Abstieg in die Drittklassigkeit erfolgte.

Ich erinnere mich an ein legendäres Spiel gegen Standard Lüttich, bei dem der Schiedsrichter gleich mehrere Spieler von

Aalst vom Platz stellte. Weil es überdies zu Verletzungen kam, musste der Schiedsrichter das Spiel abpfeifen – bei Eendracht Aalst standen nicht mehr genügend Spieler auf dem Platz. Ich kann mich bis heute nicht gegen den Gedanken wehren, dass es kleine Vereine bei den Schiedsrichtern oft schwerer haben als große Vereine. Ich selbst musste dies in einem meiner dunkelsten Kapitel meiner Karriere am eigenen Leib erfahren, aber dazu komme ich später noch.

Ich schaute den Spielern von Aalst oft beim Training zu, die Paraden der Torhüter im Training haben mich früh begeistert und geprägt. Ich sah, wie die Spieler Kondition bolzten und mit schweren Gewichtswesten die Tribünentreppen hoch und runter jagten, Seil sprangen und mit Kameraden auf dem Rücken überraschend schnelle Spurts hinlegten. Die Jungs hatten für mich eine Aura der Unbesiegbarkeit. Gemeinsam mit meinem Vater schaute ich mir viele Spiele an, wobei mein Papa mir kluge und wertvolle Tipps gab. Eine wichtige Lektion, an die ich mich gut erinnere, war die zum Thema „Teamgeist und Teamsport". „Wenn ein Spieler ein Tor erzielt hat und sich vom Publikum feiern lässt, macht mich das wütend", sagte mein Vater. „Wer nach einem Treffer nicht zu dem Kameraden eilt, der die Vorlage gegeben hat, und sich nicht bei ihm bedankt, ist ein selbstsüchtiger und egoistischer Mensch. Gute Sportler und Fußballer wissen, dass sie nur glänzen können, wenn sie gute Mitspieler haben und in einem Team spielen, deren Mitglieder zusammenhalten."

Ich erinnere mich, dass Mitte der 1960er-Jahre mein Bruder Jean-Baptist von Eendracht Aalst für eine Ablösesumme von 20.000 belgischen Franken nach Beveren wechselte, das entspricht ungefähr 500 Euro. Die Verantwortlichen bei Beveren zögerten, stimmten schließlich aber doch noch zu, als mein Vater – ganz Kaufmann und Förderer seiner Söhne! – vorschlug, dass für diese Summe auch Jean-Baptists Brüder Antoon und Jeanke zu dem Klub wechseln würden. Drei Pfaffs bei Beveren – fantastisch!

DER TORWART IM BAUM UND DAS ENDE DER POMMES FRITES

Meine Fußballkarriere nahm damals langsam Fahrt auf. Sorgen bereitete mir meine Körpergröße, ein Torwart sollte ja nicht zu klein sein. Ein Trainer bei Beveren, Marcel de Keersmaecker, hatte dazu einen tollen Tipp für mich: „Du musst dich nur jeden Tag eine halbe Stunde in einen Baum an einen stabilen Ast hängen und dich strecken, dann wächst du und bist in kürzester Zeit ein Stück länger." Ob du es glaubst oder nicht – ich vertraute dem älteren und erfahreneren Trainer. Und wer weiß, vielleicht hat es sogar funktioniert, der Glaube versetzt bekanntlich Berge ...

Auf jeden Fall galt damals: Wenn mir jemand riet, mit einem schweren Sack Sand auf dem Rücken zu spurten oder Gewichte an die Pedale eines Fahrrads zu hängen und damit durch die Gegend zu rasen – dann machte ich das. Ich tat alles, von dem ich mir eine Weiterentwicklung versprach. Und tatsächlich – ich machte Fortschritte, vor allem, weil bei Beveren einfach hervorragende Trainer gearbeitet haben. Wie gesagt: Es waren einfache bodenständige und herzliche Leute, die uns bedingungslos und mit Leidenschaft unterstützten. Meine ersten Trainer Dan van Gasse und Ward Goossens übten einen großen Einfluss auf meine Entwicklung aus. Ich weiß nicht mehr genau, wer es war, aber einer der Trainer empfahl mir frühzeitig, auf Fett, Pommes frites und Mayonnaise zu verzichten, um abzunehmen. Und auch, weil ich mich gut daran erinnern konnte, wie ich wegen meines Übergewichts verspottet wurde – Kinder können grausam sein –, entschloss ich mich, endgültig mit der ungesunden Ernährung aufzuhören und das Fitnesstraining nochmals zu intensivieren.

DIE ERSTE TROPHÄE

Ein weiterer wichtiger Trainer für mich war Walter de Winter, ein Mann zwei Köpfe größer als ich und mit Händen wie Kohlenschaufeln. Er schoss mit dem linken Fuß, und das gab dem Ball einen besonderen Drall. Das war für mich etwas Neues, und so bat ich ihn tausend Mal und öfter, mir den Ball zuzuspielen, um mich mit diesen „Links-Bällen“ vertraut zu machen. Durch hartes Training, zusätzliche Übungseinheiten und kleine Optimierungen wie jene Übung mit den „Links-Bällen“ entwickelte ich mich nach und nach fußballerisch weiter, und es stellten sich die ersten Erfolge ein. So gewann ich zum Beispiel eine Medaille, mit der damals die besten Jugend- und Nachwuchsfußballer Flanderns ausgezeichnet wurden. Ich gehörte zu den 15 besten Spielern und war der einzige Torhüter unter den Preisträgern. Wir mussten damals im Brüssel im Rahmen einer Veranstaltung der Royal Belgian Football Association bei einem Zirkeltraining an mehreren Stationen verschiedene Übungen und Ausscheidungswettkämpfe absolvieren und wurden von einer Jury des Fußballverbandes be-

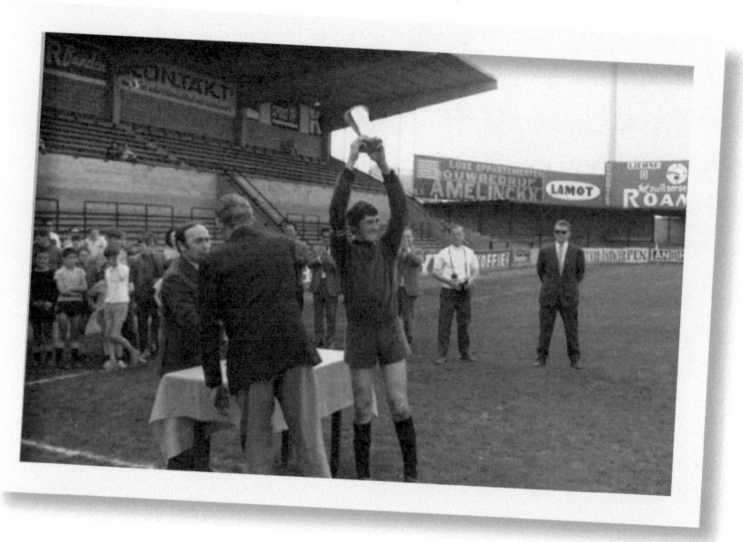

Frühe Erfolge und früher Ruhm als junger Torwart

urteilt. Die Medaille nimmt einen besonderen Platz in meiner Trophäensammlung ein, weil es sich um die erste persönliche Auszeichnung in meinem Leben handelt.

Aber es sollte nicht die letzte Medaille sein. Das hatte ich mir fest vorgenommen. Dabei wusste ich sehr früh, dass es nicht nur darauf ankommt, gute Leistungen zu erbringen, sie müssen auch wahrgenommen werden. Wenn meine Brüder oder Freunde und ich uns ein Spiel der ersten Mannschaft von Beveren angeschaut hatten, eilten wir zehn Minuten vor Spielschluss nach Hause. Haus und Garten der Pfaffs lagen nicht weit vom Stadion entfernt. Wenn die Zuschauer nach dem Spiel nach Hause zurückkehrten, führte der Heimweg manche von ihnen unweigerlich an unserem Garten vorbei. Und dort knallten mir meine Brüder oder Freunde einen scharf geschossenen Ball nach dem anderen aufs Tor, damit ich mein

Können vorführen und vor den Heimkehrern glänzen konnte, deren Anzahl manchmal über 100 Personen überschreiten konnte. Ich gebe zu, ich genoss die Aufmerksamkeit, die Zuschauer feuerten mich zu noch waghalsigeren Paraden an. Als ich später für Beveren im Tor stand, erinnerten sich einige der Zuschauer an meine Paraden im pfaffschen Garten: „Diesen Torwart haben wir bereits gesehen, als er als kleiner Junge im Schlamm trainiert hat ..."

Wer weiß, vielleicht war das schon die Vorbereitung auf Zeiten, in denen ich vor sehr viel mehr Zuschauern würde spielen dürfen ...

„DER JEANKE, DAS IST EIN ANFÜHRER"

Neben Walter de Winter hatte Paul Seele großen Einfluss auf meine Entwicklung als Torwart. Er erkannte und förderte insbesondere meine Begabung, ein Spiel lesen zu können: „Der Jeanke, das ist ein Anführer, der liest das Spiel wie kein anderer", so seine Überzeugung. „Torhüter und Spieler verhalten sich in ihren Bewegungen wie zwei Pole, der eine eher passiv und statisch, der andere eher aktiv und dynamisch, das musst du in deinem Torwartspiel berücksichtigen, Jeanke."

Paul Seeles Hinweise zum Lesen eines Spiels und dazu, wie ein Torwart seine Mitspieler und sein Team dirigieren und durch sein Verhalten von hinten Druck auf den Gegner aufbauen und ausüben kann, haben mir später in der Karriere sehr geholfen. Wenn ein Stürmer einen Verteidiger durch seinen Laufweg auf die Seite ziehen wollte, um für einen Mitspieler eine Lücke oder Gasse zu öffnen, habe ich das früh erkannt und den Verteidiger darauf aufmerksam gemacht. Im Fußball geht vieles über den Kopf, vieles ist Psychologie, darauf komme ich zurück, wenn es um meine zahlreichen gehaltenen Elfmeter geht.

„Der Jeanke, das ist ein Anführer" – ich glaube, das trifft auch zu, weil ich immer meinen eigenen Weg einschlagen und gehen wollte. Ich wusste, was ich wollte, und hatte meinen eigenen Kopf. Ein Beispiel dafür ist eine meiner ersten Begegnungen mit Guy Thys, dem späteren Trainer des belgischen Nationalteams, der von 1966 bis 1969 die erste Mannschaft von Beveren trainierte und mit dem ich später einige meiner größten Erfolge mit den „Roten Teufeln" feiern sollte, wie die belgische Nationalmannschaft genannt wird, seit ein Fußballreporter 1906 meinte, die Belgier würden wie Teufel in roten Trikots spielen.

DER „MÄDCHENHAFTE" ABWURF

Ich spielte in der Jugend von Beveren und hatte mich etabliert. Wenn ich im Training den Ball abwarf oder das runde Leder dem Mitspieler in den Fuß rollte, verglich Guy Thys dies mit einem „mädchenhaften" Abwurf, was die Trainingszuschauer erheiterte, mich aber eher missmutig stimmte. Gerade von uns jungen Torhütern wurde erwartet, den Ball weit, hoch und hart abzuwerfen oder abzustoßen. Aber meine Methode hatte Sinn, Verstand, Hand und Fuß, denn ich hatte beobachtet, dass viele Spieler Probleme hatten, bei den harten und hohen Abwürfen und Abstößen den Ball sauber und in Ruhe anzunehmen. Dabei ging immer viel Zeit verloren und der Gegner konnte einschreiten und den Spieler bei der Ballannahme entscheidend stören. Bei den eher „weichen" Abwürfen in den Fuß hingegen konnten die Mitspieler den Ball problemlos stoppen, verarbeiten und rasch weiterpassen, um das Spiel schnell zu machen.

„Wer zuletzt lacht, lacht am besten", dachte ich. Ich hielt an meinem „mädchenhaften" Abwurf fest, ließ mich nicht beirren und verfolgte meinen eigenen Weg – heute gehören solche Techniken, die das Spiel schnell machen und mit denen sich das Spiel von hinten eröffnen lässt, zum Standard der besten Torhüter der Welt.

AUS KRITIK DIE RICHTIGEN SCHLÜSSE ZIEHEN

Schließlich war es so weit: Als ich den Brief zum ersten Mal in Händen hielt, konnte ich es zuerst nicht glauben. Aber das wiederholte Lesen bewies es: Da stand immer noch „Jean Pfaff". Ich wurde zu einem Lehrgang der UEFA-Junioren, der belgischen Junioren-Nationalmannschaft, eingeladen. Was für eine große Ehre! Es war ein Traum, der wahr wurde. Der kleine „Fettie" hatte es geschafft, ich reiste nach Brüssel! Der Aufenthalt in der Hauptstadt verunsicherte mich dann aber doch; weniger aus fußballerischen Gründen, sondern weil dies die erste große Reise für mich war und ich kein Wort Französisch sprach. Mit offenem Mund staunte ich, der bisher vor allem den Kirchturm von Beveren als hohes Bauwerk kennengelernt hatte, über all die Menschen, die mit ihren Aktentaschen zwischen den Wolkenkratzern und den Respekt einflößenden gläsernen Gebäuden hin und her eilten. Da war ich „Landei" doch etwas überfordert. Aber schließlich kam ich doch noch wohlbehalten und pünktlich im Brüsseler Heysel-Stadion an, um an dem Lehrgang teilzunehmen.

Die Teilnahme an diesem Lehrgang war der erste Schritt auf dem Weg in die Nationalmannschaft. Aber noch war es nicht so weit. Ich hatte jedoch vor, mich von nichts und niemandem von dem Weg dorthin abbringen zu lassen. Auch nicht von großen Namen und großen Trainern, wie zum Beispiel von Raymond Goethals, der sich damals öffentlich negativ über mich geäußert und gesagt hatte, ich könne mehr oder weniger rein gar nichts. Ich war schon damals sicher: Die Unterschiede zwischen einem Sportler und Fußballer, der es schafft, und einem, der es nicht schafft, liegen in seiner Willenskraft, seiner Ausdauer und der Fähigkeit, sich durch solche Äußerungen und selbst heftige Kritik nicht unterkriegen zu lassen. Bei Raymond Goethals spürte ich: „Er hat das gesagt, um mich mental zu testen, um mich zu motivieren, um zu prüfen, wie ich mit harter Kritik umgehe und wie ich darauf reagiere. Meine Antwort lautete: „Ab jetzt trainiere ich noch härter, noch besessener, noch intensiver, um meine Schwächen auszumerzen und meine Stärken zu optimieren." Den Beweis, dass ich mit meiner Einschätzung richtig lag, erbrachte später Raymond Goethals selbst, als er sagte: „Es gibt nur einen belgischen Torhüter, der es im Ausland geschafft hat, und das ist Jean-Marie Pfaff!"

DER HELD VON MALLORCA

Einen großen Karriereschritt stellte ein Turnier dar, das im Sommer 1970 auf Mallorca stattfand. Das international besetzte UEFA-Turnier selbst bedeutete für mich gar nicht einmal die größte Herausforderung, es war vielmehr der Flug auf die Mittelmeerinsel. Der Flug war für mich eine einzige Katastrophe. Ich bin mehr als hundert Mal gestorben und habe den lieben Gott angefleht, das Flugzeug nicht abstürzen zu lassen. Aber trotz dieses unseligen Flugs habe ich ein Top-Turnier gespielt. Insbesondere bei dem torlosen Unentschieden gegen die Übermannschaft aus England konnte ich durch gewagte Paraden und gewonnene 1:1-Situationen überzeugen. Wiederum erhielt ich eine Auszeichnung und eine Trophäe, und in der belgischen Tageszeitung „Het Laatste Nieuws“ wurde ich von den Sportreportern als „Der Held von Mallorca“ gefeiert.

SPIELEN, LEBEN UND ARBEITEN

Trotz aller Erfolge bin ich neben dem Sport stets auch arbeiten gegangen. Allein die häusliche Situation machte dies erforderlich. Zudem wollte ich möglichst unabhängig sein. Ich suchte mir darum stets einen Job, wobei es für mich wichtig war, das Vertrauen meines Chefs genießen zu dürfen. Ich jobbte zunächst in einer Kunststofffabrik, aber dort gefiel es mir nicht, weil eben jenes Vertrauen fehlte. Danach nahm ich eine Arbeit in einer Weberei in Sint-Niklaas auf, der Ort liegt südlich von Beveren. Dort fühlte ich mich gleich zu Hause. Später war ich einige Jahre bei der Post als Briefsortierer und Briefträger tätig und habe anschließend bei einer Bank gearbeitet.

Lange Zeit war Fußball in meinem Leben vor allem ein wunderschönes Hobby und die tollste Nebensache der Welt. Dass ich damit auch Geld verdienen könnte, darüber habe ich überhaupt nicht nachgedacht. Entscheidend war: Fußball sollte vor allem Spaß machen, ich habe es anfangs nie als Geschäft und als Möglichkeit, viel Geld zu verdienen, verstanden.

Es gab in den 1960er- und 1970-Jahren kaum Vollprofis in Belgien. Klar, auch ich träumte damals von Wohlstand und tollen Autos. Und als sich die ersten Erfolge einstellten, habe ich mir von dem verdienten Geld mein erstes Auto gekauft. Aber meine Träume standen nie in direkter Verbindung zu der Sache, die mir einen so riesigen Spaß machte: zum Fußball. Ein so kleiner Verein wie der KSK Beveren zahlte damals umgerechnet 75 Euro Grundgehalt. Hinzu kamen knapp 100 Euro pro Punkt, bei einem Sieg und zwei Punkten also knapp 200 Euro. Bei Auswärtssiegen gab es eine Extraprämie und -belohnung. Davon musste ich meine Handschuhe und mein Schuhwerk bezahlen. Bis ich nach München wechselte, hat meine Frau Carmen die Trikots gewaschen. In meiner Kindheit und Jugend hat meine Mutter diese Aufgabe übernommen. Damals noch ohne die Möglichkeit, die Wäsche zu trocknen – das musste an der frischen Luft geschehen. Gewaschen wurde mit den Händen und in einem Wäschezuber. Das war für meine Mutter eine aufwendige, zeitintensive und anstrengende Angelegenheit, die sie gern auf sich genommen hat, weil sie ihre Kinder gut versorgt sehen wollte.

Das Folgende können sich vielleicht heutige junge Fußballer gar nicht vorstellen. Ich bin damals zu den Spielen von Borussia Mönchengladbach gefahren, um Europapokalatmosphäre zu schnuppern und kennenzulernen. Denn in Beveren war das nicht möglich. Borussia Mönchengladbach spielte 1976 im Pokal der Landesmeister in Düsseldorf gegen Real Madrid. Bei Madrid spielten damals Paul Breitner und Günter

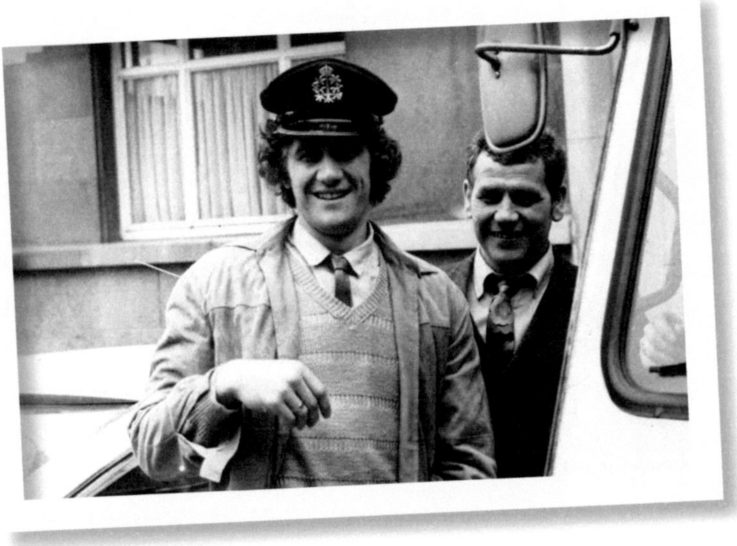

Beveren: Jean-Marie bringt Arbeit und Sport unter einen Hut.

Netzer, bei Mönchengladbach zum Beispiel Allan Simonsen, Wolfgang Kleff, Jupp Heynckes, Berti Vogts und Rainer Bonhof. Nachmittags fuhr ich gemeinsam mit Carmen nach Düsseldorf, kehrte nachts heim und ging morgens wieder zur Arbeit, ohne viel geschlafen zu haben. Morgens um halb acht ging ich wieder zur Arbeit, die dann jeden Tag bis halb vier nachmittags dauerte.

NICHT AUFGEBEN: VON ACHTEINHALB AUF NEUNEINHALB

Die Verknüpfung von Sport und Arbeit hat nicht immer 100-prozentig funktioniert. Am 8. August 1971 hatte ich in diesem Zusammenhang mit 17 Jahren ein Erlebnis, das sich in mein Gedächtnis eingebrannt hat. Wir nahmen damals mit der Jugendmannschaft von Beveren an dem Silver Botter Turnier im niederländischen Volendam teil. Ich musste zwei Wochen unbezahlten Urlaub bei der Weberei nehmen, bei der ich damals arbeitete, und teilte meinem Chef nicht mit, dass ich bei diesem Turnier mitspielen würde. Vielleicht hatte ich ein wenig Angst, mich zu blamieren und ausgelacht zu werden. Wir als kleiner Verein bei diesem großen Turnier, an dem unter anderem Ajax Amsterdam, Feyenoord Rotterdam und Manchester United teilnehmen würden.

Dann das Unglück: Kurz vor dem Turnier verletzte ich mich mit einer Säge am Fuß, der daraufhin kräftig anschwoll. Mein Fußballschuh mit der Größe achteinhalb passte nicht mehr an den Fuß. Aufgeben? Nicht teilnehmen? Nein, jetzt erst recht, so meine Haltung. Dann musste eben ein Schuh in der Größe neuneinhalb her. So geschah es, und tatsächlich, ich hielt alles, was es zu halten gab, und noch viel mehr. Der Lohn: Ich wurde zum besten Spieler des Turniers gewählt – also nicht zum besten Torhüter, sondern zum besten Spieler des gesamten Turniers! – und erhielt eine wunderschöne Trophäe, die ich selbstverständlich noch heute besitze.

DER BESTE TORWART – UND ARBEITSLOS

Aber wie alles im Leben hatte dieser Triumph eine zweite Seite, und zwar dieses Mal eine betrübliche. Ich hatte meinem Chef versprochen, wegen der Fußverletzung nicht Fußball zu spielen, um am Arbeitsplatz möglichst rasch wieder einsatzfähig zu sein. Aber weil ich so gut hielt und weil ich so triumphierte und jene Auszeichnung bekam und dies in den Medien verbreitet wurde, konnte es nicht ausbleiben, dass mein Chef davon erfuhr. Die Konsequenz: Er kündigte mir. Als ich das Büro meines Chefs betrat, lag der Artikel, in dem darüber berichtet wurde, dass ich zum besten Torwart und Spieler des Turniers ernannt worden war, bereits auf seinem Schreibtisch.

Ich war also arbeitslos und musste drei Monate lang stempeln gehen, bevor ich schließlich bei der Post einen neuen Job fand. Diese Erfahrung hat mir gezeigt, wie notwendig und unerlässlich es manchmal ist, Opfer zu bringen, wenn man Großes erreichen möchte. Als Torwart eines kleinen Vereins im Konzert der ganz Großen mithalten zu können, hat mich stärker gemacht und mir bewiesen, dass sich mithilfe jener „Immer-weiter-Mentalität" das Unmögliche oft möglich machen lässt.

Mein eigentlicher Lebensmittelpunkt bestand mittlerweile aus dem runden Leder und dem Fußballspiel. Gerne wiederhole ich den Grund dafür: Ich war glücklich in Beveren, weil ich aus dieser Gegend kam und meine Familie mein Ein und Alles war. Wir hatten eine gute Mannschaft und spielten in den späteren 1970er-Jahren um die Meisterschaft mit. Ich hatte das Gefühl, in Beveren noch etwas erreichen zu können. Und das hat sich bestätigt. Aber bevor ich näher darauf eingehe, soll jetzt erst einmal die Person im Mittelpunkt stehen, die seit 1971 in meinem Leben eine immer größere Rolle gespielt hat.

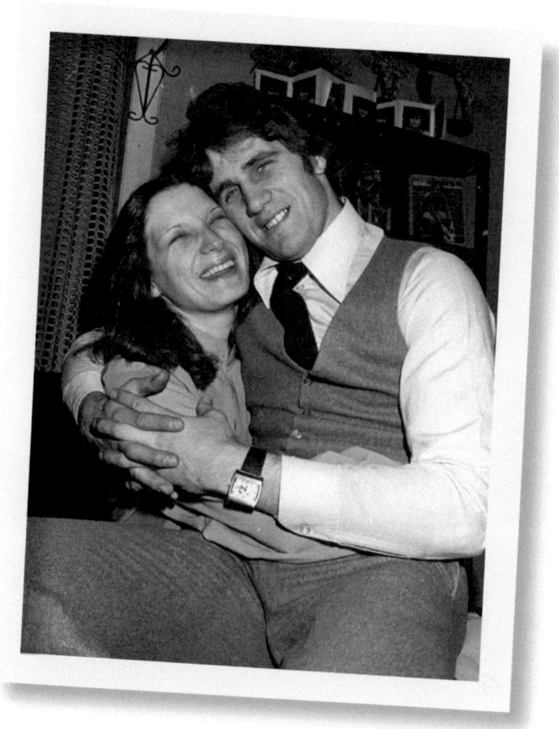

*Jean-Marie ahnt noch nicht,
dass er bald seiner großen Liebe begegnen wird.*

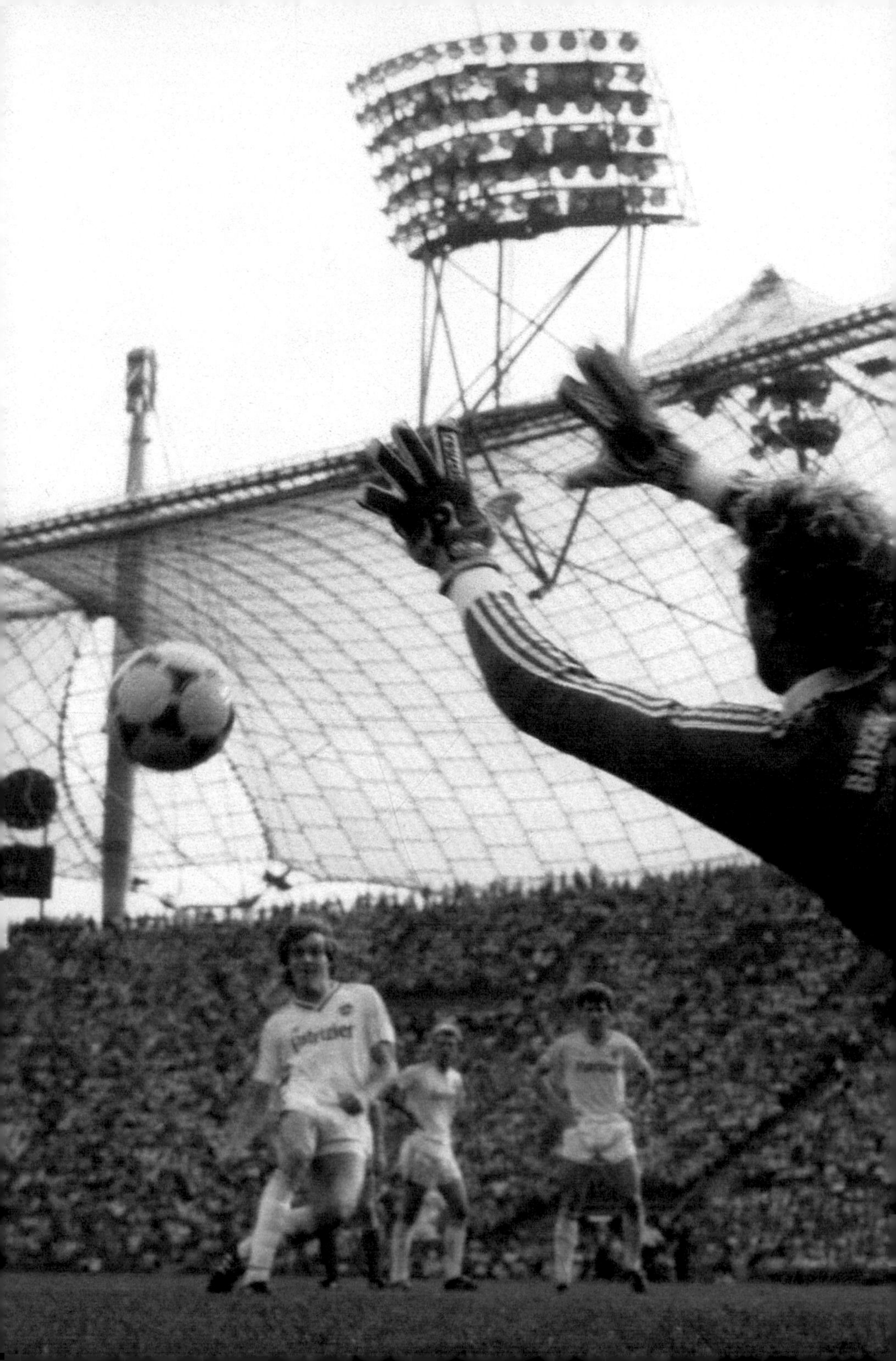

KAPITEL 3

CARMEN, DREI TÖCHTER UND DER GOLDENE SCHUH

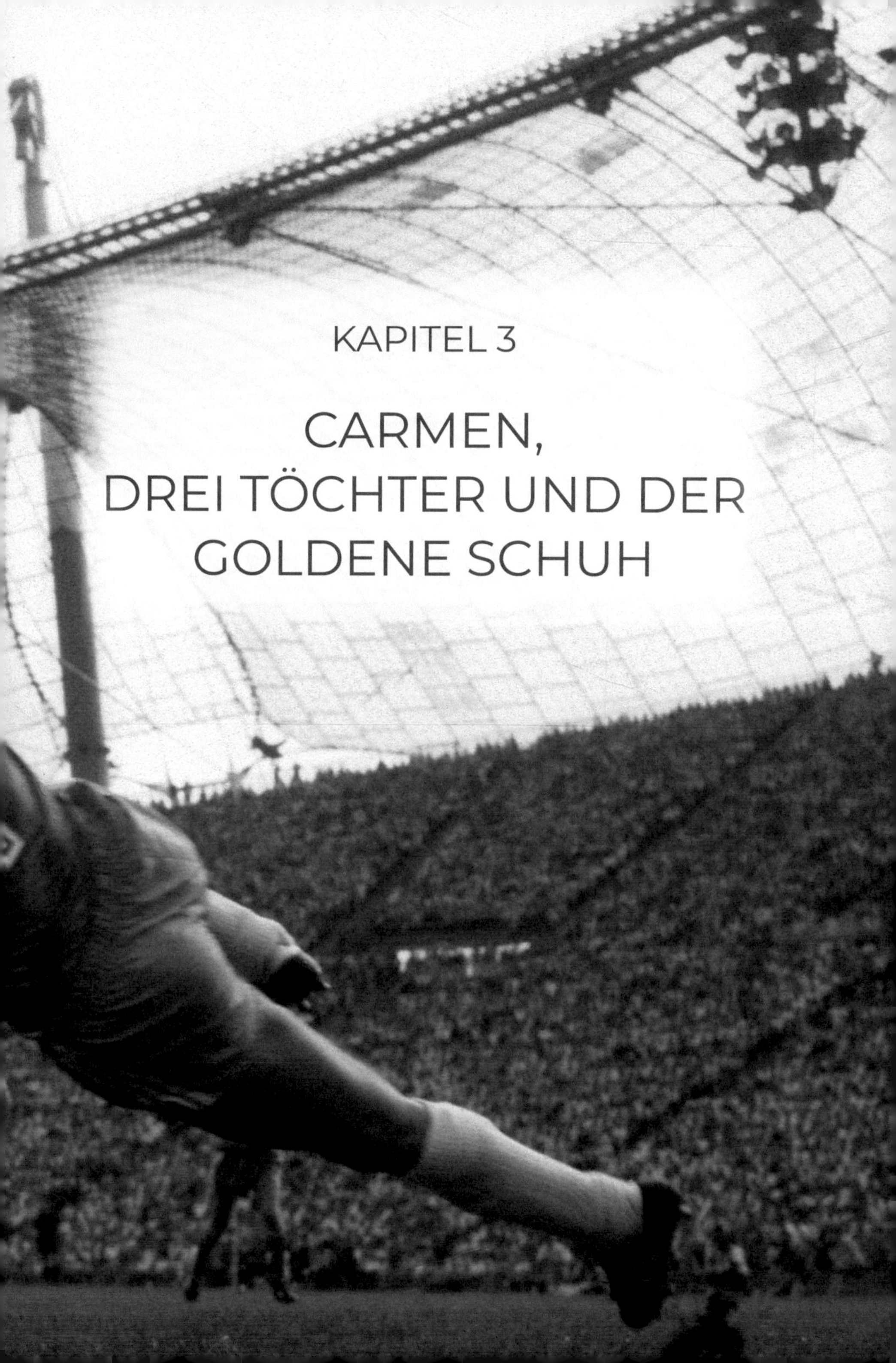

Du bist alles, was ich habe auf der Welt / Du bist alles, was ich will / Du, du allein kannst mich versteh'n / Du, du darfst nie mehr von mir geh'n" – diese Zeilen aus dem Lied „Du" von Peter Maffay werden auf immer und ewig mit dem Tag verbunden sein, an dem ich meine Frau Carmen kennen- und lieben lernte.

LIEBE AUF DEN ERSTEN BLICK

Der Song von Peter Maffay gehörte zu den großen Hits des Jahres 1971 und war auch in Belgien ein absoluter Nummer-1-Hit. Carmen zählte damals 15 Jahre, ich war 17 Jahre jung, das große Turnier im August 1971, bei dem ich zum besten Spieler gewählt wurde, stand kurz bevor. Ich hielt mich mit ein paar Freunden in einem Café auf, wir spielten Tischfußball und standen am Kickertisch. Carmen befand sich mit ihrer älteren Schwester Linda ebenfalls in dem Café. Die Eltern der Schwestern, also meine späteren Schwiegereltern, betrieben damals eine Kirmes und zogen als Schausteller durch das Land. Mein Schwiegervater, der von unseren Kindern, seinen Enkeln,

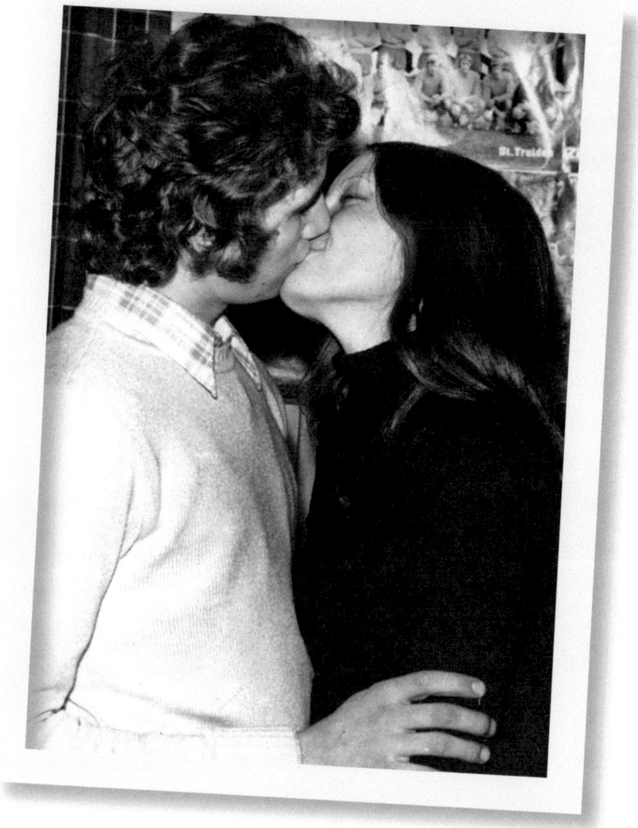

„Du bist alles, was ich habe auf der Welt“

Bompa genannt wurde, stand bereits im Alter von nur sechs Jahren als Zauberer auf der Bühne.

Carmen fiel mir sofort auf; ich kann schon sagen, dass es bei Carmen und mir sofort gefunkt hat und wir die berühmte „Liebe auf den ersten Blick“ erleben durften. Dafür sind wir sehr dankbar. Es wird oft darüber gestritten, ob es überhaupt möglich ist, sich in jemanden zu verlieben, den man bis dahin noch gar nicht kennt. Carmen und ich sind der Beweis dafür, dass dies tatsächlich möglich ist. Man fühlt sich vom ersten Moment an zu jemandem hingezogen, die verliebten Blicke schießen hin und her, das Gefühl einer tiefen Vertrautheit stellt sich früh ein, die Schmetterlinge im Bauch machen sich bemerkbar. Carmen und ich fühlten uns sofort stark zueinander hingezogen, wir spürten beide eine fast schon magnetische Anziehungskraft.

Kennst du das Gefühl, dass die Welt um dich versinkt und die Zeit still zu stehen scheint? So erging es Carmen und mir in dem Café. Hier ist etwas Besonderes im Gange – das war uns beiden schnell bewusst. Aber natürlich mussten wir den Mut finden, uns dann auch anzusprechen. Und hier kommt Peter Maffay mit seinem Song „Du“ ins Spiel.

„ICH LEBE NUR NOCH FÜR DICH“

In dem Café stand damals eine Jukebox, eine Musiktruhe oder Musikbox: Geld einwerfen, Song aussuchen – und schon kann das Tanzbein geschwungen werden. Meine Überlegung war nun, mit dem jungen Mädchen auf ein möglichst langsames Lied zu tanzen, um sich näherzukommen. Und ein Song, der seit 1970 von morgens bis abends zu hören war und in den Jukeboxen rauf und runter lief, war eben jenes Lied „Du“ mit den schönen Zeilen „Du bist alles, was ich habe auf der Welt“, „Du darfst nie mehr von mir geh’n“ und auch „Du bist das Mädchen, das zu mir gehört, ich lebe nur noch für dich“. Carmen und ich wissen heute beide nicht mehr, wie oft wir damals in dem Café zu diesem Lied eng umschlungen miteinander getanzt haben, ich glaube, bestimmt zehnmal oder noch öfter …

„Liebe auf den ersten Blick“ – das nimmt einen Menschen so richtig gefangen, darum erinnere ich mich nicht mehr an jede Einzelheit. Oft erzählt uns die unverlässliche Erinnerung nur das, was wir hören und an was wir uns erinnern wollen. Jeder, der eine Autobiografie schreibt, weiß das. Ich glaube, meine Freunde haben mich noch angespornt und mir Mut zugesprochen, das Mädchen, von dem ich so fasziniert war, zum Tanz aufzufordern. Auf jeden Fall hat es von Beginn an zwischen uns gefunkt, wir beide spürten sehr früh, dass wir unser Leben gemeinsam verbringen wollten.

Carmen ging damals auf ein Internat, ich arbeitete (noch) bei jener Weberei, spielte Fußball und stand kurz vor meinem ersten großen Triumph auf jenem Turnier, das dann letztendlich zu meiner Entlassung bei der Weberei führte. Aufgrund der Entlassung hatte ich genügend Zeit, um bei meinen späteren Schwiegereltern auf der Kirmes auszuhelfen. Wir waren sehr jung, aber das alles spielte keine Rolle, und so traten wir am 28. Juni 1974 vor den Traualtar und heirateten. Ich fragte Carmen auf die romantische und klassisch-traditionelle Weise, auf den Knien, mit Blumen in den Händen, und sie zögerte – ebenfalls romantisch und klassisch-traditionell – zum Glück keine Sekunde: „Ja, Jeanke, ich will!“

Wenn es in Peter Maffays Lied heißt: „Seit wir uns kennen, ist mein Leben bunt und schön, und es ist schön nur durch dich. Was auch gescheh’n mag, ich bleibe bei dir, ich lass’ dich niemals im Stich“, und dann: „Ohne dich leben, das kann ich nicht mehr, nichts kann mich trennen von dir“ – ja, dann glaube ich manchmal, dass Peter Maffay über uns, über Carmens und mein Leben und unsere Liebe singt.

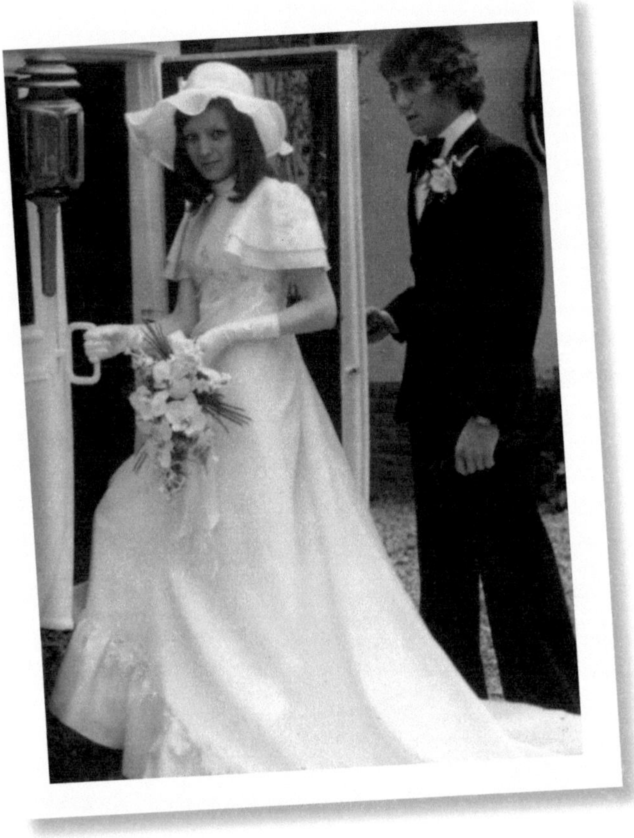

28. Juni 1974 – großer Auftritt vor dem Traualtar

AUS JEANKE WIRD JEAN-MARIE

Nach einer herrlichen und herzlichen Feier im Kreis der Menschen, die mir am allerliebsten sind, und des Teams von Beveren führten uns unsere Flitterwochen nach Österreich, wobei uns ein befreundetes Pärchen begleitete. Dabei fuhren wir durch Deutschland und auch durch München – wobei ich selbstverständlich nicht ahnte, dass ich in diesem Land und in dieser Stadt knapp acht Jahre später meine größten sportlichen Erfolge feiern würde. In Österreich bezogen wir eine Hütte in Tirol, und als wir dort mit „Grüß Gott" begrüßt wurden, antwortete meine Carmen: „Gott? Sind wir schon so hoch?" Die Familie Seth – Carmen ist eine geborene Seth – verfügte und verfügt über einen ganz speziellen Humor.

Während der Hochzeitsreise kam es durch Carmen zu einer Namensumbenennung der besonderen Art: Bisher war ich, auch im fußballerischen Bereich, bekannt als „Jeanke Pfaff". „Du solltest besser mit deinem vollständigen Namen, der auch in deinem Pass steht, angesprochen und unter ihm bekannt werden: Jean-Marie Pfaff", meinte Carmen. „Der Vorname klingt französisch und schick, der Nachname klingt geheimnisvoll, das ist die ideale Kombination für einen Sportler." Und weil das zudem viel erwachsener klang als Jeanke und ich nun immerhin verheiratet war, geschah es auch so.

WIE AUS DREI JAHREN DREI MONATE WERDEN KÖNNEN

Bei Carmen und mir haben sich die Dinge stets sehr früh entwickelt. Wir haben uns rasch ineinander verliebt und zeitig geheiratet – ich war 20, Carmen 18 Jahre jung, Carmen wurde am 24. März 1956 geboren – und sind früh Eltern geworden. Letzteres allerdings war so eigentlich nicht geplant. Als ich damals bei Carmens Eltern um die Hand ihrer Tochter anhielt, mussten wir meinen späteren Schwiegereltern versprechen, uns mit dem ersten Kind doch lieber noch etwas Zeit zu lassen; von drei Jahren war die Rede. Das aber hat nun überhaupt

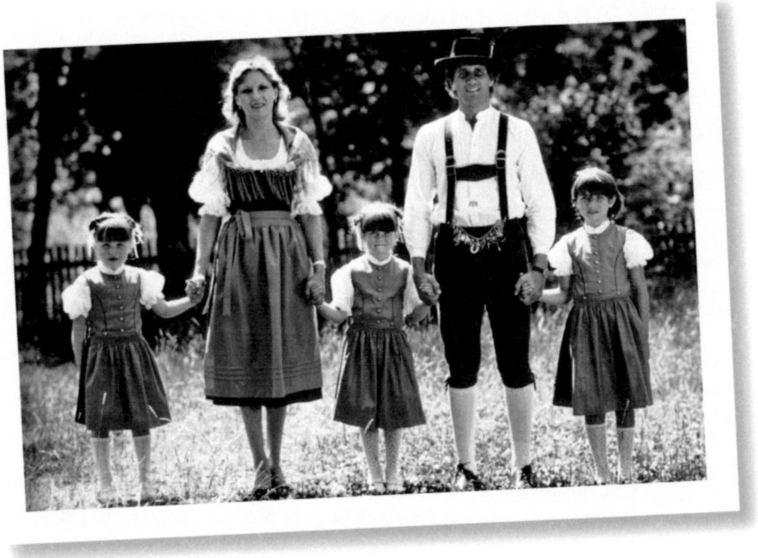

Carmen und Jean-Marie mit ihren drei Goldschätzen

nicht funktioniert! Bereits drei Monate nach der Hochzeit war Carmen schwanger, und so erblickte unsere erste Tochter 1975 das Licht der Welt. Debby Edilbert Gerdina ist am 30. Mai 1975 geboren und mit Nicolas Liébaert verheiratet. Die beiden haben zwei Söhne, die Enkelkinder heißen Keano und Liam.

Unsere zweite Tochter heißt Kelly Yvonne Danny. Kelly wurde am 26. Juli 1977 geboren und ist mit Sam Gooris verheiratet, auch sie haben Carmen und mir zwei Enkelkinder geschenkt, Shania und Kenji. Unsere jüngste Tochter schließlich trägt den Namen Lyndsey Linda Marc und kam am 4. Oktober 1978 auf die Welt. Sie hat einen Abschluss im Bereich Hotelmanagement. Nach dem College arbeitete sie in der Tourismusbranche, mittlerweile ist sie in der Immobilienbranche tätig und hat ein Immobiliengeschäft. Lyndsey ist mit Dave Volders verheiratet, sie haben ebenfalls zwei Kinder, Bruce und Fay.

Carmen und ich sind also glückliche Großeltern von sechs Enkelkindern. Mal schauen, wann das erste Urenkelkind kommt ...

DIE SCHWIEGERMUTTER ALS BESTE FREUNDIN

Mein Leben ist dadurch geprägt, dass ich zu allen Familienmitgliedern eine sehr innige und tiefgehende Beziehung hatte oder habe. Das begann bereits mit meinen Eltern und meinen Geschwistern und setzte sich bei meinen Schwiegereltern fort. Ich habe den besonderen und speziellen Humor der Familie Seth bereits angesprochen. Einmal wartete ich in Antwerpen am Zoo auf den Bus, als ich einen knatternden Wagen herannahen hörte. „Das Geräusch kommt dir doch bekannt vor", dachte ich noch, als mein Schwiegervater vor mir anhielt: „Jeanke, meine Tochter hat mich angerufen, um mir zu sagen, dass ich dich abholen soll. Komm, steig ein!" Das war typisch für Carmen und typisch für den Humor der Familie Seth. Denn dass Carmen meinen Schwiegervater durch die Weltgegend schickte, damit dieser den Schwiegersohn nach Hause chauffierte – das war zumindest in der damaligen Zeit eher ungewöhnlich.

Meine Schwiegermutter Yvonne ist für mich immer wie eine beste Freundin gewesen, unser Verhältnis zueinander war sehr vertrauensvoll, aber auch mit meinem Schwiegervater Edilbert hat mich bis zu seinem Tod im Jahr 2007 ein sehr freundschaftliches Verhältnis verbunden, was sich allein schon darin zeigt, dass einer der Vornamen unserer ältesten Tochter Debby der Vorname meines Schwiegervaters ist, nämlich Edilbert. Der zweite Vorname, Gerdina, ist der Name meiner Mutter.

Meine Schwiegereltern waren als Schausteller selbstständig tätig, aber wenn es darum ging, dass Carmen und ich zum Beispiel jemanden brauchten, der auf unsere Kinder aufpasste, haben Bompa und Bobo stets gern geholfen.

In den 1970er-Jahre nahm meine Fußballkarriere Fahrt auf, ich machte mir bei KSK Beveren als Torwart einen Namen. Ward Volckaert hatte mich nach einigen heftigen Auseinandersetzungen im Verein zur Nummer 1 gemacht – die Klubführung wollte einem so jungen Mann wie mir noch nicht die Verantwortung zwischen den Pfosten übertragen. Ich hatte die Feuertaufe und die große Herausforderung bestanden, mein erstes Spiel im Tor der ersten Mannschaft von Beveren zu bestreiten. Kurz zuvor hatte ich eine Prüfung bei der Post absolviert, nun galt es, sich auf die schwere fußballerische Prüfung im Spiel gegen Crossing Schaerbeek vorzubereiten. Ich bin Ward Volckaert bis heute dankbar, dass er mir das Vertrauen geschenkt hat, und tatsächlich konnte ich mit einer sehr guten Leistung gegen Crossing Schaerbeek und mit weiteren Top-Spielen dieses Vertrauen rechtfertigen. Unter Ward Volckaert konnte ich vor allem mein Stellungs- und Positionsspiel optimieren, ich lernte bei ihm, mich auf hohe Flanken vorzubereiten und die Bälle aus der Luft zu pflücken. Und wer zum Beispiel das Spiel der belgischen Nationalmannschaft gegen Argentinien während der Weltmeisterschaft 1982 gesehen hat, weiß, dass Ward Volckaert ein sehr guter Trainer gewesen sein muss, der mir sehr viel beigebracht hat.

In den Folgejahren gewannen wir die belgische Meisterschaft und den Pokal, 1978 erhielt ich als Belgiens herausragender Fußballspieler des Jahres den Goldenen Schuh, wir behaupteten uns im Europapokal, kämpften in Mailand und Barcelona, meine ersten Länderspiele für Belgien standen an, zusammen mit Carmen betrieb ich auch noch ein Sportgeschäft. All das hätte ich ohne die Unterstützung meiner Familie nicht geschafft. Denn es waren zuweilen recht stressige und turbulente Wochen, Monate und Jahre, da war selbstverständlich jede Unterstützung willkommen, auch im Zusammenhang mit der wachsenden Familie Pfaff und den drei Töchtern Debby, Kelly und Lyndsey. Ich bin meinen Schwiegereltern, meiner Mutter und Carmen sehr dankbar, dass ich mich auch in jener Zeit auf meine Fußballkarriere konzentrieren konnte.

MEINE FAMILIE UND ICH

Meine Familie war und ist mir noch wichtiger als der Fußball: erst die Familie, dann der Fußball als Hobby, der später zum Beruf wurde. Meine Familie ist das, was mich im Kern ausmacht. Hinzu kommt: Hinter jedem großen – in meinem Fall – männlichen Star steht eine starke Frau. Das hat sich in meinem Leben bewahrheitet. Ich bin sehr dankbar dafür, mein Leben an Carmens Seite verbringen zu dürfen. Sie ist die Frau, die ich auf ewig lieben und achten werde. Wir haben jede Situation, auch die schwierigen, in unserem Leben gemeinsam gemeistert. Wenn ich als bekannter und berühmter Torhüter zum Beispiel eine Einladung erhielt, habe ich stets gefordert und durchgesetzt, dass meine Frau – und später meine Kinder –

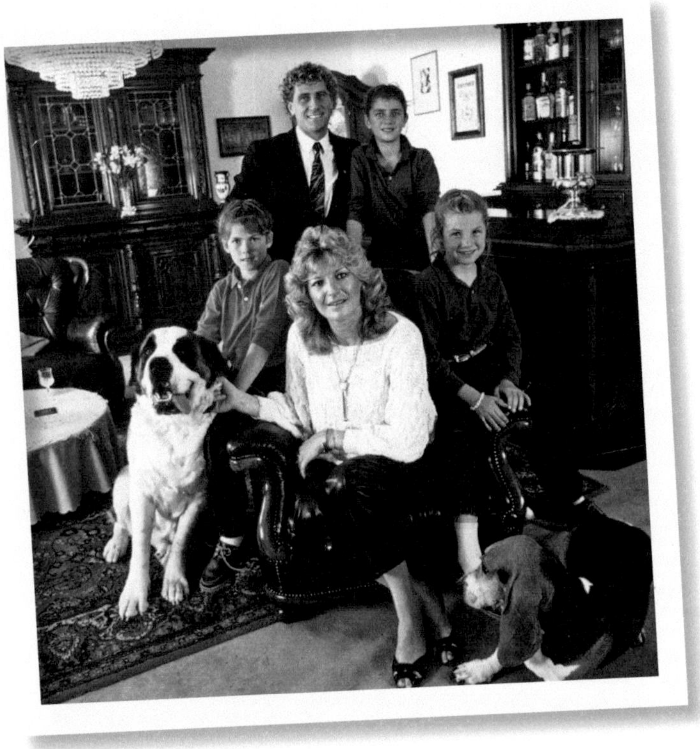

Der Familienmensch Jean-Marie

ebenfalls mit dabei sein und teilnehmen durften, wenn sie das denn wollten. Ohne Familie, ohne Kinder habe ich keine Einladung angenommen.

Heute weiß ich, dass mein liebevolles Verhältnis zu meiner Frau meine Kinder sehr beeinflusst hat. Der Redakteur, der mich bei meiner Autobiografie unterstützt hat, hat dazu – und zu anderen Themen – ein Gespräch mit meiner Tochter Lyndsey geführt.

Interview mit Jean-Maries Tochter Lyndsey

„Mama und Papa sind großartige Vorbilder für uns!"

Lyndsey, welches Verhältnis hast du zu deinen Eltern?
Ein sehr inniges Verhältnis. Mama und Papa sind immer für uns da. Das war so, als wir noch Kinder waren, und das ist heute noch so. Und darum sind sie für uns Töchter große Vorbilder. Sie haben sich früh kennengelernt und früh geheiratet, sie führen bis heute eine sehr glückliche und harmonische Ehe. Und das gilt auch für uns Töchter und unsere jeweiligen Ehemänner. Natürlich gibt es auch bei Mama und Papa manchmal Meinungsverschiedenheiten, aber Carmen und Jean-Marie bilden einfach ein unschlagbares Team.

Unschlagbares Team, wie meinst du das?
Meine Mutter hat meinen Vater immer vorbehaltlos unterstützt, vor allem beruflich bei seiner Fußballkarriere. Heute schieben sich die Frauen und Partnerinnen der Fußballer oft in den Vordergrund und wollen genauso bekannt sein wie ihre Partner. Meiner Mutter ging es nie um den eigenen Bekanntheitsgrad, sondern darum, meinen Vater zu unterstützen.

Was schätzt du an deinem Vater besonders?
In der Erziehung seiner Kinder hat er stets viel Wert gelegt auf Respekt, Fleiß und darauf, dass man immer der

bleibt, der man ist. Und er kann sehr gut zuhören. Wenn er mit uns – den Töchtern oder den Enkeln – spricht, spüren wir, dass er sich ganz und gar auf uns einlässt und sich viel Zeit dabei lässt, ganz gleich, was sonst noch für ihn zu tun ist. In unserer Kinderzeit war er nicht so oft zu Hause, und manchmal glaube ich, dass er die Zeit, die er damals mit uns aus beruflichen Gründen nicht verbringen konnte, nun mit den Enkelkindern nachholen will. Wenn Papa früher unterwegs war – bei Auswärtsspielen der Bayern und Länderspielen und vor allem bei Turnieren –, hat er jeden Tag angerufen, manchmal zwei- dreimal. Während die Fußballkollegen vielleicht etwas unternommen oder einen Sieg gefeiert haben, hat er an uns gedacht. Papa hat uns oft von seinem Heimweh und seiner Sehnsucht nach seiner Familie erzählt. Und selbstverständlich hat er für seine Töchter schöne Geschenke besorgt, wenn er von einer größeren Reise zurückkehrte.

Jean-Marie ist sehr fürsorglich mit euch umgegangen?

Ja, sehr liebevoll und besorgt. Zuweilen vielleicht zu besorgt, das werden dir meine Schwestern wahrscheinlich bestätigen. Für ihn sind wir halt immer noch die kleinen Töchter, auf die er aufpassen will und um die er sich kümmern muss. Bestimmt sind wir nicht die einzigen Kinder, denen es so geht. Meine Eltern waren sogar bei der Geburt meiner Kinder Bruce und Fay dabei, sie haben im Nebenraum gewartet, und mein Papa war aufgeregter als mein Mann (lacht). Jetzt sind Bruce und Fay 14 und 15 Jahre alt und werden von ihren Großeltern verwöhnt. Wenn ein Enkelkind bei Opa oder Oma anruft und etwas möchte, dann springen beide, der Opa und die Oma. Und zwar gern! Nachdem mein Vater ein herzensguter und fantastischer Papa war und ist, ist er nun ein liebevoller und fantastischer Opa. Mein Vater hat ein Zimmer voller Fußballtrophäen und Pokale, aber ich finde, er hat vor allem eine Auszeichnung als Vater und Mensch verdient.

Warum sollte er diese Auszeichnung bekommen?

Ich könnte mehrere Gründe anführen. Am wichtigsten ist: Mein Papa behandelt alle Menschen gleich und auf Augenhöhe. Er ist sehr kontaktfreudig und offen im Umgang mit allen Menschen. Viele Prominente heben wegen ihrer Bekanntheit ab, mein Vater nicht. Ein Beispiel: Der Briefträger kommt, mein Vater geht raus, er spricht mit ihm von Mensch zu Mensch. So verhält sich nicht jeder Promi. Mein Vater tritt nie als der „berühmte Jean-Marie Pfaff" auf, der einst der beste Torhüter der Welt war. Das ist nicht seine Art, bei all seinen Erfolgen ist er der bodenständige Mensch geblieben, der er schon immer war. „Down to Earth" – er ist auf dem Boden geblieben. Respekt und Höflichkeit sind wichtige Werte für ihn. Außerdem ist er ein sehr dankbarer Mensch. Wenn jemand etwas für ihn getan hat, vergisst er das sein Leben lang nicht. Darin ist er ebenfalls ein Vorbild, auch für uns und seine sechs Enkelkinder.

KEIN LUXUS, SONDERN BODENSTÄNDIGKEIT

Mittlerweile zählen bekannte und berühmte aktive Fußballer, aber auch ehemalige Fußballgrößen wie ich zu den sogenannten Promis. Der Fußball hat sich weiterentwickelt und verändert. Die Entwicklungen sind nicht immer zu begrüßen, der Fußball hat sich ein Stück weit von den Fans entfernt. Von den Topspielern wird erwartet, dass sie regelmäßig Höchstleistungen abliefern, die Erwartungshaltung in der Öffentlichkeit ist immens. Durch all die öffentliche Aufmerksamkeit und Berühmtheit drohen manche Fußballer etwas abzuheben. Für mich jedoch war die Arroganz der Berühmtheit nie ein Thema. Im Gegenteil: Meine Kinder sind in normalen Verhältnissen aufgewachsen. Das ist auch für Kinder von prominenten Eltern möglich. Und das war ein Grund dafür, warum wir für die Fernsehserie „De Pfaffs" mehrere Jahre lang Kamerateams die Türen unserer Villa in Brasschaat bei Antwerpen geöffnet haben.

Es sollte eigentlich nur auf ein, zwei Staffeln hinauslaufen, am Ende wurden es fast zehn Jahre. Carmen und ich wollten zeigen, dass es selbst in einer prominenten Familie möglich ist, ein normales Leben zu führen. Mit anderen Worten: Auch ein Sportler, der durch den Fußball zum Weltstar geworden ist, kann normal und mit beiden Füßen auf dem Boden bleiben. Kein Luxus, sondern Bodenständigkeit – darum ging es uns. Es gab damals kein Drehbuch, kein Szenario, die Szenen waren einfach aus dem Leben gegriffen. Die Aufnahmen waren authentisch, wir waren echt und mussten uns nicht verstellen. Das Kamerateam im Haus hat uns nicht gestört, wir hatten keine Probleme damit, aber ich kann verstehen, wenn andere das nicht machen möchten und die Kameras nicht so nah an sich heranlassen wollen. Was damals gefilmt wurde, haben wir, die Familie, selbst entschieden.

Die Realityshow wurde ab 2002 von dem Privatsender VTM einmal wöchentlich ausgestrahlt. Knapp eine Million Menschen, manchmal auch mehr, haben uns sonntagabends zugesehen, wie wir unser Leben gelebt haben. Die Serie lief bis 2011 mit insgesamt 280 Folgen.

„WIR SIND STETS FÜREINANDER DA!"

Trotz ihres bekannten Vaters sind meine Kinder nicht in Saus und Braus, in Luxus und in abgehobenen Verhältnissen groß geworden. Carmen und ich haben versucht, die Werte, die sie bei ihren und ich bei meinen Eltern kennengelernt haben, an Debby, Kelly und Lyndsey weiterzugeben. Wir sind uns sicher, dass uns dies gelungen ist. Ich denke dabei vor allem an Werte wie Toleranz und Respekt, Disziplin und Ehrlichkeit, Rücksichtnahme und Verantwortungsgefühl.

Meine drei Töchter sind ohne Allüren aufgewachsen und hatten keine privilegierte Kindheit. Vielmehr haben wir sie zur Eigenständigkeit erzogen. Auch meine drei Schwiegersöhne sind normale Jungs, und das sind sie auch geblieben, nachdem sie die Töchter eines bekannten Sportlers geheiratet haben. Wir brauchen keine großartigen Statussymbole, um glücklich zu sein. In einem Artikel über mich hat ein Journalist geschrieben: „Ruhm, Ehre und Geld müssen nicht in jedem Fall in Eitelkeit und Arroganz münden." Wichtiger als Luxus und Statussymbole sind für mich der familiäre Zusammenhalt und die gegenseitige Unterstützung, wenn es Probleme und

Schwierigkeiten gibt. Aufgrund ihrer Erziehung wissen unsere Kinder, dass es nichts Wichtigeres gibt, als füreinander da zu sein.

Wir sind manchmal mit dem Vorurteil konfrontiert worden, unsere Kinder würden privilegiert aufwachsen. Als wir einer unserer Töchter einmal ein Auto geschenkt haben, mussten wir uns genau das anhören. Bevor die Menschen ein Urteil fällen, sollten sie sich ab und zu den Grund für das, was man tut, anhören. Denn Carmen und mir ging es vor allem darum, dass unsere Tochter – und das gilt für alle Kinder – nicht darauf angewiesen war, bei jemand anderem mitzufahren. Im Mittelpunkt standen Überlegungen zur Sicherheit unseres Kindes. Darum haben wir es unseren Töchtern stets zur Auflage gemacht, ihr Auto auf keinen Fall abzugeben, es nicht zu verleihen und nie jemand anderen damit fahren zu lassen. Wir wollten unsere Töchter zu einem verantwortungsvollen Umgang mit dem Fortbewegungsmittel erziehen.

Dieses Verhalten erinnert mich an die Überzeugung meiner Mutter, dass es besser ist, wenn die eigenen Kinder zu Hause am Tisch sitzen und sich nicht irgendwo herumtreiben. Denn dann ist es für Eltern nicht möglich, sie bei Problemen und Schwierigkeiten zu unterstützen und ihnen zu helfen. Dieses Prinzip haben meine Eltern und auch Carmen und ich bei der Erziehung beachtet.

„DU WIRST IM TOR DIE ZUKUNFT BELGIENS SEIN“

So gut wie jedes größere Ereignis in meinem Leben ist mit einer Erinnerung an meine Familie verknüpft. Das gilt insbesondere für die 1970-Jahre, weil in dieser Zeit unsere Kinder auf die Welt gekommen sind. Aber auch andere schöne Erinnerungen kommen mir in den Sinn: Als ich mein erstes Spiel für die erste Mannschaft von Beveren bestritt, überraschte mich mein Bruder Jean-Baptist mit einem berührenden Geschenk: Er überreichte mir eine schwarze Sporthose mit einem weißen Band. Davon hatte ich schon immer geträumt. Obwohl wir das Spiel mit 1:2 verloren und es einige unglückliche Schiedsrichterentscheidungen gegeben hatte, ist mir dieses Match in angenehmer Erinnerung geblieben, auch wegen des Geschenks.

Selbstverständlich gab es auch Rückschläge: Ich bin mit Beveren abgestiegen und gleich bei meinem zweiten Spiel setzte es eine deftige 0:4-Niederlage gegen Brügge. Ich selbst konnte mit meiner Leistung zufrieden sein, zumal die nationale Presse wahrnahm, dass dort in der Provinz ein großes Torwarttalent dabei war, sich einen Namen zu machen. Selbst nach einem Abstieg mit Beveren verlor ich meine Ziele, mich zu einem großen Torwart zu entwickeln und vielleicht sogar Welttorhüter zu werden, nicht aus den Augen. Bei diesem Ziel hat mich auch Rik Matthijs unterstützt, der 1972 Ward Volckaert als Trainer ablöste. Ward Volckaert trainierte den Klub von 1969 bis 1972, Rik Matthijs von 1972 bis 1974. Auch Rik Matthijs war für mich ein großartiger und bedeutender Trainer und Mentor.

Überhaupt möchte ich betonen, dass alle Trainer, mit denen ich zusammengearbeitet habe, mich nicht nur fußballerisch, sondern auch menschlich vorangebracht haben. Rik Matthijs arbeitete in einer Brauerei und fand dennoch die Zeit, uns in vielen Trainings- und Übungseinheiten weiterzuentwickeln. Trotz allen Trainingsfleißes und Ehrgeizes war ich ein junger Mann, der sich ab und zu einen Scherz erlaubte. „Jeanke", meinte der Trainer dann, „ich habe selbst Kinder, ich weiß, wie das läuft. Ich werde dir darum nicht böse sein und dich nicht auf die Bank setzen, ich verstehe dich und deinen Übermut." Ein anderer Trainer hätte vielleicht härter durchgegriffen und mich suspendiert, aber Rik Matthijs war ein verständnisvoller Mensch. Er vertraute mir von Anfang an und teilte mir gleich zu Beginn seiner Trainertätigkeit unmissverständlich mit, dass ich für ihn die Nummer 1 im Tor sei. Er wusste: Gerade Torhüter brauchen dieses Grund- und Urvertrauen der Klubverantwortlichen und insbesondere des Trainers, um Spitzenleistungen erbringen zu können. Wenn sich ein Fußballspieler verletzt und längere Zeit ausfällt, hat er selbstverständlich Angst, seinen Stammplatz zu verlieren oder von seiner Position verdrängt zu werden. Rik Matthijs jedoch gab mir die Zusicherung, dass dies nicht passieren und ich für ihn die Nummer 1 bleiben würde.

In die Zeit des Traineramtes von Rik Matthijs fiel der Abschied von Lukas Poklepovic, der fünf Jahre lang, von 1968 bis 1973, für KSK Beveren im Tor gestanden hatte. Lukas wollte nach Jugoslawien zurückkehren. Bei aller Rivalität haben wir uns stets gut verstanden und respektiert; immerhin hatte ich ihn im Tor als Nummer 1 abgelöst. Als junger Mann liebte ich es, ihn beim Training und den Spielen zu beobachten und von ihm zu lernen. Dass ich einmal sein Nachfolger werden und in seine großen Fußstapfen treten würde, hätte ich nicht für möglich gehalten. „Du wirst im Tor die Zukunft Belgiens sein, ich bin froh, dass du mein Nachfolger bist", hatte Lukas Poklepovic mir zu seinem Abschied anvertraut.

ENDLICH ERWACHSEN

Zu dieser Zeit machte ich nur Pause vom Fußball, um mich um meine Familie zu kümmern oder – um Fußball zu spielen. Ich war noch für die Post tätig und spielte in der Fußballnationalmannschaft der Post. Die Trainingseinheiten und die Spiele fanden während der Post-Arbeitszeit statt, ich erhielt also bezahlten Urlaub, um Fußball spielen zu können. „Ist das nicht verrückt!“, dachte ich manchmal. Zumal ich in jungen Jahren Probleme hatte, mich mit der Tatsache anzufreunden, dass ich für die Ausübung meines Hobbys auch noch Geld erhielt. Diese Haltung und Einstellung, die ich an den Tag legte, ist heutzutage wahrscheinlich ein Ding der Unmöglichkeit.

Schließlich kam es zum Abschied von Rik Matthijs, sein Nachfolger war Jef Jurion, der uns ein Jahr lang trainierte. In diese Zeit fiel die Gründung des Sportgeschäfts, das Carmen und ich eröffneten und leiteten. Carmen war ausgebildete Schaufensterdekorateurin und hatte in Antwerpen in einem Sportgeschäft gearbeitet. „Du kannst kein Geld mit ins Grab nehmen“, das war und ist unsere Überzeugung, und darum ist es zielführender und vorausschauender, sein Geld klug anzulegen. Ich war jetzt nicht nur verheiratet, sondern zudem Geschäftsmann mit einem geheimnisvoll-seriösen Namen – über unserem Sportgeschäft prangte jetzt der Name „Jean-Marie Pfaff Sport“. Ich fühlte mich nun endgültig erwachsen. In dem Sportgeschäft verkauften Carmen und ich Labels der Fußballer, die ich bewunderte, etwa die Schuhe, für die Franz Beckenbauer warb, oder Trikots, für die der „Bomber der (deutschen) Nation“ stand, nämlich Gerd Müller. In dem Schaufenster unseres Geschäfts hingen Fotos und Poster dieser Fußballgrö-

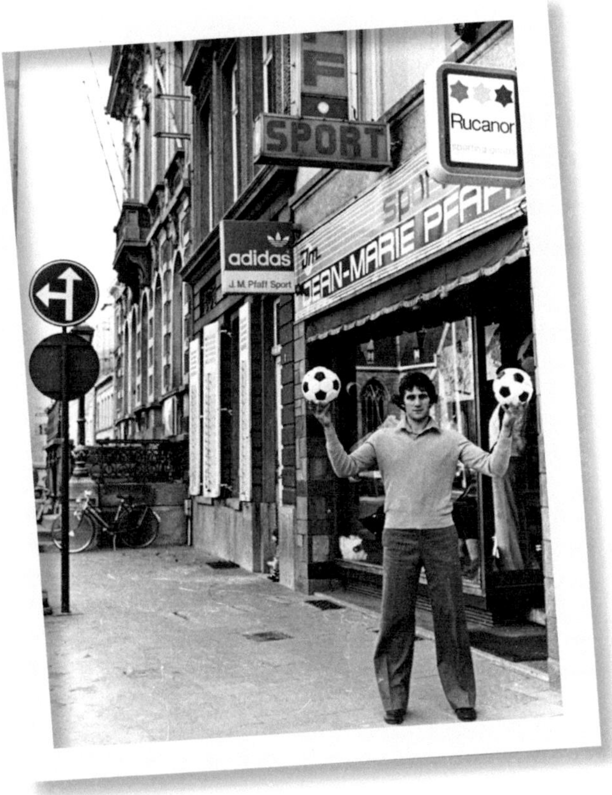

„Jean-Marie Pfaff Sport“: Jean-Marie vor seinem Sportgeschäft in Beveren

ßen, auch von Sepp Maier, der wie Franz Beckenbauer und Gerd Müller 1974 nach dem 2:1-Sieg gegen die Niederlande und Johan Cruyff Fußballweltmeister geworden war.

Unser Sportgeschäft gab mir Gelegenheit, mich bei einigen Menschen erkenntlich zu zeigen. So bestellte Dr. Kendal, der uns nach dem Tod meines Vaters die Zahlung einer hohen Rechnung erlassen hatte, gleich mehrere Tennissportartikel bei uns. „Wow“, meinte Carmen, „das reicht ja, um eine ganze

Monatsmiete zu zahlen!“ Aber stattdessen verzichtete ich auf die Zahlung, ließ alles einpacken, legte einen Dankesbrief bei und schickte das Paket an den Doktor, der uns vor Jahren so uneigennützig unterstützt hatte.

Auch bei anderen Gelegenheiten nutzte ich die Möglichkeit, großzügig zu sein. Als ein Spieler einen Trainingsanzug bei uns kaufen wollte, aber nicht genug Geld dabei hatte, habe ich ihm die Restzahlung erlassen. „Du wärst besser Pastor geworden, nicht Geschäftsmann“, schmunzelte Carmen dann. Es bereitet mir nun einmal bis heute viel Freude, etwas zu verschenken und andere Menschen ein bisschen glücklicher zu machen.

Wie gesagt: Ich fühlte mich angesichts meiner familiären, sportlichen und geschäftlichen Situation endgültig erwachsen. Und diese erwachsene Haltung brauchte ich sogleich, um eine schwierige Situation zu bewältigen.

VERHEIRATET – UND AB AUF DIE ERSATZBANK

Im Mittelpunkt der nicht unproblematischen Ereignisse stand unser neuer Trainer Jef Jurion, von dem ich zunächst so richtig begeistert war. Immerhin hatte er zweimal den Goldenen Schuh gewonnen. Mit dem Goldenen Schuh wird seit 1954 jedes Jahr der herausragende Spieler der belgischen Liga ausgezeichnet. Eine Jury aus Sportjournalisten, Angehörigen des belgischen Fußballverbandes und ehemaligen Preisträgern wählt den Sieger, wobei die Zeitung „Het Laatste Nieuws“ als Organisator auftritt. Natürlich träumt jeder Spieler in Belgien davon, diese Auszeichnung zu erhalten. Jef Jurion war 1957 und 1962 der Preisträger; 1963 erhielt auch mein großes Torwartvorbild Jean Nicolay diesen Preis.

Ich trainierte hart und intensiv, um auch den neuen Trainer von meinen Qualitäten zu überzeugen. Du kannst dir meine Enttäuschung vorstellen, als auf Jef Jurions Veranlassung ein anderer Torhüter verpflichtet wurde, den er dann auch noch zur Nummer 1 machte. Wenn ich mich richtig erinnere, hieß er Pool Pogialic. Nach anderthalb erfolgreichen Jahren saß ich wieder auf der Ersatzbank, ich war am Boden zerstört. Die Vereinsleitung stand unverständlicherweise hinter der Entscheidung des neuen Trainers, der meine Ausbootung mit meiner Heirat begründete. Anscheinend war er der Meinung, dass sich ein frisch verheirateter Spieler zu sehr davon ablenken ließ, um auf dem Fußballplatz seine beste Leistung zu bringen.

Die Fans forderten meine Rückkehr ins Tor, weil sie sich wünschten, dass der „lokale Held" aus der Region wieder zwischen den Pfosten stehen sollte. Auf jeden Fall verlor Beveren danach einige Spiele, was aber nicht an dem neu verpflichteten Torwart lag. Es war schließlich vor allem der Protest der Fans, der dazu führte, dass ich nach einer hohen Niederlage ins Beveren-Tor zurückkehren durfte. Schade, dass man uns in dieser Zeit gegeneinander ausgespielt hat.

URBAIN BRAEMS: INNOVATIVER TRAINER MIT PROFESSIONELLEN TRAININGSMETHODEN

Nachdem sich die Wogen nach der Klärung der strittigen Torwartfrage wieder geglättet hatten, lief es für mich und KSK Beveren wieder besser. Der sportliche Erfolg hatte sehr viel mit Urbain Braems zu tun, der uns von 1975 bis 1978 trainierte, später noch einmal von 1981 bis 1984. Urbain Braems sprach mir von Anfang sein Vertrauen aus, er suchte mich sogar in unserem Sportgeschäft auf und sagte mir, er wolle mich dabei unterstützen, bald in der belgischen Nationalmannschaft der Nachfolger von Christian Piot zu werden. „Achte auf meine Worte, wenn du tust, was ich dir empfehle, wirst du bald die Nummer 1 in Belgien sein. Ich zähle auf dich“, meinte er, bevor er den Laden verließ.

Und tatsächlich hat Urbain Braems den Verein mit seiner professionellen Vorgehensweise und seinen innovativen Trainingsmethoden auf ein neues Niveau gehoben. Das galt auch für uns Spieler, und damit für mich. Dieser Trainer hat entscheidend dazu beigetragen, dass ich nach und nach meine Qualitäten als Torhüter verbessern konnte. Seine Trainingseinheiten waren fordernd und fördernd, ich erinnere mich an anstrengende und intensive Übungen in den Dünen oder am Strand, bei denen es hieß: „Jean-Marie, dehnen, strecken, pumpen, aufsitzen, hin und her rollen, nach links, nach rechts, springen, tauchen, fallen – und noch mal, und noch mal. Und weitermachen! Nicht stillstehen, nicht aufhören, nicht aufgeben, komm, mach weiter, du bist der Beste! ... Und jetzt den Berg hoch, und wieder runter, und dann wieder: nicht aufhören, nicht aufgeben, komm, mach weiter, du bist der Beste! ...“ Und wenn ich dachte, es sei geschafft, hieß es: „Und jetzt das Ganze noch einmal von vorn!“

Dieser Trainer hat mich wahrlich nach vorn gebracht, auch, weil seine Trainingsphilosophie meinem eigenen Verständnis eines guten Trainings sehr ähnelte. Er hat mir geholfen, meine Grenzen nicht nur auszutesten und kennenzulernen, sondern sie zu überschreiten. Wer Spitzenleistungen bringen will, muss seine bequeme Komfortzone verlassen und die Wachstumszone betreten, denn nur dort ist eine wirkliche Weiterentwicklung möglich. Und das tut manchmal so richtig weh ...

Wenn Urbain Braems mich in der Natur und mit der Natur – in den Dünen und am Strand – an den Rand meiner Leistungsfähigkeit und darüber hinaus brachte und mich leiden ließ wie ein Tier, dann erinnerte mich das an meine eigenen Trainingsstunden in der Jugend, wenn ich im Garten einen Parcours aufgebaut hatte und mich durch Autoreifen quälte oder wenn ich im Schnee, auf Beton, im Matsch und im Schlamm trainierte und das Beste aus mir herausholte.

TOILETTENPAPIER IM STRAFRAUM

Der Trainer brachte mich nicht nur physisch, sondern auch mental weiter. Bereits lange vor einem Match begann für mich eine höchst intensive und herausfordernde Phase der absoluten Konzentration und der tiefsten Fokussierung. Denn ein Torwart muss von der ersten Sekunde an hellwach sein, und das über die gesamte Spieldauer, selbst wenn er nicht so viel zu halten hat und kaum etwas zu tun bekommt. In der ersten Minute kann genauso das entscheidende Gegentor fallen wie in der allerletzten Sekunde des Spiels.

Diese mentale Stärke hat mir geholfen, gewisse Dinge mit Humor zu nehmen. Als wir einmal gegen Standard Lüttich spielten und ich ein Topspiel ablieferte, schleuderten die als heißblütig bekannten Lüttich-Fans jede Menge Toilettenpapier in meinen Strafraum, der schließlich überquoll vor lauter Papier. Nach dem Spiel sammelte ich es in aller Ruhe auf und stopfte es in meine Tasche, um es mit nach Hause zu nehmen. Auf die verwunderte Frage meiner Kollegen und des Trainers, was das denn nun solle, antwortete ich mit einem Lachen: „Na, dann muss ich kein Toilettenpapier kaufen und spare so auch noch Geld!"

GLÜCKSGEFÜHLE TROTZ NIEDERLAGE: DAS ERSTE LÄNDERSPIEL

Apropos Geld: 1976 beendete ich meine Arbeit bei der Post und begann, für eine Bank zu arbeiten. Ja, nach wie vor ging ich, wie viele meiner Fußballkollegen, neben dem Fußball noch arbeiten, selbst als Torwart des belgischen Nationalteams war das der Fall. Nachdem ich 1974 als knapp 21-Jähriger erstmals im Aufgebot der belgischen A-Nationalmannschaft gestanden hatte, durfte ich am 22. Mai 1976 im Rückspiel des Viertelfinales der Europameisterschaft gegen die Niederlande mein Debüt als belgischer Nationaltorwart geben. Klar, dass ich an meinen Papa dachte, der prophezeit hatte, aus dem kleinen Jean-Marie werde mal ein ganz Großer. Der kleine Jean-Marie spielte nun gegen Johan Cruyff, Johan Neeskens und Ruud Krol sowie ein Team, das 1974 in Deutschland Vizeweltmeister geworden war und dieses Kunststück 1978 in Argentinien wiederholen würde. Ich litt seinerzeit zwar unter einer Verletzung am rechten Meniskus, wobei diese Verletzung eine komplizierte Bandagierung erforderte, lieferte aber trotz der 1:2-Niederlage ein gelungenes Debüt ab. Unser Trainer war damals Guy Thys. Nachdem uns Roger van Gool in Führung geschossen hatte, glich Johnny Rep aus, bevor mich der große Johan Cruyff überwinden und zum 1:2 einnetzen konnte. Voller Stolz sicherte ich mir nach dem Spiel das Trikot des Siegtorschützen und den Spielball.

Die Historie des KSK Beveren im Überblick

Der Verein wurde 1935 gegründet und spielte bis 1948 in unteren Ligen. 1966 stieg der Klub in die Zweite Division auf und der spätere belgische Nationaltrainer Guy Thys wurde Trainer. Dieser trainierte Beveren von 1966 bis 1969. Unter seiner Führung stieg der belgische Provinzklub zum ersten Mal in die Erste Division auf.

Die Glanzzeiten des Klubs begannen in der Saison 1977/78, als der Verein zum ersten Mal das Finale des belgischen Pokalwettbewerbs gegen Sporting Charleroi gewinnen konnte – mit Jean-Marie Pfaff zwischen den Pfosten. Jean-Marie spielte von 1973 bis 1982 für den Verein, bis er nach München wechselte. Die Hochzeit des Vereins bleibt wohl für immer mit dem Namen „Jean-Marie Pfaff“ und seinen Glanzparaden verbunden.

Neben dem Gewinn des belgischen Pokals (1978, 1983) wurde Beveren 1979 und 1984 belgischer Meister und 1979 und 1984 belgischer Supercupsieger. Zudem war der Verein 1979 im Europapokal der Pokalsieger erfolgreich. Dabei kam es im Viertelfinale zu den berühmten Spielen gegen Inter Mailand. Im Halbfinale verlor der Klub gegen den FC Barcelona.

1989 waren die Glanzzeiten des Vereins vorbei.

Das sind die Trainer, die den Verein zu Zeiten von Jean-Marie Pfaff trainiert haben:

- 1966–1969: Guy Thys
- 1969–1972: Ward Volckaert und Paul Seele
- 1972–1974: Rik Matthijs
- 1974–1975: Jef Jurion
- 1975–1978: Urbain Braems
- 1978–1981: Raymond Goethals (technischer Direktor), Rik Pauwels (Trainer)
- 1981–1984: Urbain Braems

POKAL 1978 UND MEISTERSCHAFT 1979: IN BEVEREN IST DER TEUFEL LOS

Für mich ist der Beginn meiner Karriere im Nationaltor eng verknüpft mit dem Namen Guy Thys, den ich aus seiner Zeit als Beveren-Trainer gut kannte und der nun Raymond Goethals ablöste. Guy Thys erhob ganz und gar das Leistungsprinzip zur Grundlage der Nominierung der Spieler. Während seine Vorgänger oft die Spieler der großen und bekannten belgischen Vereine bevorzugten, entschieden bei ihm einzig und allein die Leistungen der Spieler auf dem grünen Rasen. Das sollte mir nur recht sein. Und weil überdies der bisherige Stammtorwart, Christian Piot, seine Karriere verletzungsbedingt beenden musste, avancierte ich zur unumstrittenen Nummer 1

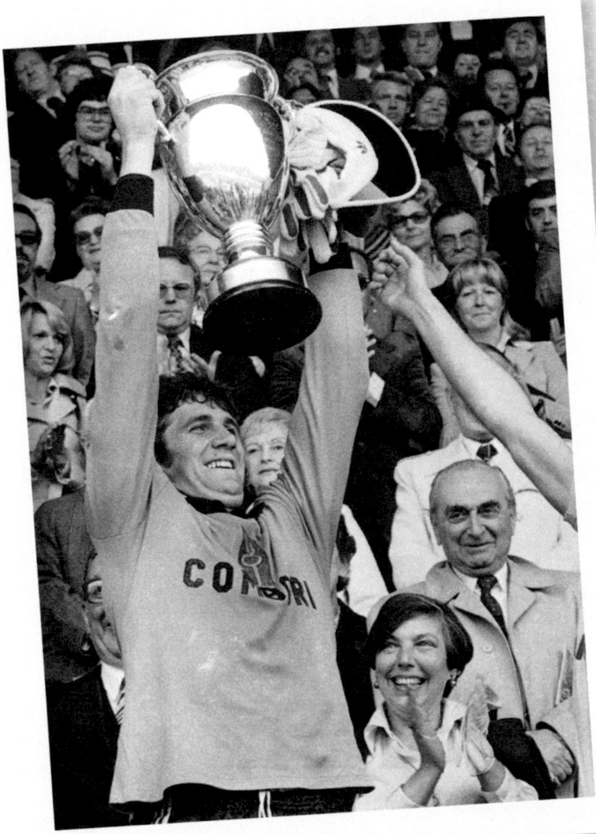

Die großen Triumphe in Beveren: Meisterschaft und Pokalsieg

der „Roten Teufel". Guy Thys formte in den nächsten Jahren nach und nach um Eric Gerets, Jan Ceulemans und Erwin Vandenbergh eine enorm starke Mannschaft, die auf der europäischen und auch der fußballerischen Weltbühne mithalten konnte. Und dabei spielte ich eine wichtige Rolle!

Während zu Hause bei den Pfaffs zunächst drei, schließlich sogar vier Frauen das Regiment übernahmen – nach Debby (1975) kamen unsere zweite Tochter Kelly (1977) und unsere dritte Tochter Lyndsey (1978) auf die Welt –, sorgte ich zwischen den Pfosten für weitere Triumphe. Denn jetzt regnete es die ersten Titel: Im belgischen Pokalfinale 1978 besiegten wir Sporting Charleroi am 21. Mai im Brüsseler Heysel-Stadion mit 2:0. Ich war besonders stolz, weil ich in der gesamten Pokalhistorie nur zwei Tore kassieren musste, davon einen Elfmeter. Und 1979 setzten wir noch einen obendrauf und wurden belgischer Meister und ließen die großen Klubs allesamt hinter uns: RSC Anderlecht, Standard Lüttich, Sporting Lokeren, RWD Molenbeek, FC Brügge, Royal Antwerpen ... Mit vier Punkten Vorsprung und nur 24 Gegentoren in 34 Spielen gingen wir über die Ziellinie. Ihr könnt euch wahrscheinlich vorstellen, was 1978 nach dem Pokalfinale und 1979 nach der Meisterschaft in Beveren los war ...

DIE AUSZEICHNUNG MIT DEM GOLDENEN SCHUH

In diese Zeit fielen einige weitere fußballerische Ereignisse, die mich sehr berührt haben. Da war zunächst einmal die große Ehre, dass mir 1978 der Goldene Schuh verliehen wurde, ich also zum herausragenden Fußballspieler des Jahres der belgischen Liga gekürt wurde. Diese Auszeichnung konnte auch ein Spieler davontragen, der aus dem Ausland kam und bei uns in Belgien sein Geld verdiente. Während Rene van der Eycken aus Belgien den zweiten Platz belegte, landeten mit Rob Rensenbrink und Arie Haan zwei niederländische Spieler auf den Plätzen drei und vier, die 1978 für ihr Land im Weltmeisterschaftsfinale von Argentinien dem Gastgeber erst in der Verlängerung mit 1:3 unterlegen waren. Diese berühmten Fußballer bei der Wahl durch eine kompetente und renommierte Fachjury hinter sich zu lassen, bedeutete selbstverständlich eine riesige Auszeichnung.

Ich hatte den Goldenen Schuh für meine Leistungen im Jahr 1978 erhalten. In der ersten Jahreshälfte stand vor allem der Pokalsieg gegen Charleroi auf der Plusseite, in der zweiten Jahreshälfte hatten wir den Grundstein für die spätere Meisterschaft gelegt. Nun stand ich in einer Reihe mit Sportgrößen und Vorbildern wie zum Beispiel Jef Jurion, Paul van Himst, Jean Nicolay, Christian Piot und auch Wilfried van Moer, der in den 1960er-Jahren bei KSK Beveren gespielt hatte und zu der Zeit, als er ein sehr bekannter und berühmter Fußballer in Belgien war und für Antwerpen spielte, mit uns Jungens auf einer Wiese in Beveren gekickt hatte.

Die feierliche Zeremonie und Überreichung des Preises fand in Brügge statt, die Klubverantwortlichen und die ganze Stadt waren stolz auf ihren Jean-Marie, der erst der vierte Torhüter war, der den Goldenen Schuh erhalten hatte – das Lob und die Anerkennung, die über mich ausgeschüttet wurden, hätten ausgereicht, um sämtliche Straßen in Beveren damit zu pflastern.

Weitere Höhepunkte bescherte uns der Pokalsieg gegen Charleroi, der uns zur Teilnahme am Europapokal der Pokalsieger berechtigte und im darauffolgenden Jahr zu Begegnungen mit der Crème de la Crème des europäischen Fußballs führte.

DIE MENTALITÄTSMONSTER AUF GROSSER FUSSBALLTOUR DURCH EUROPA

Bitte stellt euch vor, in welcher Situation wir uns befanden: Jeder Spieler und auch der Trainer gingen neben dem Fußball einer „normalen“ Arbeit nach. Wir mussten für die Spiele im Europapokal, die ja oft mit weiten Reisen verknüpft waren, Urlaub einreichen. Einige von uns stöhnten schon darüber, dass ihre Urlaubstage aufgebraucht seien! „Was ist denn, wenn wir nach Barcelona reisen dürfen und keinen Urlaub bekommen?“, so die Überlegungen.

Auf der anderen Seite war es nicht vorstellbar, dass einer unserer Arbeitgeber einem Spieler den Urlaub verweigern würde. Damit hätte er sich großen Ärger mit der Fangemeinde eingehandelt, nicht nur in Beveren, sondern in ganz Belgien, denn mittlerweile waren wir der einzige belgische Vertreter im Europapokal.

Und schließlich war es so weit: Unser nächster Gegner hieß Inter Mailand. Würden wir nun vor Ehrfurcht erstarren? Dass dies nicht passierte, dafür sorgten Raymond Goethals und Rik Pauwels. Raymond Goethals arbeitete damals als technischer Direktor, Rik Pauwels als Trainer, im Prinzip agierten sie als Trainerduo. „Ob Mailand, Charleroi oder Waregem: Das Fußballfeld ist das gleiche, der Ball ist der gleiche, das Spiel ist das gleiche. Die Spieler von Mailand sind nur etwas berühmter, das ist der einzige Unterschied!“, so sprach das Trainerduo zu uns. Die Herausforderung bestand darin, sich auf die Stärken, die uns als kleinen Verein auszeichneten, zu konzentrieren: Teamspirit, Kampfgeist, Mentalität, die Automatismen, die sich zwischen uns Spielern eingestellt hatten. Wenn es das Wort damals bereits gegeben hätte, hätte man uns wahrscheinlich als Mentalitätsmonster bezeichnet.

EINE TAKTISCHE MEISTERLEISTUNG IN SAN SIRO

Das Hinspiel fand in Mailand statt, und obwohl die Trainer uns darauf vorbereitet hatten, war die Atmosphäre im Giuseppe-Meazza-Stadion, das im Volksmund auch San Siro genannt wird, für uns Spieler aus dem kleinen Beveren sehr beeindruckend. Knapp 70.000 Zuschauer, die ihr Team nach vorn peitschten, die meterlangen Katakomben, die wir zu durchschreiten hatten, bevor wir auf das Spielfeld gelangten – all das musste uns beeindrucken. Zudem ließen es die Gastgeber an nichts fehlen: Die Unterbringung war geradezu königlich, wir schwelgten im Luxus, und so scherzten wir, dass uns die Verantwortlichen auf Mailänder Seite durch all den Luxus wohl einlullen und uns von unserer eigentlichen Aufgabe ablenken wollten, nämlich ins Halbfinale einzuziehen. Falls es diesen Plan gegeben haben sollte, so ist er nicht aufgegangen.

Vor allem aufgrund der exzellenten taktischen Vorbereitung durch Raymond Goethals gelang es uns, ein torloses Unentschieden aus dem San Siro zu entführen. Die Mailänder agierten mit hohen Flanken; die hohen Bälle sicher aus der Luft zu pflücken, hatten die Trainer und ich im Vorfeld wieder und immer wieder trainiert. Meine Kollegen hatten bestimmte Spielzüge einstudiert und solange trainiert, bis sie ihnen in Fleisch und Blut übergegangen waren. Jeder wusste genau, was er zu tun hatte, und weil uns Raymond Goethals und Rik Pauwels mental auf eine Abwehrschlacht eingestellt hatten, gelang es uns, die Mailänder Spieler zur Verzweiflung zu treiben, die immer nervöser wurden, je länger auf beiden Seiten die Null stand.

Die Null halten – natürlich spielte ich als Torwart bei diesem Konzept eine wichtige Rolle. Die Inter-Spieler konnten an diesem 7. März 1979 versuchen, was sie wollten: Nichts brachte mich aus der Ruhe, nichts konnte mich erschüttern. Im Rückblick gehört dieses Spiel wohl zu den besten meiner Karriere. Und auch meine Mitspieler wuchsen über sich hinaus und machten das Spiel ihres Lebens, etwa Jean Janssens im Sturm und Heinz Schönberger und der junge Wim Hofkens in der Abwehr.

DAVID BESIEGT GOLIATH: DAS WUNDER VON FREETHIEL

Beim Rückspiel in Beveren am 21. März erlebte Mailand auf gleich mehreren Ebenen sein blaues Wunder. Das begann bereits bei den italienischen Journalisten, die im Vorfeld die Trainer und einige von uns Spielern interviewen wollten, aber unverrichteter Dinge abziehen mussten, weil wir allesamt noch auf der Arbeit waren. „Aber die spielen doch morgen um den Einzug ins Halbfinale des Europapokals", so die ungläubige und erstaunte Frage der Journalisten. Diese kleine Geschichte verdeutlicht nochmals die enormen Unterschiede zwischen dem kleinen belgischen Provinzklub und dem großen Weltverein aus der italienischen Metropole.

Viele der belgischen Journalisten suhlten sich leider einmal mehr im Pessimismus: Sie waren sich sicher, dass wir keine Chance hatten und verlieren und ausscheiden würden. Doch wir belehrten sie eines Besseren: Vor knapp 20.000 Zuschauern im Stadion Freethiel, das für dieses Match erweitert worden war, erzielte Robert Stevens in der 85. Minute das goldene Tor, das uns ins Halbfinale katapultierte. Ich erwischte einmal mehr einen Sahnetag und vereitelte unter anderem eine Großchance von Mailands Libero Graziano Bini, und Inters Stürmerstar Alessandro Altobelli befand sich bei unseren Abwehrexperten in den besten Händen. Als viele schon mit einer Verlängerung rechneten und sogar schon auf ein Elfmeterschießen spekulierten – alle wussten, dass Elfmeterparaden zu meinen Stärken gehörten –, fiel der Siegtreffer doch noch in der regulären Spielzeit. Wim Hofkens hatte das Tor auf geniale Weise vorbereitet, indem er einen Gegenspieler stehen ließ, der Torlinie zustrebte und den Ball in den Rücken der Mailänder Abwehr passte. Und dort stand Robert Stevens goldrichtig und konnte vollstrecken – übrigens in Fußballschuhen, die er in meinem Sportgeschäft gekauft hatte!

Was folgte, waren grenzenlose Freude und unvorstellbare und unbeschreibliche Jubelszenen. Wir hatten es geschafft und als kleiner David den anscheinend übermächtigen Goliath besiegt!

UNFAIRNESS GEHÖRT LEIDER DAZU

Dieser Sieg trug zur Steigerung unserer Popularität bei. Es wurden Fanklubs gegründet, ich erhielt die erste Fanpost, ich lernte, dass jeder Mensch einen gewissen kommerziellen Wert hat. Die ersten Unternehmen kamen auf mich zu, um Werbeverträge mit mir abzuschließen. Leider entstanden dabei Streitigkeiten mit den Sponsoren des Vereins, aber ich ließ mich beraten und erfuhr, dass ich zwar als Spieler verpflichtet war, für die Sponsoren zu werben, als Privatperson jedoch durchaus das Recht hatte, für andere Unternehmen zu werben.

Aber all das war eigentlich nebensächlich, viel aufregender und wichtiger jedoch war der nächste Gegner, auf den wir im Halbfinale trafen. Dort wartete kein Geringerer als der große FC Barcelona auf uns, mit Johan Neeskens und Hans Krankl, der im Jahr zuvor der deutschen Nationalmannschaft die Schmach von Córdoba zugefügt und das Team aus dem Turnier der Fußballweltmeisterschaft in Argentinien geschossen hatte.

Jetzt aber zeigte sich, wie groß die Gefahr ist, sich nach einem Erfolg im Ruhm zu sonnen oder sogar auszuruhen. Wir verloren beide Spiele mit jeweils 0:1. Was war los? Hielten wir uns für unbesiegbar? Überschätzten wir uns? Dachten wir, nun mit den großen Vereinen in Europa jederzeit auf Augenhöhe mithalten zu können? Das wäre menschlich verständlich gewesen, immerhin hatten wir Inter Mailand aus dem Wettbewerb geworfen. Zu allem Unglück litt ich zu jener Zeit an einem Muskelriss im Gesäß, ein spezieller Verband erlaubte es mir, trotzdem das Tor zu hüten.

Wie schon in San Siro war es beeindruckend, wiederum in solch ein riesiges Stadion einzulaufen. Das Camp Nou war an jenem 11. April mit über 90.000 Zuschauern besetzt. Wir wehrten uns tapfer, aber ein Elfmetertor in der 66. Minute sorgte für den katalanischen Sieg. Wobei der Elfmeter gleich doppelt ärgerlich war, denn in der Situation, die von Schiedsrichter John Carpenter gepfiffen wurde, verhielt sich Johan Neeskens äußerst unfair, indem er eine Schwalbe produzierte, die einfach eine Frechheit war. Hinzu kam, dass der Elfmeterschütze Carles Rexach beim Anlauf verzögerte, was damals verboten war. Das Tor hätte nicht zählen dürfen. Dass ich am nächsten Tag in der Presse als der beste Torwart Europas bezeichnet wurde, konnte mich nicht wirklich trösten.

DIE GESCHICHTE WIEDERHOLT SICH – ABER NICHT GANZ

Im Rückspiel zwei Wochen später im Stadion Freethiel konnten wir das Spiel lange offen halten. Durch eine weitere Tribüne war es wieder knapp 20.000 Zuschauern möglich, uns zu unterstützen und anzufeuern. Fünf Minuten vor Schluss jedoch machte Hans Krankl alles klar und besiegelte unser Ausscheiden. Wenigstens haben wir gegen den späteren Sieger des Wettbewerbs verloren, denn der FC Barcelona gewann das Endspiel gegen Fortuna Düsseldorf mit 4:3 nach Verlängerung. Aber auch das konnte mein Team und mich nicht trösten. Allerdings: Das kleine Beveren hatte in Europa auf eine beeindruckende Art und Weise seine Visitenkarte hinterlassen. Wir hatten unser Land und unsere Stadt mehr als ehrenvoll vertreten.

Um das Tor von Hans Krankl rankt sich wieder eine kuriose Elfmetergeschichte. Der österreichische Stürmer hat mich vom Punkt aus überwunden – wir sind also nur durch zwei Elfmetertore gegen Barcelona ausgeschieden. Dieser Elfmeter jedoch war berechtigt. Zunächst schien sich die Geschichte zu

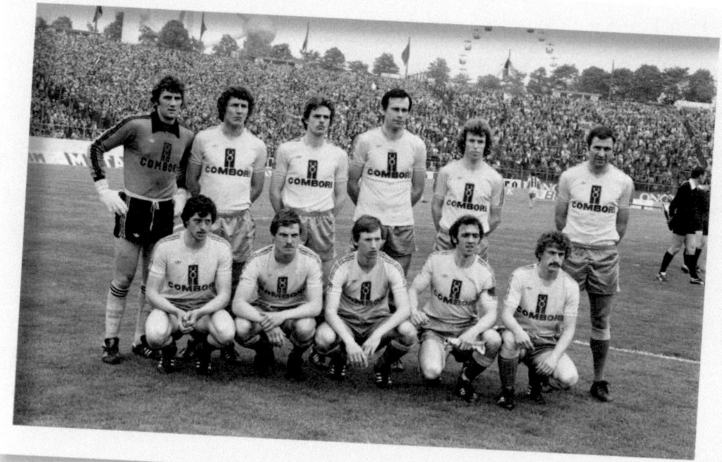

Gewinnen mit und im Team:
Jean-Maries erfolgreiche Zeit in Beveren

wiederholen. Wiederum war es Carles Rexach, der antrat, beim Anlauf unerlaubt verzögerte und traf. Aber dieses Mal pfiff der Schiedsrichter – es war Patrick Partridge – das nicht korrekte Tor ab und ließ den Strafstoß wiederholen. Und Hans Krankl bewies, dass er Nerven aus Stahl hatte. Bei mir aber überwog der Stolz, in den insgesamt acht Spielen des Wettbewerbs nur zwei Tore kassiert zu haben – und das waren auch noch „nur" Elfmeter.

Trotzdem endete die Fußballsaison für uns mit einem Happy End, denn wir durften die belgische Meisterschaft feiern. Diese Triumphe „ermöglichten mir zunehmend Begegnungen mit Menschen, denen ich ansonsten wohl niemals begegnet wäre. Während einer Promotion-Tour lernte ich zum Beispiel den weltberühmten Boxer Cassius Clay kennen, der uns besser unter dem Namen Muhammad Ali bekannt ist. Damals sprach ich noch kein Englisch, und so konnte ich mich leider nicht mit ihm unterhalten. Na ja, so kam es auch nicht zu einem Schlagabtausch ...

Immerhin blickten wir uns in die Augen und ich spürte bei diesem Blickkontakt den Respekt, den er meiner Person und meinen Leistungen entgegenbrachte. Da fühlte ich mich gleich ein paar Zentimeter größer! Das Treffen mit Muhammad Ali gehört außerhalb des Fußballplatzes gewiss zu den Höhepunkten meines Lebens, wobei es für meine eigentliche Karriere nicht entscheidend war.

VERLORENE AUTOMATISMEN

Unsere Triumphe und meine Erfolge weckten Begehrlichkeiten bei anderen Vereinen; so erhielt ich beispielsweise das Angebot, für viel Geld nach Alkmaar zu wechseln. Allerdings erfolgte das Angebot noch vor Abschluss der Meisterschaftssaison, und so liegt der Verdacht nahe, dass man vielleicht versucht hat, ein wenig Unruhe in den Verein zu tragen, indem man den Leistungsträgern lukrative Angebote zukommen ließ.

Ich habe im Laufe der Zeit immer wieder interessante Angebote erhalten, etwa von Vereinen wie Feyenoord Rotterdam, Ajax Amsterdam, Twente Enschede und Olympique Marseille. Auch spanische Vereine waren darunter. Aber ich hatte mich, zumindest bis dahin, stets für Beveren entschieden. Das einzige Team, das mein Herz höherschlagen ließ und mich ins Grübeln brachte, war der RSC Anderlecht. Denn das ist der Klub, für den damals so gut wie jeder belgische Junge und Fußballer spielen wollte.

Ich erinnere mich an ein Treffen bei mir daheim mit dem damaligen Präsidenten und späteren Ehrenpräsidenten des RSC Anderlecht, Constant Vanden Stock, der zu mir sagte: „Ich hatte die besten Fußballer der Welt in meinem Klub, aber noch nie den besten Torhüter.“ Diese Worte und diese Einschätzung bedeuteten eine unvorstellbare Ehre für mich, auch wenn ich letztendlich weiterhin Beveren die Treue hielt.

Ich traf diese Entscheidung nicht zuletzt deswegen, weil ich hoffte, der Klub könne sich im Kreis der europäischen Spitzenteams etablieren. Aber ich musste feststellen, dass die Entwicklung in Beveren nicht weiterging. Meiner Ansicht nach fehlte es nach den großartigen Erfolgen im Team und bei einigen Spielern an der notwendigen Einstellung und Haltung, um den nächsten Schritt nach vorn zu gehen. Einige waren einfach zu satt und nicht mehr hungrig genug auf den nächsten Erfolg. Um noch einmal eine Saison zu spielen wie die, die wir 1978/1979 erleben durften, hätte es weiterer großer Anstrengungen bedurft. Dazu jedoch waren nicht alle bereit. Die Folge war, dass der Mannschaft die Automatismen verlorengingen, denen wir unsere Erfolge zu einem Großteil zu verdanken und die uns zur Meisterschaft sowie nach Mailand und Barcelona geführt hatten.

Hinzu kam, dass die Vereinsleitung sich des Öfteren in die fußballerischen und sportlichen Belange einmischte. Das war meiner Meinung nach einzig und allein die Sache des Trainers, und das brachte ich deutlich zum Ausdruck. Aber ich bekam Gegenwind: „Nur weil du den Goldenen Schuh gewonnen hast, denkst du, du könntest sagen, was du willst?“, lautete der Vorwurf der Klubleitung in meine Richtung. Ich war es als prinzipienstarker Mensch gewohnt zu sagen, was ich denke, und so kam es des Öfteren zu Auseinandersetzungen mit der Klubleitung.

Im Rückblick möchte ich sagen, dass diese Auseinandersetzungen die ersten Anzeichen dafür waren, dass die Glanzzeiten für den KSK Beveren ihrem Ende entgegengingen.

MEIN ERSTER TRIUMPH MIT DEN „ROTEN TEUFELN“

Trotz der Probleme im Klub ging es in der Nationalmannschaft fußballerisch für mich bergauf. Während der UEFA-Europameisterschaft 1980 feierten wir einen Triumph nach dem anderen. Unser Erfolgszug wurde erst im Finale gestoppt, in dem wir in Rom gegen Deutschland mit 1:2 unterlagen. Horst Hrubesch, das „Kopfballungeheuer“, wie er genannt wurde, dem ich später während meiner Zeit bei Bayern München immer wieder in denkwürdigen Duellen gegen den Hamburger SV gegenüberstand, hatte etwas dagegen, dass wir als Außenseiter den Titel gewannen, und erzielte zwei Tore.

Viele der belgischen Spieler gingen damals parallel zum Sport noch normalen Jobs nach und waren nur Amateure und Teilzeitprofis. Natürlich hatte uns niemand auf der Liste. Und auch wir selbst rechneten uns damals nicht viel aus, wir sahen die Reise zur EURO nach Italien eher als eine Art Urlaub an. Unsere Leistungen litten kein bisschen darunter, im Gegenteil: Durch uns hat man zum ersten Mal so richtig Notiz von der belgischen Nationalmannschaft und den „Roten Teufeln“ genommen.

Zurück nach Italien: An der EURO nahmen erstmals acht Mannschaften teil, die in zwei Vierergruppen um die Finalteilnahme spielten. Gastgeber Italien und das mit Europapokalsiegern gespickte Team Englands waren die Favoriten in unserer Gruppe. In der ersten Partie holten wir ein 1:1-Remis gegen England, im zweiten Spiel gab es einen 2:1-Sieg gegen Spanien. Dann ging es im dritten Gruppenspiel gegen Italien. Uns genügte ein Unentschieden zum Gruppensieg, bei einer Niederlage hätten wir das Finale verpasst. Später hieß es, die Tifosi hätten sich an der Abseitsfalle der Belgier und an Torhüter Jean-Marie Pfaff die Zähne ausgebissen ... Ich konnte gegen Italien meinen Kasten blitzsauber halten, das Spiel endete 0:0 – wir standen im Endspiel. Durch das späte zweite Tor von Horst Hrubesch kurz vor dem Schlusspfiff kassierten wir eine unglückliche Niederlage und mussten die Heimreise ohne Titel im Gepäck antreten. Dennoch waren wir „Amateure" mächtig stolz auf uns und unsere Leistungen, und entsprechend begeistert wurden wir in Belgien empfangen.

EINE DUNKLE GEWITTERWOLKE

Erinnerst du dich an den Anfang dieses Kapitels? Am Beginn meiner großen Lebensliebe stand ein Song namens „Du". Es sind oft besondere Ereignisse, die den Beginn von Entwicklungen einläuten, die unser Leben für immer verändern. So verhielt es sich auch bei meinem Wechsel zu Bayern München, der seine Gründe hatte und seinen Ausgang nahm bei einer Geschichte, die sich zunächst einmal wie eine schwere dunkle Gewitterwolke über meinem Leben und meiner Karriere ausbreitete. Davon möchte ich im nächsten Kapitel erzählen.

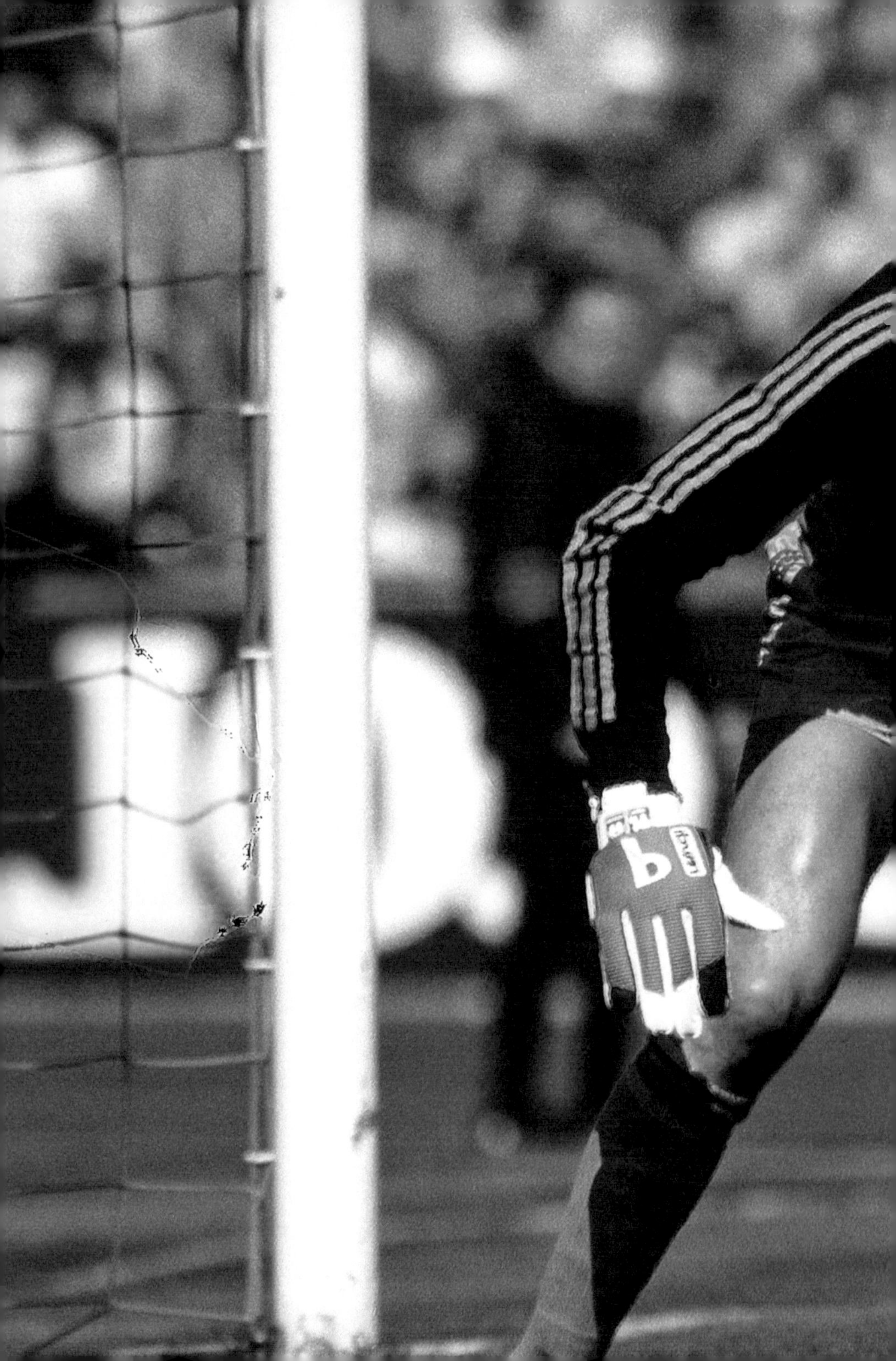

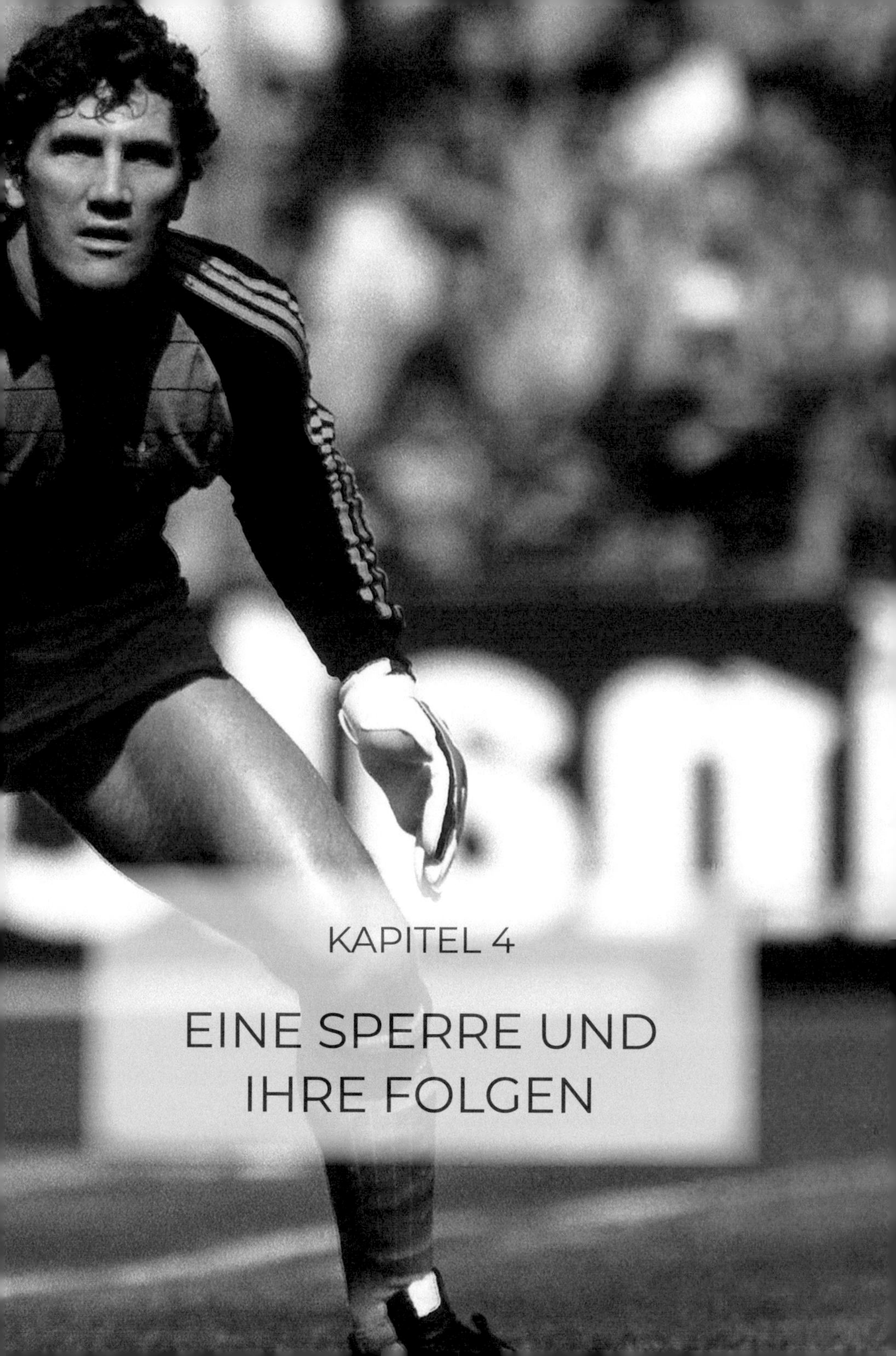

KAPITEL 4

EINE SPERRE UND IHRE FOLGEN

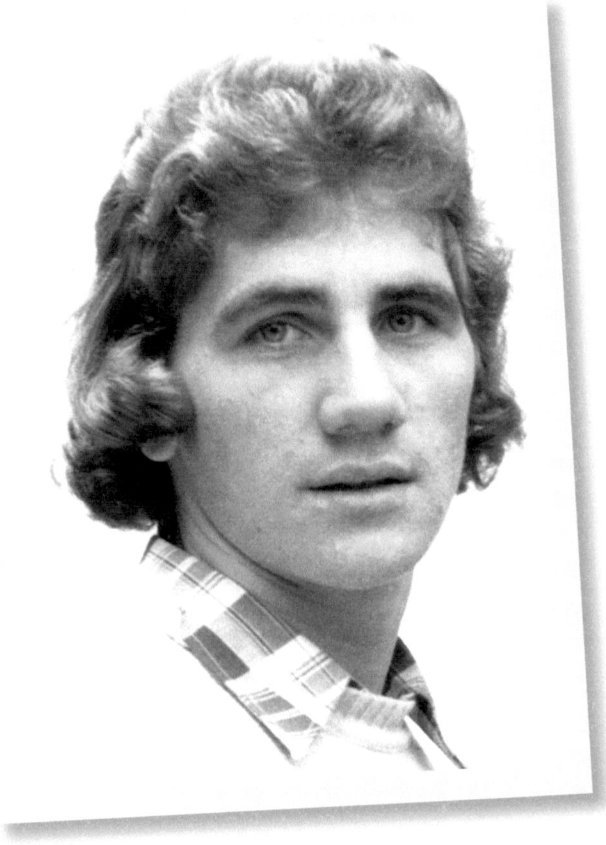

1981 – ein angeblicher Kniestoß bringt Jean-Maries Karriere ins Wanken.

Um es gleich vorwegzusagen: Nein, ich habe das nicht getan. Nein, in dem Pokalspiel im Januar 1981 gegen den KSC Lokeren habe ich den Linienrichter nicht getreten. Das schwöre ich beim Leben meiner Kinder, ich habe nichts gemacht. Aber es folgte die schlimmste Zeit meines Lebens.

DAS LEBEN BESTEHT AUS UNTERSCHIEDLICHEN ZWISCHENTÖNEN

Wäre das, was ich jetzt erzählen will, nicht passiert, wäre ich vielleicht niemals zu Bayern München gegangen. Ich hätte mit Beveren wahrscheinlich noch ein paar tolle Fußballjahre erlebt, hätte Fußball weiterhin eher als Hobby denn als Profisport ausgeübt und die fantastischen Jahre in München mit all den fußballerischen Höhepunkten nicht erlebt: das Spiel gegen Saloniki, das Endspiel der Landesmeister gegen Porto im Praterstadion, die gewonnenen Pokale und Meisterschaften mit dem FC Bayern, die auch menschlich prägenden Erlebnisse zum Beispiel mit Lothar Matthäus, Paul Breitner, Uli Hoeneß, Franz Beckenbauer und vielen anderen. All das hätte es nicht gegeben ohne jene große Ungerechtigkeit einer Sperre für etwas, das ich nicht getan habe.

Einmal mehr zeigt sich, dass es auch in meinem Leben wie in jedem anderen Ereignisse und Erlebnisse gibt, die sehr unterschiedliche Seiten aufweisen und bei denen wir nicht sagen können: „Das war sehr gut, und das ist schlecht gelaufen." Es gibt kein Schwarz und Weiß, sondern immer viele unterschiedliche Zwischentöne. Und so kam es, dass die schlimmste Zeit meines Lebens gleichzeitig der Grundstein war für eine der glücklichsten Phasen in meinem Fußballerleben.

EINE ZEITUNG UND EIN KNIESTOSS, DER KEINER WAR

Was war geschehen? In dem Spiel gegen Lokeren erzielte der Gegner in der letzten Spielminute beim Stande von 2:1 für uns ein Tor. Es war eindeutig Abseits, doch weder der Linienrichter noch der Schiedsrichter erkannten die klare Abseitsstellung. Das Spiel endete mit einem 2:2-Unentschieden. Nach dem Abpfiff begegnete ich diesem Linienrichter auf dem Weg in die Kabine. Er wollte mir die Hand geben, aber ich verweigerte ihm den Handschlag, ich war zu erbost darüber, dass er ein klares Abseitstor anerkannt und nicht die Fahne gehoben hatte. „Ich werde dir nicht die Hand geben, weil du dich nicht fair verhalten hast“, sagte ich zu ihm. Gut, vielleicht hätte ich ihm die Hand geben sollen, aber das hatte nichts mit dem zu tun, was dann geschah. Neben uns lag eine Zeitung auf dem Boden, die ich mit dem Fuß beiseite kickte. Diese Bewegung sollte mich noch teuer zu stehen kommen. Das Schiedsrichtergespann sprach Französisch, ich verstand daher nicht, was sie redeten. Auf jeden Fall war ich erstaunt, dass hinterher im Spielbericht stand, ich hätte dem Linienrichter einen Kniestoß verpasst. Ich habe aber nur jene Zeitung beiseite gekickt. Als mich am nächsten Tag ein Verantwortlicher des Vereins zur Rede stellte und mich fragte, ob ich dem Linienrichter einen Kniestoß verpasst hätte, antwortete ich in aller gebotenen Deutlichkeit und Klarheit: „Nein, ich habe das nicht getan!“ Damit war die Sache für mich erledigt. Man machte mich darauf aufmerksam, dass es Fernsehbilder gäbe und im schlimmsten Fall eine dreijährige Sperre drohen würde. Aber klar – ich war mir keiner Schuld bewusst. Der Klubverantwortliche glaubte mir, aber ich sollte trotzdem vorerst nicht mehr für Beveren im Tor stehen, man erlegte mir eine kurze Sperre auf. Es sollte zunächst einmal in Ruhe der Sachverhalt aufgeklärt werden.

Nun sollte man glauben, dass es doch ein Leichtes gewesen sein müsste, das Geschehen mithilfe von Kamera- und Fern-

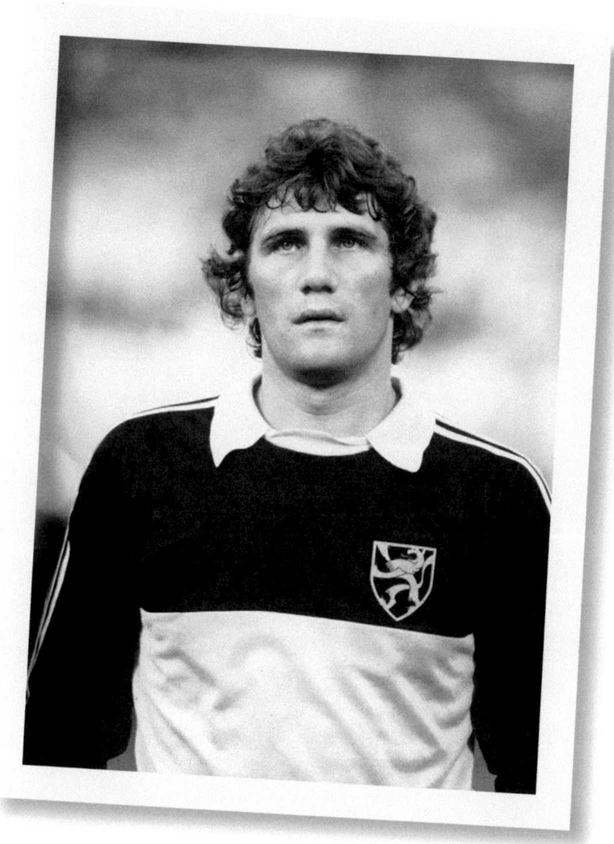

Der Kniestoß-Vorfall hinterlässt tiefe Spuren bei Jean-Marie.

sehaufnahmen nachzuprüfen und zweifelsfrei aufzuklären. Aber wir reden über ein Ereignis, das 1981 stattgefunden hat, nicht 2020. Damals waren bei einem Fußballspiel noch nicht zig Kamera- und Fernsehteams anwesend, die das Geschehen aus allen erdenklichen Blickwinkeln hätten aufzeichnen können, wie das heutzutage der Fall ist. Aber trotzdem: Es gab Aufnahmen dieses Vorfalls. Nur: Diese Bilder, die meine Unschuld hätten belegen können, wurden zunächst einmal nicht freigegeben und durften in der Anhörung und Verhandlung nicht verwendet werden. Sie spielten dort keine Rolle. Ich verstehe bis heute nicht, warum. Es fand damals eine Anhörung zu dem Vorfall statt, bei der auch jener Linienrichter und der Schiedsrichter anwesend waren, deren Auftreten ich als sehr hochnäsig empfand.

Die Anhörung endete schließlich mit einem für mich unerhörten und nicht nachvollziehbaren, mit einem unfassbaren Urteil: Ich wurde für – wenn ich mich richtig erinnere – einige Monate gesperrt. Eine Sperre für etwas, was ich nicht getan hatte. Dabei soll es bei der Abstimmung, in der es um meine Strafe ging, denkbar knapp zugegangen sein: „Sie können noch von Glück reden", sagte man mir, „die Abstimmung ist mit sieben zu sechs Stimmen für eine milde Strafe ausgegangen, ansonsten hätte es eine dreijährige Sperre gegeben." Man verkaufte mir die ungerechtfertigte Bestrafung auch noch als einen Erfolg. Unglaublich.

DIE GROSSE HILFLOSIGKEIT UND DER VERLUST DER UNABHÄNGIGKEIT

Die Folgen dieser Sperre waren fatal, sie waren schrecklich. Dass ich eine Zeit lang nicht im Tor stehen konnte, war noch das geringste Übel. Auch, dass das Sportgeschäft, das meine Frau und ich damals betrieben, nicht mehr so gut lief, weil die Kunden ausblieben, war nicht so schlimm. Das konnte ich verkraften. Viel belastender war, dass ich von der Öffentlichkeit fallen gelassen wurde wie eine heiße Kartoffel, die niemand mehr anfassen will, weil sie Schmerzen bereitet. Ich wurde als „Gangster" beschimpft, der Name Pfaff war vergiftet, mein Beliebtheitswert raste in den Keller. In dieser Zeit erlitt meine Mutter einen Herzinfarkt, sie musste ins Krankenhaus, meine Schwiegermutter wurde von Magenblutungen heimgesucht und gequält, ich flog aus der Nationalmannschaft. Die Kinder wurden in der Öffentlichkeit gehänselt, das tat mir in der Seele weh. In dieser Zeit habe ich tief gelitten und oft geweint und geheult wie ein Kind. Es fühlt sich schlimm an, wenn die eigenen Kinder für etwas büßen müssen und beschimpft werden, mit dem sie überhaupt nichts zu tun haben, und für das ja auch ich selbst nicht verantwortlich war. Ich wusste, dass es jenen Kniestoß nicht gegeben hatte, und musste trotzdem mit ansehen und miterleben, welche Qualen mein familiäres Umfeld wegen dieses Phantom-Kniestoßes zu erleiden hatte. Du kannst dir nicht vorstellen, wie mies und hilflos ich mich gefühlt habe.

In einer Talkshow im deutschen Fernsehen, bei Markus Lanz, habe ich im November 2012 gesagt: „Alle Tore, die ich in meiner Karriere reinbekommen habe, waren unhaltbar." Das stimmt nicht hundertprozentig, aber ich habe stets mein Bestes gegeben und alles getan, um jeden Ball zu halten. Dabei war ich auf mich allein gestellt, ich habe ja berichtet, dass es stets mein Ziel war, unabhängig von meiner Abwehr zu sein. Im Tor war ich Herr meines Schicksals, ich hatte die Dinge selbst in der Hand. In jener schwierigen Zeit der Sperre war dies nur bedingt der Fall, ich erlebte damals sehr bedrückende Momente der Hilflosigkeit. Man möchte etwas tun gegen die Ungerechtigkeit, die einem widerfahren ist, weiß jedoch nicht, wie man reagieren soll.

Unabhängigkeit – das ist für mich bis heute ein enorm wichtiger Wert. Aber im Zusammenhang mit dem Phantom-Kniestoß musste ich erleben, wie schnell sich diese Unabhängigkeit auflöst und wie abhängig man von dem Urteil und vor allem von den Reaktionen der Öffentlichkeit ist. In diesen Momenten habe ich ab und zu gedacht: „Ich spiele noch ein Jahr in Belgien und dann bin ich weg." Ich glaube, ohne dieses einschneidende Erlebnis der ungerechtfertigten Sperre mit all diesen belastenden Begleiterscheinungen wäre ich 1982 wohl nicht nach München gewechselt.

UNTERSTÜTZUNG DURCH FAMILIE UND FANS

Ohne die Unterstützung meiner Familie hätte ich diese problematische Zeit wohl nicht überstanden. So haben mich diese Ereignisse letztendlich noch stärker gemacht, auch wenn dies keine leicht zu bewältigende Angelegenheit war. Kritik im sportlichen Bereich hat mich immer motiviert und stimuliert, noch härter und intensiver zu trainieren, um noch besser zu werden. Natürlich gibt es darüber hinaus jene Kritik, die ungerechtfertigt und unfair ist und mit den wirklichen Geschehnissen wenig zu tun hat. Ich habe stets versucht, solche Kritik entweder beiseitezuschieben oder zu überlegen, ob etwas in ihr steckt, was ich nutzen kann, um daraus zu lernen.

Hoch willkommen für mich ist stets die sachliche Kritik, bei der die Sache im Mittelpunkt steht, nicht die Person, also Kritik, die nicht verletzen, beleidigen und einen Menschen herabsetzen will, sondern die dazu dient, Probleme zu lösen, einem Menschen zu helfen und ihn dabei zu unterstützen, Fehler zu

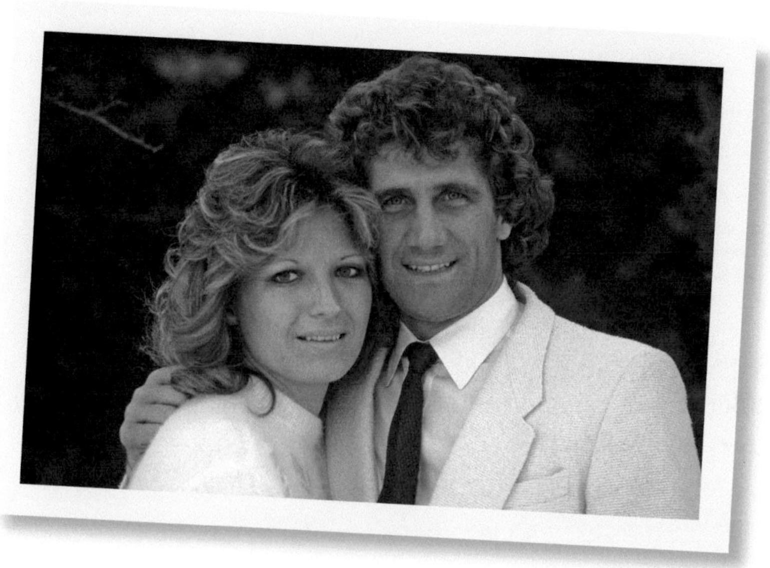

Carmen und Jean-Marie überwinden mit der Kraft ihrer Liebe die schwierigsten Lebenssituationen.

vermeiden, sie nicht noch einmal zu machen und sich weiterzuentwickeln, als Mensch und als Sportler.

Damals bei jenem Ereignis rund um den Phantom-Kniestoß hat es viel unsachliche Kritik gegeben. Nicht von den Fans, die Fans haben immer zu mir gehalten und mich vorbehaltlos unterstützt. Ich habe nach einer Erklärung für jene Geschehnisse gesucht. Konnten es die Verantwortlichen der großen belgischen Vereine nicht er- und vertragen, dass der Torwart eines kleinen Vereins wie Beveren das Tor der Nationalmannschaft hütete? Und der kleine Provinzklub aus Beveren hatte den Pokal und die Meisterschaft in Belgien gewonnen und im Europapokal für großes Aufsehen in den legendären Spielen gegen Inter Mailand und den FC Barcelona gesorgt. Ich hatte damit einen großen Beitrag geleistet, um einen kleinen Verein groß zu machen. Und 1978 hatte ich den Goldenen Schuh erhalten. Sorgte all dies bei einigen Personen für einen Dorn im Auge?

BEWIESENE UNSCHULD

Neben den Belastungen im familiären Bereich hat mich die Sperre damals vor allem in sportlicher Hinsicht beeinträchtigt. Ich habe einen Monat gar nicht mehr trainiert, die seelischen Verletzungen und die Traurigkeit saßen einfach zu tief. In dieser Situation dachte ich das erste Mal daran, Belgien den Rücken zu kehren und dem Fußball dort auf Wiedersehen zu sagen. Wenn die Sperre nicht gewesen wäre, wäre ich vielleicht nie weggegangen und hätte meine Zelte in meiner fußballerischen Heimat nie abgebrochen.

Als ich wieder ins Training einstieg, lief mir sogar unser 50-jähriger Co-Trainer davon, so lustlos und kraftlos fühlte ich mich. In dieser Phase habe ich gespürt, dass tiefe Verletzungen ungerecht machen. Sowohl in Beveren als auch im Tor der Nationalmannschaft musste ich vertreten werden. Ich habe mich ab und zu bei dem Gedanken ertappt: „Was passiert denn jetzt, wenn mich die Kollegen aus dem Tor verdrängen?" Ich bin zwar nicht so weit gegangen, mir zu wünschen, dass sie besonders schlechte Leistungen abliefern sollten. Ich kann aber schon sagen, dass in dieser Situation manchmal zwei Seelen in meiner Brust geschlagen haben. Es entstanden düstere Gedanken, über die ich nicht weiter nachdenken mochte.

Ihr könnt euch meine Freude vorstellen, als jene Bilder von dem angeblichen Kniestoß doch noch verwendet werden durften. Allerdings wurden sie auch jetzt nicht im Fernsehen gezeigt, das war eine weitere bittere Pille, die ich schlucken musste. Trotzdem war es eine Genugtuung, als jene Bilder klar und eindeutig belegen und dokumentieren konnten, dass es jenen Kniestoß nicht gegeben hatte. Im Prinzip erfolgte damit meine Rehabilitation, nun wussten zumindest die Mitglieder des Berufungskomitees, dass die Sperre ungerechtfertigt und grundlos erfolgt war. Trotzdem wurde die Sperre noch einmal bestätigt, das sollte verstehen, wer will. Die Mitglieder des Berufungskomitees hatten die Fernsehbilder doch gesehen! Und der Linienrichter hatte seine Schilderung des Vorfalls sogar revidiert und seine Vorwürfe abgeschwächt. Gleichwohl blieb ich vorerst suspendiert und durfte nicht in das Tor von Beveren zurückkehren.

Auch nach einer weiteren Anhörung hoben die Verantwortlichen die Sperre nicht auf. Immerhin jedoch wurden jetzt endlich im Fernsehen die entscheidenden Bilder gezeigt – und nun konnte sich wirklich jeder von meiner Unschuld überzeugen!

Tröstlich war, dass ich in dieser schwierigen Zeit Unterstützung von anderen Fußballern, Funktionären und vor allem den Fans erhielt. Auch Carmen war wütend und verzweifelt: „Vielleicht wäre es besser gewesen, du hättest dich schuldig bekannt, dann hätten sie dich für drei Jahre in Belgien gesperrt und du hättest ins Ausland wechseln können", meinte sie. Aber das wollte ich damals nicht. Wenn ich zu diesem Zeitpunkt das Land verlassen hätte, wäre mir dies wie ein Verrat an all den Menschen vorgekommen, die mich verteidigt und unterstützt und bedingungslos zu mir gehalten hatten.

Mein Respekt gegenüber den belgischen Funktionären hatte durch den Vorfall nicht gerade zugenommen. Trotzdem wollte ich eine weitere Saison bleiben – noch während meiner Sperre lehnte ich ein Angebot von Espanyol Barcelona ab.

DIE SCHIEDSRICHTER UND ICH

Nun vermutet vielleicht der eine oder andere Leser, nach dem Vorfall mit dem Phantom-Kniestoß wäre mein Verhältnis zu den Schiedsrichtern ein schwieriges gewesen. Aber das kann ich nicht bestätigen. Selbstverständlich sind Konflikte und Auseinandersetzungen zwischen Fußballern und Schiedsrichtern unvermeidlich. Das liegt in der Natur der Sache. Aber letztendlich sind wir aufeinander angewiesen. Sowohl die Schiedsrichter als auch die Spieler leisten ihren Beitrag, um den Fans ein unterhaltsames Spektakel und ein paar unbeschwerte Stunden zu bieten. Ich habe vor allem gute Erinnerungen an die Schiedsrichter in Deutschland, sie waren stets sehr nett und sehr menschlich. Als ich einmal bei einem Besuch im Aktuellen Sportstudio im ZDF gefragt worden bin, was bei einem dieser Duelle, bei denen ein Schiedsrichter und ich eine intensive Kopf-an-Kopf-Unterhaltung geführt haben, denn so gesagt wird und was der Schiedsrichter von mir wissen wollte, habe ich mit einem Augenzwinkern geantwortet: „Er hat mich gefragt, welche Zahnpasta ich benutze."

Bei aller Anspannung auf dem Rasen war ich stets für einen Spaß mit den Schiedsrichtern zu haben. Und die meisten Referees haben das so ähnlich gesehen. Wichtig ist der Respekt, den alle Beteiligten zeigen. Ich habe immer viel gegenseitigen Respekt, aber auch viel gegenseitige Freude im Umgang mit den Schiedsrichtern empfunden – und dabei viele Schiedsrichter mit eigener Meinung kennengelernt. Heute haben es die Schiedsrichter schwerer als früher, denn das Spiel ist sehr viel schneller geworden, das kann man kaum noch vergleichen, und ich finde, dass die Schiedsrichter heute von außen zu viele Anweisungen aufgedrückt bekommen. Früher wurde vieles auf dem Platz über die Persönlichkeit des Schiedsrichters geklärt, heute steht der Videobeweis zu sehr im Vordergrund.

Meine persönlichen Antworten auf persönliche Fragen

Mein Hauptcharakterzug
Ich möchte jedermanns Freund sein!

Meine Lieblingsbeschäftigung
Sonnenbaden, um schön braun zu werden

Das mag ich überhaupt nicht
Unehrlichkeit, Streit und – wie man in Bayern sagt – Hinterfotzigkeit

Mein Lieblingsessen
Flusskrebse mit viel Cocktailsoße

Mein Lieblingsgetränk
Champagner, wenn ich mit Carmen zusammen bin;
Bier im Kreis meiner Freunde am Stammtisch

Mein Lieblingsfilm
Filme mit Louis de Funès; Dick und Doof (Stan Laurel und Oliver Hardy)

Mein Lieblingsbuch

Meine Autobiografie

Meine Lieblingsfarbe

Das Blau des Himmels, das Gelb meiner Torwarthandschuhe und meine blonden Haare – diese Kombination liebe ich!

Meine Lieblingsblume

Meine Frau kauft am liebsten weiße Lilien für mich!

Mein emotionalstes Erlebnis

Die Geburt meiner Kinder und meiner Enkelkinder

Das wollte ich auch mal werden (beruflich)

Konstrukteur

*Das würde mich in Zukunft reize*n

Eine 10-Tages-Kreuzschifffahrt auf dem Traumschiff

Das verpasse ich niemals

Wenn meine Enkelkinder etwas Besonderes erleben, bin ich immer dabei!

Diese Eigenschaften schätze ich bei einem Menschen am meisten

Ehrlichkeit und Geradlinigkeit

Das ist für mich das größte Glück

Gesundheit und meine Familie

Das ist für mich das größte Unglück

Ich war zu jung, als ich meinen Vater verloren habe!

Mein Motto fürs Leben

Da gibt es zwei: „Geht nicht, gibt's nicht!" und „Sei gut zu den Menschen, wenn sie noch leben!"

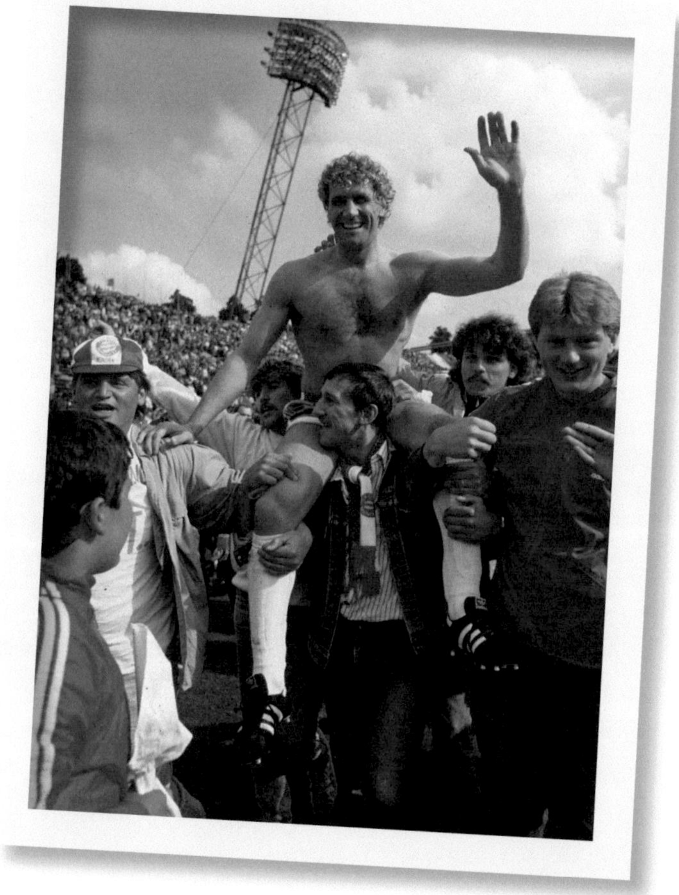

Respekt ist ein wichtiger Wert für Jean-Marie – und das bringt ihm die Sympathien der Fans ein.

DER GEGENSEITIGE RESPEKT IST AM WICHTIGSTEN

Respekt ist im Fußball für mich ein zentraler Begriff. Es gibt in Fußballmannschaften oft einzelne Gruppen – man sieht sich mehr als Kollegen, nicht als Freunde. Ich habe das häufig erlebt, sowohl bei Bayern München als auch in Beveren. Als ich noch in Beveren gespielt habe, wurde ich in der Nationalmannschaft von einigen Spielern der großen Vereine belächelt. Ich kam ja „nur“ aus einem kleinen Provinzklub, auf der anderen Seite gab es die großen belgischen Vereine mit zahlreichen Nationalspielern. Allerdings: Wenn ich nicht respektiert, sondern belächelt werde, möchte ich zu diesen Mitspielern keinen Kontakt haben.

In der Beziehung zu den Journalisten verhält es sich oft ähnlich. Ich spreche mit jedem Journalisten, aber wenn ich einmal nicht fair behandelt werde, hat sich das Thema für mich erledigt. Ich finde es grob unhöflich und vollkommen unangebracht, was manchmal über Spieler und deren Familien gesprochen und geschrieben wird. Jeder Journalist, der unfair ist oder sogar die Unwahrheit schreibt oder maßlos übertreibt, sollte sich fragen, ob er das, was er über andere schreibt, über sich selbst in der Zeitung lesen möchte.

Fußballer, Schiedsrichter, Funktionäre, Fans und Journalisten – wir sitzen alle in einem Boot. Wenn wir uns gegenseitig achten und respektieren, ist alles gut.

Einige Schiedsrichter habe ich nach meiner Karriere bei Veranstaltungen wiedergetroffen, zum Beispiel Walter Eschweiler, das war und ist immer ein herzliches Wiedersehen. Mit Walter Eschweiler verbinde ich vor allem gute Erinnerungen, er hat ja auch einige Abschiedsspiele geleitet, so wie von Franz Beckenbauer, Uwe Seeler, Pelé und Sepp Maier, als dessen Nachfolger ich nach München geholt worden bin. Walter Eschweiler hat ein für meine Karriere in Deutschland richtungsweisendes Spiel gepfiffen, nämlich in meinem ersten Jahr in Deutschland das Match zwischen dem FC Bayern und dem Hamburger SV. In dem Spiel hat Walter Eschweiler einen Elfmeter gegeben, von dem ich im nächsten Kapitel ausführlich erzählen werde, weil er für meine Zeit in München sehr wichtig war.

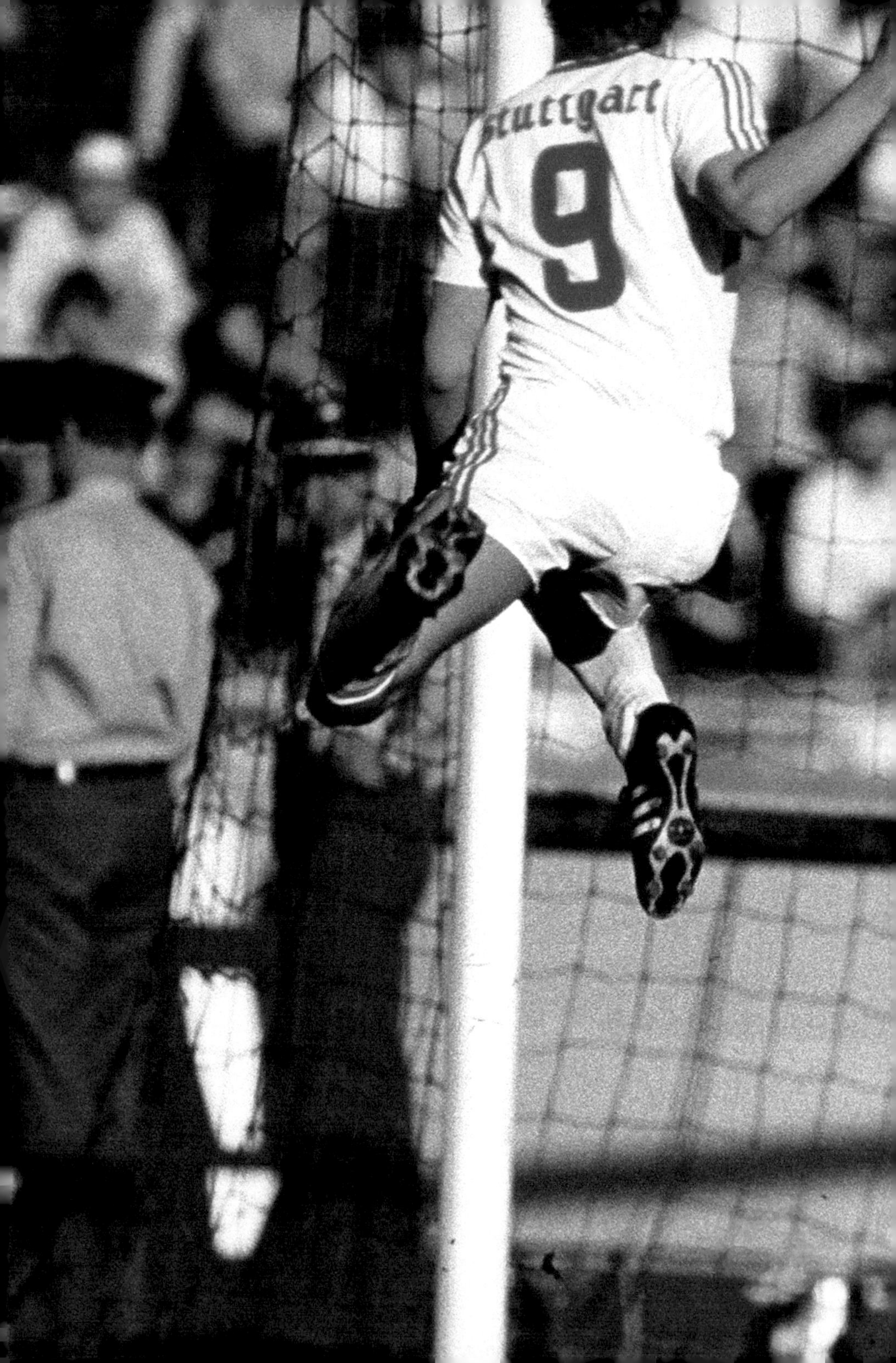
Stuttgart
9

KAPITEL 5

ERST NACH DEM KALTZ-ELFMETER BIN ICH SO RICHTIG IN MÜNCHEN ANGEKOMMEN

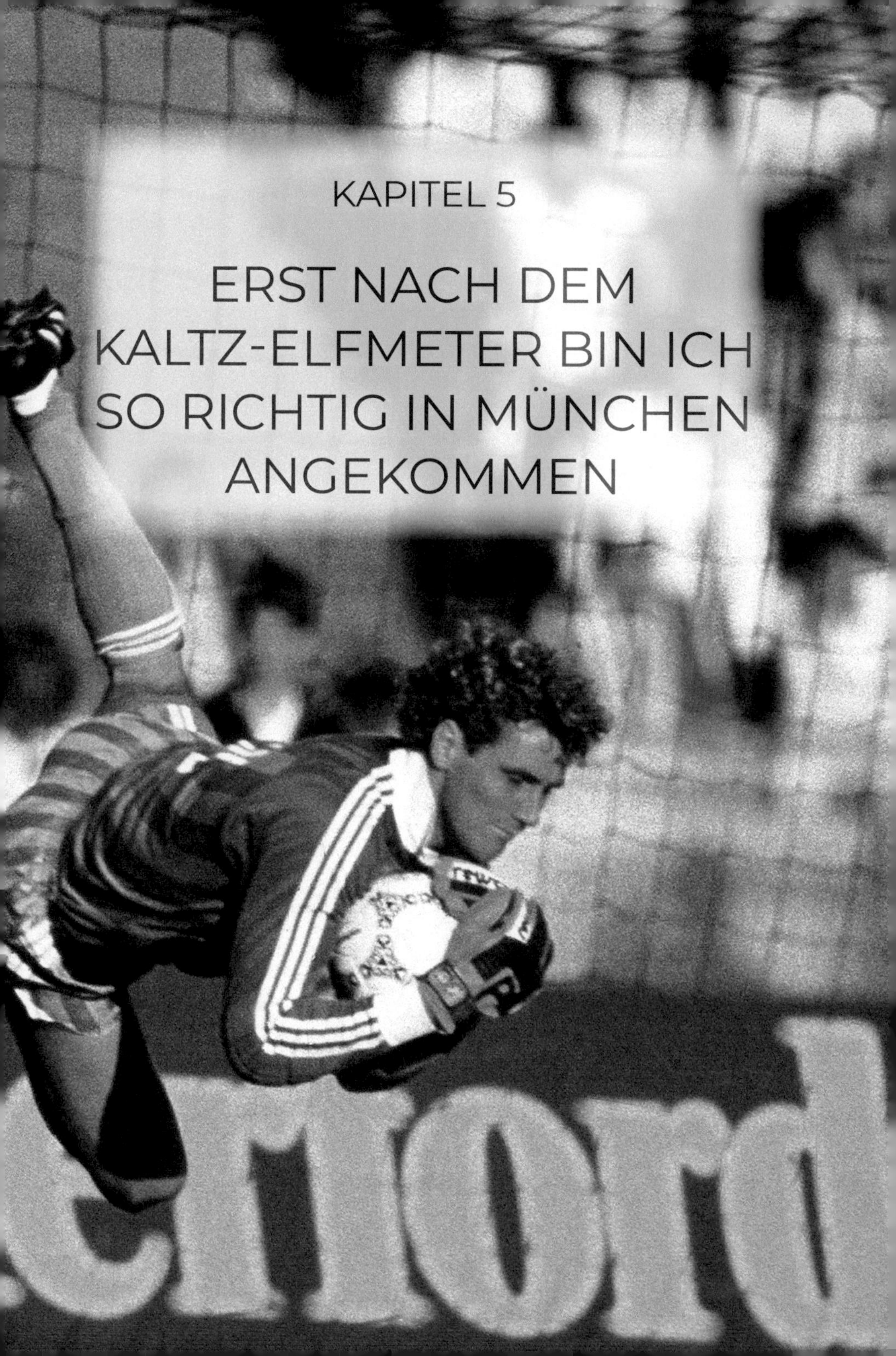

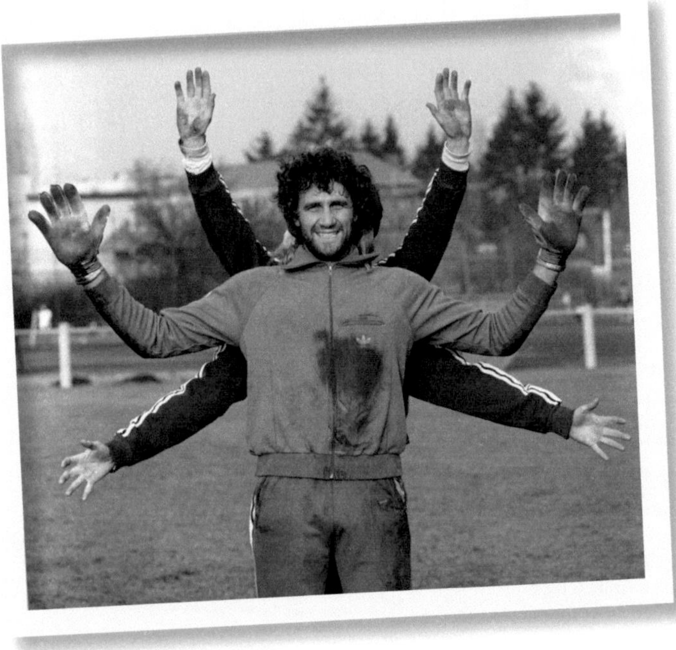

Bei Elfmetern verfügt Jean-Marie über mehr als nur zwei Arme.

Manfred Kaltz läuft an, ein sicherer Elfmeterschütze, eigentlich habe ich keine Chance, gegen einen der besten Verwandler vom Punkt aus zu bestehen. Die Münchner Zuschauer toben, die Fans sind aufgebracht, es steht am 9. Oktober 1982 im Spiel gegen den Rivalen um die Meisterschaft Hamburger SV 2:2, und nun hat die „schwarze Diva" oder „Diva vom Rhein", wie Schiedsrichter Walter Eschweiler aus Bonn wegen seines theatralischen Auftretens genannt wird, kurz vor Schluss auch noch einen umstrittenen Handelfmeter gegen uns, gegen

Bayern München, gepfiffen. Chaos, Tumulte, es dauert fünf, sechs oder gar sieben Minuten, bis der Elfmeter ausgeführt werden kann. Und obwohl Paul Breitner mir rät, mit einem Schuss in meine rechte Ecke zu rechnen, gehe ich nach links – und kann den Kaltz-Schuss parieren. Ich halte den Ball sogar fest, es bleibt beim Unentschieden, der Schlusspfiff ertönt, ich werde als der „Held von München" gefeiert und auf den Schultern der Betreuer und Fans vom Platz getragen.

„Pfaff ist im Bayerntor angekommen, Kaltz' Elfmeter nicht" heißt es in dem Fußballblog von Trainer Baade, der 2012 zu dem Spiel einen Bericht verfasst hat. Eines steht fest: Erst nach diesem Spiel, durch diesen Elfmeter weiß ich nach schwierigen Monaten und Wochen: „Das wird eine tolle Zeit in München!"

EIN AGENTENFILM IN DÜSSELDORF

Die Bedeutung des Elfmeter-Thrillers im ausverkauften Münchner Olympiastadion vor 78.000 Zuschauern für mich kannst du am besten nachvollziehen, wenn du all die schwierigen Situationen kennst, die ich zuvor durchstehen musste. Von jener Sperre habe ich bereits erzählt, in diesem Zusammenhang habe ich mich zum ersten Mal mit dem Gedanken beschäftigt, Belgien fußballerisch den Rücken zu kehren, um ins Ausland zu gehen und dort zu spielen. Nach einem Turnier in Toulouse, an dem neben Beveren der FC Barcelona, die AS Saint-Étienne und Bayern München teilgenommen hatten, hatte ich die Aufmerksamkeit der Verantwortlichen beim FC Bayern auf mich gelenkt. Das war aber noch vor der Sperre.

1982 befanden sich die Bayern auf der Suche nach einem Nachfolger für Sepp Maier; der Weltmeister von 1974 hatte sich bei einem Autounfall 1979 verletzt und musste seine aktive Laufbahn beenden. Sepp war bei Aquaplaning von der Fahrbahn geraten und in ein entgegenkommendes Auto gerast. Er selbst kam beinahe ums Leben, zwei Frauen wurden ebenfalls verletzt. Nur durch das beherzte Eingreifen von Uli Hoeneß, der dafür sorgte, dass man den Sepp in ein anderes Krankenhaus verlegte, um ihn dort gründlicher als im Unfallkrankenhaus zu untersuchen, konnte ihm das Leben gerettet werden, weil so rechtzeitig ein Riss im Zwerchfell entdeckt werden konnte. Durch den Riss hatte sich die Leber in den Lungenflügel geschoben, sodass eine mehrstündige und komplizierte Operation notwendig war.

Der Sepp genoss bereits damals Kultstatus, er war eine absolute Torhüterlegende, und darum war es für jeden Nachfolger schwer und eine große Herausforderung, aus dem Schatten dieser Legende herauszutreten. Die Münchner waren mit den Leistungen von Manfred Müller und Walter Junghans nicht so richtig zufrieden und glücklich. Im Jahr 1981 erhielt ich also einen Anruf, dass die Bayern einen Torwart suchten.

Schließlich traf ich Uli Hoeneß inkognito in einem Hotel in Düsseldorf. Das Treffen mit Uli, der ja bereits mit 27 Jahren wegen einer schweren Verletzung seine Karriere als Spieler beenden musste, lief ab wie in einem Agentenfilm. Uli lenkte seit 1979 die Geschicke bei Bayern München und war als Manager auch für die Verpflichtung neuer Spieler zuständig. Das Treffen in Düsseldorf im Hotel Intercontinental erinnerte ein wenig an einen James-Bond-Film, weil die Münchner Medien nichts von dem Treffen mitbekommen sollten. Uli und Pál Csernai,

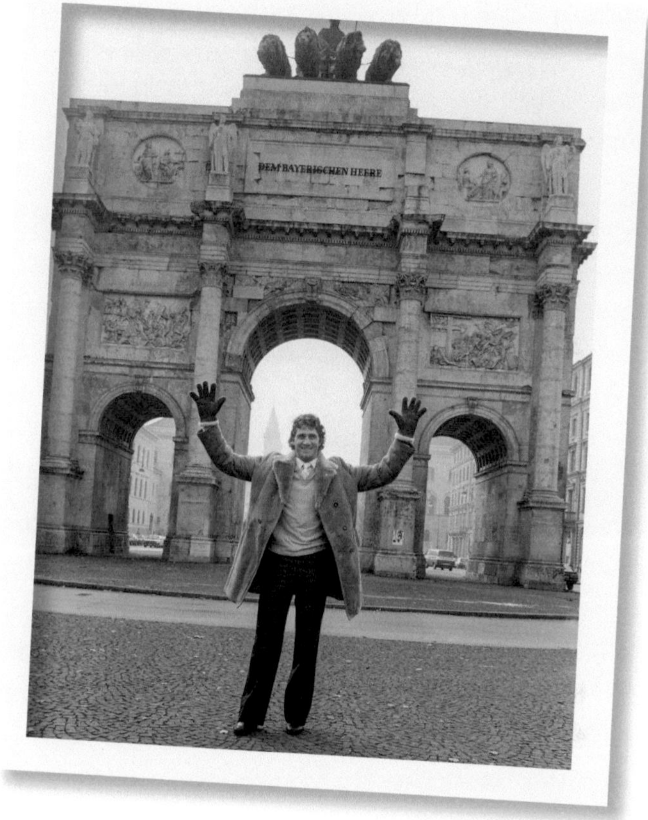

*Jean-Marie vor dem Siegestor in München:
Welche Triumphe warten beim FC Bayern auf ihn?*

der damalige Trainer der Bayern, befürchteten Unruhe im Verein, wenn die Torwartfrage durch meinen möglichen Wechsel hochkochen würde.

Uli Hoeneß war schon immer ein Mann mit sehr klaren Zielen vor Augen. Wir führten damals ein sehr angenehmes Gespräch in Düsseldorf. Später dann hat Uli meine Frau und mich in einer Bar des Kölner Flughafens abgeholt. Er meinte, wir sollten ein paar Meter weiter hinter ihm hergehen. Schließlich gelangten wir zu dem Privatjet, der uns nach München flog. Das Ganze war ein Täuschungsmanöver für die Medien, um, wie gesagt, Unruhe im Verein zu vermeiden. Wir haben in München hart und auf Augenhöhe verhandelt, und schließlich lag das Angebot über einen Dreijahresvertrag mit einem deutlich besseren finanziellen Verdienst als in Beveren auf dem Tisch: Mit 28 Jahren wechselte ich für die damals astronomische Summe von ungefähr einer Million Deutsche Mark zu dem Klub an der Säbener Straße. Was mich sehr freute: Die finanziellen Vorteile lagen nicht nur auf meiner Seite. Auch mein Verein, der KSK Beveren, profitierte enorm durch meinen Wechsel nach Deutschland. Mit dem Geld konnten die Klubverantwortlichen neue Spieler kaufen und ihre Jugendakademie weiter ausbauen.

Der FC Bayern stellte eine Bedingung für den Wechsel: Ich musste gesund von der Weltmeisterschaft zurückkehren, die 1982 in Spanien stattfand. Voraussetzung war, sofort bei meinem Antritt in München zur Verfügung zu stehen. Diese Bedingung sollte noch eine wichtige Rolle spielen ...

EIN GROSSE HERAUSFORDERUNG: IST ES MÖGLICH, EINE LEGENDE ZU ERSETZEN?

Meine Entscheidung, das Angebot der Bayern anzunehmen, habe ich mir nicht leicht gemacht. Nachdem ich es erhalten hatte, wurde mir eine Bedenkzeit von 14 Tagen eingeräumt. Außerdem stand der sehr anstrengende und anspruchsvolle dreitägige sportmedizinische Gesundheitscheck bei dem Bayern-Mannschaftsarzt Dr. Hans-Wilhelm Müller-Wohlfahrt auf dem Programm. Natürlich wollte der Klub nur Spieler unter Vertrag nehmen, deren Gesundheit und Fitness absolut nichts zu wünschen übrig ließ. Dabei untersuchten der Doktor und sein Team wirklich jeden Quadratzentimeter meines Körpers. Dabei stellte sich heraus, dass ich mir wohl früher irgendwann den rechten Knöchel gebrochen hatte. Dieser Bruch war in Beveren nie festgestellt worden.

Bei dem Gesundheitscheck war insgesamt gesehen alles im grünen Bereich; etwas anders verhielt es sich mit meiner Skepsis bezüglich eines Wechsels. Ich hatte große Bedenken und überlegte hin und her, ob der Wechsel für mich tatsächlich der richtige Schritt sein würde. Ein Torhüter, der von einem kleinen Verein, von einem belgischen Provinzklub in die Metropole München wechselt? Ein Torhüter, der auf Vereinsebene bisher meistens vor knapp 2.000 bis 3.000 Zuschauern, höchstens mal vor 7.000 Menschen gespielt hatte und nun in den großen Bundesligastadien in Deutschland zwischen den Pfosten stehen sollte?

Nun gut – immerhin saßen und standen in den Jahren, in denen ich mit Beveren die Titel geholt hatte, oft auch mehr Menschen in den Stadien. Und die Erfahrung, vor ganz großem Publikum zu spielen, hatte ich zum Beispiel in Mailand und Barcelona im Europapokal gemacht. Und selbstverständlich war ich es durch die Nationalmannschaft gewohnt, vor größeren Zuschauermengen zu spielen. Aber trotzdem: Im Münchner Olympiastadion fanden über 78.000 Zuschauer Platz. Ich würde permanent vor so vielen Menschen spielen.

Darum fragte ich mich, ob ich dem Druck würde standhalten können. Auf der anderen Seite würde der Wechsel von

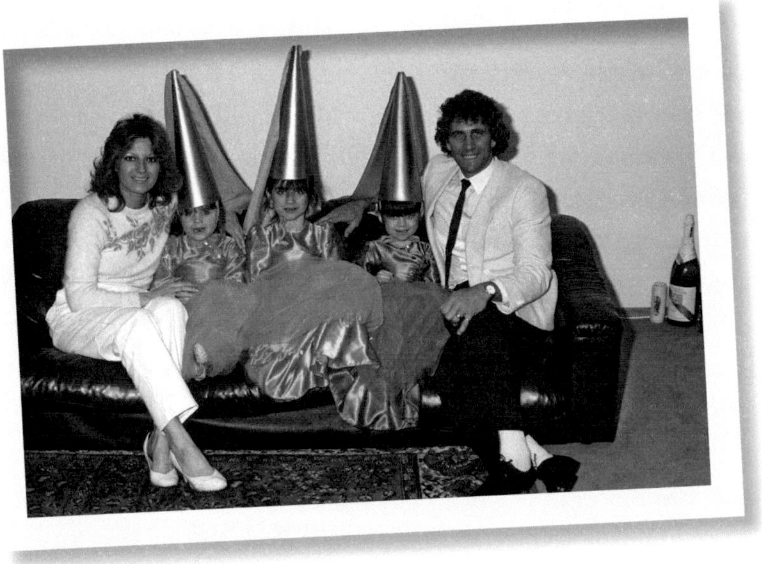

Fasching und Fußball: die Familie Pfaff in München

Beveren nach München für mich auch einen gewaltigen Karrieresprung bedeuten.

Hinzu kamen Bedenken, der Torwartlegende Sepp Maier nachzufolgen. Was würde das für mich bedeuten? Natürlich würde ich ständig mit der „Katze von Anzing" verglichen werden. Sepp Maier genoss nicht nur wegen seiner überragenden Qualitäten als Torhüter eine ungeheure Popularität, er war darüber hinaus auch als Mensch anerkannt und beliebt, nicht nur in München, auch in ganz Deutschland. Würde ich da mithalten können, und zwar in der doppelten Bedeutung des Wortes „mithalten" – als Torhüter, aber auch als Publikumsmagnet und Mensch?

ENTSCHEIDUNG FÜR BAYERN MÜNCHEN

Selbstverständlich bespricht man sich in solch lebensentscheidenden Situationen mit seinen engsten Vertrauten. Das war und ist bei mir Carmen, meine Frau. „Du musst unterschreiben, das ist eine große Ehre“, so ihre Meinung. Aber ich hatte Zweifel und Bedenken: Mir flößte die Bundesliga sehr viel Respekt ein und machte mir sogar ein kleines bisschen Angst: Ich dachte an die deutsche Disziplin und den ständigen Erfolgsdruck, der gerade bei einem Verein wie Bayern München enorm war, der immer um die deutsche Meisterschaft mitspielen und jeden Wettbewerb, an dem der Klub teilnahm, gewinnen wollte.

Wie gesagt, bis dahin war Fußball für mich vor allem Spaß. Hinzu kam: Ich musste meine Tätigkeit bei der Bank aufgeben, und wie sollte es mit unserem Sportgeschäft weitergehen? Das Sportgeschäft würden wir wohl aufgeben müssen (was danach auch so geschah).

Die Zweifel wuchsen durch ein weiteres Ereignis, und zwar durch die Verletzung von Ewald Lienen, der damals bei Arminia Bielefeld spielte. Im Bundesligaspiel gegen Werder Bremen kam es 1981 zu jener schrecklichen Horrorverletzung, von der Bilder um die ganze Fußballwelt gingen. Natürlich sah auch ich die Aufnahmen von dem aufgeschlitzten Oberschenkel und der knapp 25 Zentimeter langen Wunde, bei der man bis auf den Knochen blicken konnte. Spieler, Verantwortliche, Zuschauer, Ewald Lienen selbst und auch der Werder-Spieler, der das Foul begangen hatte, waren entsetzt und schockiert. Wollte ich in einer Liga spielen, in der so etwas möglich war? Sollte ich in so eine Liga wechseln?

„So etwas hätte auch anderswo passieren können", meinte meine Carmen. „Und denk auch mal daran, wie übel man dir in Belgien mit der Sperre mitgespielt hat." Carmens Argumente und Meinung haben letztendlich den Ausschlag gegeben – ich unterschrieb bei den Bayern und wagte den Sprung ins Unbekannte. Wir suchten eine Unterkunft, fanden ein Einfamilienhaus in Unterhaching in der Zugspitzstraße, nicht luxuriös, aber geräumig. Ich habe zwar gern ein bisschen Luxus, brauche ihn aber nicht, mir ist die Umgebung wichtig, die Herzlichkeit unter den Nachbarn.

Ich machte mich auf, denjenigen belgischen Journalisten, die nicht an meinen Erfolg in München glaubten, das Gegenteil zu beweisen. Denn die Journalisten teilten sich in zwei Lager: in diejenigen, die mir alles Gute wünschten und sicher waren, ich könne mich in München durchsetzen; und in diejenigen, die genau das Gegenteil glaubten – und zum Teil auch erhofften. Aber viel spannender war die sportliche Herausforderung. Mich erwarteten emotional faszinierende und fantastische Momente. Aber leider nicht nur positive ...

PECH STATT FEHLGRIFF: DER REINDERS-EINWURF

Wieder blicke ich weit zurück in den tiefen Brunnen der Vergangenheit, wie schon bei dem Kaltz-Elfmeter. Meine Erleichterung nach dem gehaltenen Handelfmeter war vor allem riesengroß, weil mein Start in Deutschland und im Kasten von Bayern München alles andere als glücklich verlaufen war. Viele Fußballfans, die man fragt, was sie von Jean-Marie Pfaff wissen, bringen mit mir auch heute noch einen Einwurf in Verbindung, der am ersten Spieltag in der Saison 1982/1983, meiner ersten Saison in der Bundesliga, im Spiel bei Werder Bremen zu einem kuriosen Tor geführt hat. Ein Tor, das mir als Fehler und Fehlgriff angekreidet wurde, das aber die Folge der Verkettung mehrerer unglücklicher Umstände war. Es war der 21. August 1982, ich wollte einen Einwurf von Uwe Reinders fangen, aber durch eine unglückliche Kollision geriet ich aus der Balance und berührte den Ball. Das Kuriose war, dass das Tor gar nicht gegolten hätte, wenn der Einwurf direkt und ohne Berührung irgendeines Spielers ins Tor gesegelt wäre. Erst indem ich den Ball berührte, zählte der Treffer, der zu allem Überfluss auch noch der einzige des Spiels blieb, sodass wir das Match mit 0:1 verloren geben mussten.

Die Szene war für mich sehr ärgerlich: Denn ich wusste schlicht und einfach nicht, dass Uwe Reinders berühmt-berüchtigt war für seine weiten Einwürfe. Ich kam aus Belgien, es war mein erstes Bundesligaspiel für die Bayern, ich kannte die gegnerischen Spieler und ihre individuellen Stärken und Schwächen noch nicht so gut und war darum auf den weiten Einwurf nicht vorbereitet. Heutzutage hat jede Spitzenmannschaft solch einen Einwurfexperten in ihren Reihen, aber vor knapp 40 Jahren gehörte das noch nicht zum Standard. Und zum anderen war es im Weser-Stadion sehr windig. Aus meiner Sicht hat hier niemand einen Fehler gemacht, es war ein sportlicher „Unfall", ein sportliches Missgeschick, das durch die unselige und zufällige Verkettung mehrerer Umstände entstanden ist.

„WER DEN SCHADEN HAT, BRAUCHT FÜR DEN SPOTT NICHT ZU SORGEN"

„Bayern-Keeper Jean-Marie Pfaff schaufelt sich beim Debüt einen Einwurf ins Tor" – ihr könnt euch vorstellen, wie groß die Schadenfreude und Häme war, die sich nach dem Spiel über mich ergoss: „Wer den Schaden hat, braucht für den Spott nicht zu sorgen" – wieder einmal bestätigte sich die menschliche Schwäche, einen Menschen, der ein Unglück erleiden oder ein schmerzhaftes Erlebnis erdulden musste, auch noch mit boshaftem Gewitzel zu überziehen. Eine Schwäche, die mir wehtat, weil mich der Spott mit seiner ganzen Wucht traf.

Das begann schon in der Halbzeit, in der in der Kabine der Teufel los war, alle waren emotional angeschlagen und sehr aufgewühlt. Ich betone aber: In solch einer Situation dürfen wir nicht alle Worte auf die Goldwaage legen. Ich habe die Spieler genau beobachtet. Einige waren froh über das Gegentor, weil der Ersatztorwart ihr Freund war. Und unser Trainer Pál Csernai putzte mich runter: „Du bist jetzt nicht mehr in Belgien", meinte er. Ich spürte den eisigen Wind der Bundesliga, der mir ins Gesicht blies. Es gab jedoch auch Zuspruch: Paul Breitner kam nachher zu mir und sagte, ich solle mich nicht verrückt machen.

So richtig gemein und schadenfroh wurde es später in der Presse. Eine belgische Zeitung schrieb zum Beispiel: „In drei Monaten kommt Pfaff zurück." Dabei ging es nicht nur um das Reinders-Tor, sondern um die gesamte Vorbereitung, in der für mich nur wenig nach Wunsch lief.

Wir spielten mehrere Turniere, bei denen meine Leistungen nicht berauschend waren, auch weil mich eine Verletzung

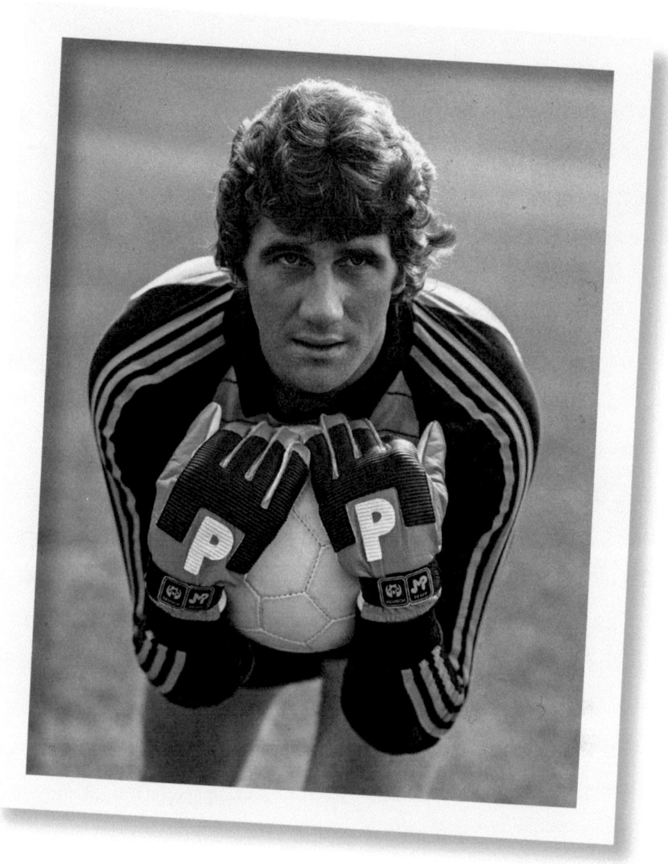

Der Start in München verläuft holprig, aber dann hat Jean-Marie alles im Griff.

behinderte, die ich mir bei der Weltmeisterschaft 1982 in Spanien zugezogen hatte.

In Zeiten, in denen es nicht rund läuft, zeigt sich, wer zu dir hält und wen du zu deinen wahren Freunden zählen kannst. Das merkte ich immer dann, wenn ich verletzt war oder ein unglückliches Tor kassierte, so wie das gegen Bremen. Es ist ärgerlich, wenn die anderen Torleute ihre Fürsprecher im Team haben, die nur darauf warten und lauern, dass man einen Fehler macht. In Beveren habe ich es einmal erlebt, dass ein Abwehrspieler absichtlich einen Gegner vorbeiziehen ließ und einen Ball durchgelassen hat, um mich in Schwierigkeiten zu bringen und um mir zu schaden. Ich habe das Tor verhindert und dann zu ihm gesagt: „Mein Freund, mach das nie, nie wieder.“ Sein Freund war ein Torwartkollege. Sie gehörten einer Clique an, sechs Spieler samt Ersatztorwart waren befreundet und wollten mich aus dem Tor drängen.

Aber zurück zum Spiel gegen Bremen – wie gesagt: Manchmal dürfen wir Reaktionen, die in der Hitze des Gefechts erfolgen, und verletzende Worte, die rasch dahingesagt werden, nicht überbewerten und dramatisieren. Ein Beispiel dafür ist Pál Csernai mit seinem Vorwurf: „Du bist jetzt nicht mehr in Belgien.” Danach hat der Trainer mit mir das Gespräch gesucht und darauf hingewiesen, dass er so reagieren musste, wohl auch, um die Wut und den Ärger im Team zu kanalisieren. Ich war in dieser Situation der Leidtragende, aber der Trainer wusste, dass ich mit diesem Druck würde umgehen können.

„Du bist mein Torwart“, sagte Pál Csernai, „ich vertraue dir, ich habe mich für dich entschieden und dafür gesorgt, dass der Klub dich holt. Du wirst und kannst in der zweiten Halbzeit und in den nächsten Spielen beweisen, was in dir steckt.“

0:7 ODER 0:8 – NUR DAS IST DIE FRAGE

Pál Csernai hat angemessen und psychologisch geschickt reagiert. Das sage ich heute. Aber damals in der Kabine in Bremen war die Situation für mich nicht leicht, und ich hatte noch eine zweite Halbzeit zu spielen und das Presseecho vor mir. In dieser Situation erwies sich einmal mehr, wie wichtig der konstruktive Umgang mit problematischen Ereignissen und leidvollen Erfahrungen ist, vor allem für einen Sportler. Eine starke Mentalität sowie die Kraft und Überzeugung, schwierige Situationen und Herausforderungen als Chancen zu begreifen, sich weiterzuentwickeln, gehören dazu. Im Fußball und im Sport, aber auch im Leben insgesamt.

Jetzt muss ich auf die Verletzung zu sprechen kommen, die mich seit der Weltmeisterschaft in Spanien plagte. Denn sie sorgte auch dafür, dass die Vorbereitung auf die Münchner Herausforderung und die Eingewöhnungszeit beim FC Bayern zusätzlich erschwert wurde. Bestimmt fragst du dich jetzt, wie es zu dieser Verletzung gekommen ist.

Die belgische Nationalmannschaft bestritt 1982 das Eröffnungsspiel gegen den amtierenden Weltmeister, also gegen Argentinien, mit dem jungen Superstar Diego Maradona und dem Star-Nationaltrainer César Luis Menotti. Seinerzeit wurde eine Fußballweltmeisterschaft von dem jeweiligen amtierenden Weltmeister eröffnet. Belgien war der Gruppe 3 zugelost worden, zusammen mit Argentinien, El Salvador und Ungarn. Das Spiel fand in Barcelona im legendären Stadion Camp Nou vor 95.000 Zuschauern statt, Maradona war 1982 zum FC Barcelona gewechselt. Wir traten als belgische Underdogs gegen einen übermächtigen Gegner an, dessen bester Spieler vor seinem zukünftigen Heimatpublikum glänzen wollte. Niemand, aber auch wirklich niemand, räumte uns auch nur den Funken einer Chance ein, gegen Maradonas Argentinien, das als einer der Turnierfavoriten galt, bestehen zu können. Zumal für

Argentinien auch noch Mario Kempes stürmte, der sein Team bei der Weltmeisterschaft 1978 als „El Matador“, als „Der Vollstrecker“, mit sechs Toren zum Turniersieg im eigenen Land geschossen hatte.

„Das Spiel geht mit 0:7 oder 0:8 verloren“, sagten uns die Experten voraus. Natürlich stand ich als Torwart ganz besonders im Blickpunkt. Würde ich als Keeper sieben-, achtmal den Ball aus dem Netz fischen müssen? Würde es zu einer Blamage kommen?

IM GESPRÄCH MIT MEINEM PAPA

Wohl die meisten Menschen haben eine Instanz, eine Person oder einen Vertrauten, an den sie sich in besonders schwierigen, heiklen und herausfordernden Lebenslagen und Situationen wenden, um von dort Trost, Beistand und Unterstützung zu erhalten. Manche Menschen beten in solchen Situationen. Ich bin ebenfalls religiös und gläubig, auch wenn ich der Kirche in einigen Fragen kritisch gegenüberstehe. So habe ich zum Beispiel nie nachvollziehen können, dass Menschen, die sich das Leben genommen haben, früher kein kirchliches Begräbnis erhielten.

Insbesondere nach dem Tod meines Vaters begann ich, mich immer mehr Gott zuzuwenden. Und du weißt ja, dass ich mich in meinem Leben, auch in meinem sportlich-fußballerischen Leben, oft mit meinem verstorbenen Vater in Verbindung gesetzt habe. Ich habe ausführlich erzählt, wie er von uns gegangen ist, als ich erst zwölf Jahre alt war. Seitdem habe ich oft den Dialog mit meinem Vater gesucht. Und gefunden, das galt auch für das Eröffnungsspiel in Barcelona, bei dem uns so gut wie niemand etwas zugetraut hat. Allerdings: Mein Vater hat immer an mich geglaubt und mir vertraut; und ich habe ihm versprochen, alles zu tun, um ein guter Torwart zu werden. Dass mir dies gelungen ist, konnte und wollte ich an diesem 13. Juni 1982 im Camp Nou beweisen.

„Papa, kannst du mir helfen?“

„Lass alles auf dich zukommen, Jean-Marie. Bleib ruhig, konzentriere dich. Ich vertraue dir.“

95.000 Zuschauer, ein übermächtiger Gegner, Maradona, Kempes und Menotti – und Belgien gewinnt das Spiel mit 1:0. Jean-Marie-Pfaff, Maurice De Schrijver, Eric Gerets als Kapitän, Luc Millecamps, Marc Baecke, Guy Vandersmissen, Ludo Coeck, Franky Vercauteren, Jan Ceulemans, Alexandre Czerniatynski und Erwin Vandenbergh schlagen unter der Leitung von Trainer Guy Thys Maradona und Co. durch ein Tor von Erwin Vandenbergh in der 62. Minute nach einer weiten Flanke von links durch Franky Vercauteren.

EINE BELGISCHE STERNSTUNDE

Die Sensation ist perfekt, eine Sensation, zu der ich einen entscheidenden Beitrag leisten darf. An diesem Fußballabend gelingt mir einfach alles. Wenn du dir Filmaufnahmen von diesem faszinierenden Spiel anschaust, wirst du sehen, wie ich immer wieder hohe Bälle abfange, bei Eckbällen durch den Fünfmeterraum hechte, manchmal bei Flanken auch im Sechszehnmeterraum unterwegs bin und den Ball herunterpflücke. Natürlich, es gibt auch kleine Unsicherheiten, zudem haben wir Glück, als Argentinien nur die Latte trifft. Andererseits erspielen wir uns weitere Chancen. Jedenfalls ging das Eröffnungsspiel in die belgische Fußballgeschichte ein, und dazu haben meine Paraden und Reflexe und meine Strafraumbeherrschung beigetragen. Aber auch meine Mitspieler erlebten eine Sternstunde. Ludo Coeck etwa lieferte gegen Maradona eine Riesenpartie ab, ließ ihn nicht zur Entfaltung kommen und nahm den Superstar der Argentinier fast ganz aus dem Spiel.

Ob der Beistand durch meinen Papa eine Rolle gespielt und mir geholfen hat, Sicherheit, Ruhe und Souveränität auszustrahlen und das Selbstbewusstsein aufzubauen, das ich brauchte, um eine Topleistung abzuliefern? Ja, da bin ich mir ganz sicher.

Eine weitere meiner liebsten Erinnerungen an dieses Match hat weniger mit dem Spiel selbst zu tun. Ich durfte meine Torwarthandschuhe einem der Brüder von Maradona schenken. Das kam so: Dessen Familie wohnte in unserem Hotel, und der Bruder erwies sich als großer Fan von mir. Und als er mich um meine Torwarthandschuhe bat, musste ich nicht lange überlegen. Wahrscheinlich hat dies seinen berühmten Bruder aber nicht getröstet.

Denn für Maradona nahm das Turnier einen denkbar unglücklichen Verlauf. Zwar erreichte das favorisierte Team trotz der unerwarteten Niederlage gegen uns die Zwischenrunde. Dort jedoch schieden die Argentinier aus. Und Maradona flog im Spiel gegen Brasilien auch noch vom Platz! Seine große Zeit sollte vier Jahre später kommen. Und wiederum sollten bei dieser Gelegenheit der vielleicht weltbeste Fußballer und ich aufeinandertreffen.

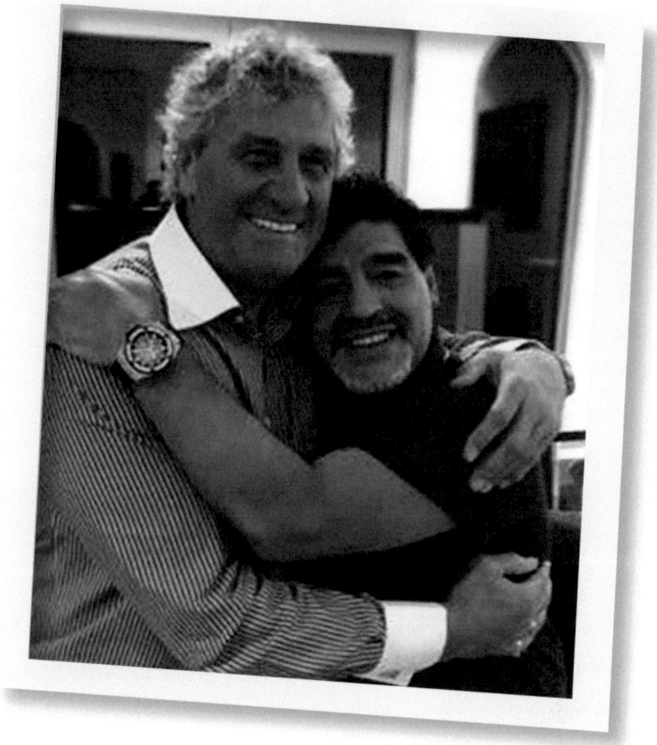

Weltklasse-Stürmer und Weltklasse-Torhüter: Maradona und Jean-Marie

Liebe Leserin, lieber Leser: Ich verlasse kurz den Pfad meiner Autobiografie. Denn während ich daran schreibe, Ende November, genauer: am 25. November 2020, erreicht auch mich die Nachricht, dass der vielleicht größte Fußballer der Welt uns verlassen hat. Er ist nun in Gottes Hand. Lieber Diego, ich bin stolz auf alle Spiele, die ich gegen und mit dir spielen durfte, ich bin stolz auf alle Begegnungen mit dir, die ich erleben durfte.

EIN ZUSAMMENSTOSS MIT SCHLIMMEN FOLGEN

Nach dem grandiosen Sieg gegen Maradonas Argentinien galten wir als Favorit für den Gruppensieg. Und tatsächlich – dies gelang uns. Allerdings durch ein eher qualvolles und mühsames 1:0 gegen El Salvador und ein 1:1 gegen Ungarn. Bei diesem entscheidenden Spiel – bei einer Niederlage wären wir aufgrund des schlechteren Torverhältnisses ausgeschieden – kam es zu einem fatalen Zusammenstoß, der gleich zwei unserer Leistungsträger schachmatt setzte. Und dazu gehörte leider auch ich.

In der 63. Minute musste unser Kapitän Eric Gerets das Spielfeld verlassen. Ich konnte weiterspielen. Was war passiert? Als ich eine weite Flanke der Ungarn abfangen wollte und aus dem Tor stürmte, um mir das runde Leder zu schnappen, stieß ich mit Eric zusammen und traf ihn unglücklich mit dem Knie am Kopf. Ich hatte zwar den Ball gefangen, fiel jedoch ebenso unglücklich auf die Schulter. Zu allem Überfluss traf mich danach ein Gegenspieler an derselben Stelle. Ich stöhnte auf vor Schmerzen, und Eric musste ausgewechselt werden. Bei ihm wurde eine Gehirnerschütterung diagnostiziert. Ich wollte ebenfalls ausgewechselt werden, sollte aber weiter- und durchspielen. Kurz vor Schluss wusste ich mir – auch wegen der Verletzung und der Schmerzen – nicht anders zu helfen, als László Fazekas zu foulen, um so eine Großchance der Ungarn zu vereiteln. Ich glaube, ich habe László Fazekas – der damals bei Antwerpen unter Vertrag stand – und den Ball fast aus dem Stadion getreten. Stolz war und bin ich darauf nicht. Der gelbe Karton, den mir der Schiedsrichter zeigte, war absolut gerechtfertigt. Aber es stand 1:1, ein Gegentor hätte das

WM-Aus bedeutet, wir standen in der Zwischenrunde. Aber um welchen Preis.

Danach war die Weltmeisterschaft für Eric Gerets und mich beendet. Bei den zwei Niederlagen in der Zwischenrunde gegen Polen (0:3) und gegen die Sowjetunion (0:1) stand jeweils ein Kollege im belgischen Tor, nämlich Theo Laurent Custers gegen Polen und Jacky Munaron gegen die Sowjetunion. Und Eric fehlte uns an allen Ecken und Enden. Es war klar, dass wir ohne zwei entscheidende Leistungsträger keine Chance auf ein Weiterkommen hatten.

FAST ERTRUNKEN

Beinahe wäre es nicht zu dem Wechsel nach München gekommen. Dafür trug ein Vorkommnis die Verantwortung, über das man fast lachen könnte, wenn es nicht so traurig gewesen wäre. Ich hatte in meiner Kindheit und Jugend nie das Schwimmen erlernt. Auch später bot sich nie die Gelegenheit dazu. Ich weiß nicht mehr, wie es dazu kam: Aber als wir vor dem Spiel gegen El Salvador in unserem Hotel am Swimmingpool lagen, um uns zu entspannen, kam der Radiojournalist Jan Wauters auf die fatale Idee, mir die erste Schwimmstunde meines Lebens zu geben. Vielleicht ritt mich der Teufel, jedenfalls war ich einverstanden.

Gesagt, getan. Ich machte mit Jans Hilfe die ersten Schwimmbewegungen, er hielt mich über Wasser, aber als wir in den Bereich des Beckens gelangten, in dem man nicht mehr stehen konnte, überfiel mich eine Panikattacke. Das können wahrscheinlich nur Menschen nachvollziehen, die ebenfalls nicht schwimmen können. Wir Nichtschwimmer haben das schreckliche Gefühl, es würde uns buchstäblich der Boden unter den Füßen weggezogen. Die Angst zu ertrinken nimmt überhand. Ich schlug in der Erwartung, mein letztes Stündlein habe geschlagen, heftig und unkontrolliert um mich, aber Jan erkannte den Ernst der Lage nicht. Im Gegensatz zu meinem Mitspieler Maurice de Schrijver, der richtig reagierte und mich aus dem Becken zog, bevor der Chlorcocktail dafür sorgen konnte, dass bereits im Spiel gegen El Salvador ein Kollege zwischen den belgischen Pfosten stehen musste.

Ich saß für längere Zeit in meinem Hotelzimmer und musste mich ständig übergeben, teils wegen des Chlors, teils wegen des Schocks. Jan Wauters bat mich um Entschuldigung, aber von Schuld konnte gar keine Rede sein, es handelte sich schlicht und einfach um ein blödes Missverständnis. Wenn das Ganze etwas Gutes hatte, dann ist mein Rat an jedes Kind, frühzeitig das Schwimmen zu erlernen!

PROFESSIONALITÄT AUF ALLEN EBENEN

Die Weltmeisterschaft, die mit dem Eröffnungsspiel gegen Argentinien so hoffnungsvoll begonnen hatte, endete also mit Enttäuschungen für mich: Da war zum einen der schmerzhafte Zusammenstoß mit Eric Gerets und zum anderen unser Ausscheiden. Die Verletzung an der Schulter erwies sich für mich als nicht unproblematisch, denn es war vertraglich festgelegt, dass der Wechsel zum FC Bayern an einer Verletzung hätte scheitern können. Du erinnerst dich: Die Bayern hatten die Bedingung gestellt, dass ich gesund von der Weltmeisterschaft zurückkehren würde. Andererseits: Wer verzichtet ohne Not auf einen Toptorwart, eine Verletzung lässt sich schließlich auskurieren.

Die Verletzung wirkte sich negativ auf die Vorbereitungszeit aus, ich war einfach nicht 100-prozentig fit. Hinzu kam, dass Dr. Müller-Wohlfahrt bei mir einen beginnenden Leistenbruch feststellte – ich war doppelt gehandicapt. Trotz der Behandlungen und zahlreicher Spritzen wollte sich keine entscheidende Besserung einstellen. Es war frustrierend. Denn die Eingewöhnungszeit in München lief ansonsten sehr positiv ab. Ich war tief beeindruckt von den fantastischen Trainingsbedingungen und der unbedingten Professionalität, die sich in allen Bereichen zeigte, vor allem im sportlichen Bereich. Die medizinische Versorgung war einfach klasse, auf dem weitläufigen Trainingsgelände und den Fluren der Vereinsgebäude konnte ich mich schon einmal verlaufen – ohne Kompass und Landkarte ging es nicht, so riesig war alles. Ich spürte immer und überall, in jeder Begegnung, in jedem Gespräch, bei jeder Trainingseinheit, dass die Verantwortlichen in München den Erfolg wollten. Darum verlangten sie von den Spielern einiges, der Trainingsrhythmus und die Anforderungen in den Übungseinheiten waren enorm. Auf der anderen Seite sorgten sie dafür, dass wir uns auf das Wesentliche konzentrieren konnten, den Fußball. Vieles von dem, um das ich mich in Beveren selbst kümmern musste, wurde mir hier abgenommen, das begann schon bei der Pflege der Schuhe und der Handschuhe, die es in Hülle und Fülle gab. Trotzdem ließ ich es mir nicht nehmen, die mir wichtigen Dinge – vor allem die Handschuhe – vor einem Spiel höchstpersönlich auf ihren Einsatz vorzubereiten.

Im Vergleich zu der Situation in Beveren fehlte es in München jedoch an der Ungezwungenheit und Leichtigkeit, hier war alles ernster, größer, bedeutender, aber eben auch professioneller und hochwertiger. Alles spielte sich auf einem sehr hohen Niveau ab, an das ich mich erst einmal gewöhnen musste. Auch die viele Fliegerei, die wegen der Vorbereitungsspiele und einiger Werbeaktivitäten erforderlich war, fiel mir zu Beginn schwer. Es war vor allem Bayerns damaliger Kapitän Paul Breitner, der mir Mut zusprach und mir überdies versicherte, dass mir die wirklich wichtigen Leute alles Gute wünschten, auch wenn in den Zeitungen zuweilen etwas anderes stand. Nicht jeder in München zeigte sich restlos davon überzeugt, dass der FC Bayern mit meiner Verpflichtung alles richtig gemacht hatte. Hinzu kam der Erwartungsdruck, die Ikone und Legende Sepp Maier zu ersetzen. „Es liegt an dir, die Menschen schnell von dir zu überzeugen und sie für dich zu gewinnen, nämlich durch Leistung“, sagte Paul zu mir, „dann sind sie auch nicht mehr so kühl und distanziert.“ Das motivierte mich, denn von einem war ich vollkommen überzeugt: Ich hatte die Klasse und die Qualität, bei diesem Weltverein erfolgreich zu sein und mich durchzusetzen.

Und auch in Unterhaching stand es zum Besten. Carmen, die Kinder und ich lebten uns ein, ein freundlicher Nachbar brachte uns die ersten Wörter Deutsch bei, wobei wir uns zunächst auf die wichtigen Wörter wie „Ja“, „Nein“, „Danke“ und selbstverständlich – ohne Weizenbier läuft in München wenig – „Ein großes Weißes, bitte“ konzentrierten.

Also alles gut – wenn da nur nicht diese Verletzungen an der Schulter und in der Leiste gewesen wären.

STOLPERSTART MIT SCHMERZLICHEN HINDERNISSEN

Diese Verletzungen verhinderten den optimalen Verlauf meiner Eingewöhnungs- und Vorbereitungszeit. Hinzu kamen weitere Probleme: So hatte der Weltfußballverband FIFA die Regel eingeführt, dass der Torwart den Ball nicht länger als drei Sekunden in den Händen halten darf. Er muss den Ball recht schnell abschlagen, so sollte das Zeitspiel verhindert und das Spiel schneller gemacht werden. Selbstverständlich kannte ich die Regel. Bei einem Vorbereitungsspiel gegen Standard Lüttich jedoch nahm ich den Ball auf und überlegte hochkonzentriert, wem ich den Ball zuwerfen oder zuspielen sollte. So hielt ich das Spielgerät zu lange in den Händen – die Folgen: ein Freistoß sechs Meter vor dem Tor, ein Gegentreffer, eine 0:1-Niederlage. Ein Albtraum für mich, der darauf brannte, sich zu bewähren, sich durchzusetzen und keinen Fehler zu machen. Und dann so etwas!

Bei einem Vorbereitungsturnier schließlich kassierte ich so viele Gegentore, dass ich an mir zu zweifeln begann. Und vielleicht weißt du, was Selbstzweifel für einen Sportler, gar für einen Leistungssportler bedeuten. Wer einmal an dem Selbstzweifel-Cocktail geschnuppert oder gar einen Schluck davon getrunken hat, ahnt, was passiert: Bei mir setzte sich eine sich selbst erfüllende Prophezeiung in Bewegung: „Ich kann das nicht mehr, ich schaffe das nicht", dann unterlief mir ein Fehler, dann noch einer, die Fehler bestätigten und verstärkten die Selbstzweifel, ich spürte: Ich war nicht mehr der Jean-Marie von Beveren, ich war nicht mehr der Jean-Marie von der Weltmeisterschaft in Spanien. Und immer wieder diese stechenden Schmerzen in der Leistengegend, in der Schulter.

Und auf der Ersatzbank warteten schon die Wettbewerber um die Nummer-1-Position im Tor.

Schließlich flogen wir zu einem international besetzten Turnier nach La Coruña. Die Gegner kamen zum Beispiel aus Barcelona und Kiew, große Hausnummern also. Tropische Temperaturen, ein ungewöhnlich harter Platz, nachts die Mücken, die mich nicht in den Schlaf finden ließen, die pochenden Schmerzen – der Trainer, Pál Csernai, wechselte mich aus, mein Blick in die fragenden Gesichter, in die zweifelnden Mienen ...

Und dann – ich habe es bereits erzählt – das erste Bundesligaspiel in Bremen und der Einwurf von Uwe Reinders. Der Druck wuchs ins Unermessliche.

DIE RÜCKKEHR ZUR ALTEN STÄRKE

Ich kannte diesen Druck, etwa von der Nationalmannschaft, weil ich als Spieler eines kleinen Klubs anfangs der Kofferträger sein sollte und mich erst durchsetzen musste. Und auch jetzt, in München nach all den Startschwierigkeiten, galt: Ich musste ruhig bleiben, an mich selbst glauben, mich auf die Menschen stützen, die mir vertrauten, und vor allem den Rückhalt genießen, den mir meine Familie gab. Und so gelang es mir Schritt für Schritt, mit meinen Selbstzweifeln klarzukommen, sie zurückzudrängen und zu besiegen. Die Leistungen verbesserten sich, die Verletzungen waren fast auskuriert, das Selbstbewusstsein kehrte langsam, aber sicher zurück.

Im Zusammenhang mit dem Reinders-Tor verdeutlichte ich mir nochmals, dass der ärgerliche Gegentreffer nicht durch einen Fehler von mir entstanden war. Und so gelang mir nur

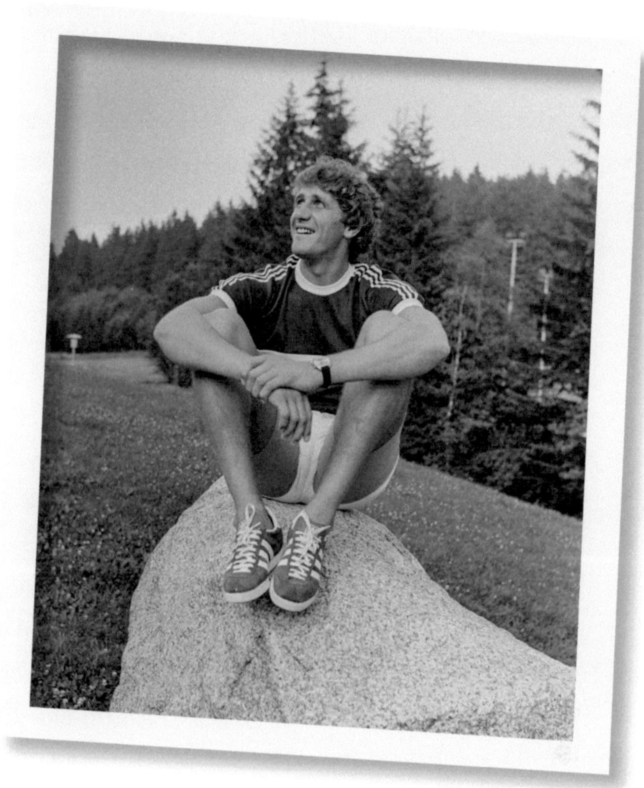

Optimistisch in die Zukunft schauen und für den Erfolg kämpfen – das gilt auch für die Zeit in München.

drei Tage nach dem Spiel in Bremen vor heimischem Publikum ein ziemlich souveränes Spiel gegen Fortuna Düsseldorf. Das Publikum im Olympiastadion jubelte: „Jean-Marie, Jean-Marie!", die Fans verhielten sich einfach großartig. Da wusste ich, dass ich nicht allein war.

Ich wusste es damals noch nicht: Aber ich würde mich durchsetzen, die Menschen würden mich respektieren und lieben, ich würde sechs Jahre lang erfolgreich im München das Tor hüten, ich würde Titel holen, ich würde zum Welttorhüter gewählt werden, zum besten Torhüter der Welt. Mein Horoskop, aus dem hervorging, dass ich ein „Star" werden und ein großes Publikum begeistern würde, würde recht behalten. All dies war mir damals noch nicht bewusst. Aber ich spürte deutlich, es würde ab jetzt aufwärts gehen.

SHOWDOWN IM OLYMPIASTADION

Zwar liefen die nächsten Bundesligaspiele für mich recht erfolgreich, ich erinnere mich aber, dass für das Gefühl, mit dem Wechsel nach München die richtige Entscheidung getroffen zu haben, noch irgendetwas fehlte. Das jedoch änderte sich durch jenen Kaltz-Elfmeter am neunten Spieltag im Oktober 1982.

Das Spiel gegen die Hamburger galt als die große Auseinandersetzung zwischen den Meisterschaftsfavoriten. Der HSV und wir lagen punktgleich hinter dem VfB Stuttgart auf Platz zwei und drei. Die Hamburger mit Felix Magath, Horst Hrubesch, Manfred Kaltz, Jimmy Hartwig und Uli Stein sowie mit Ernst Happel als Trainer der Extraklasse waren in der ersten Halbzeit durch Tore von Jürgen Milewski und Horst Hrubesch in Führung gegangen, aber Paul Breitner per Foulelfmeter und Karl-Heinz Rummenigge konnten in der zweiten Halbzeit für den Ausgleich sorgen. Danach verlief das Spiel mit Vorteilen für die Hamburger, bis es in der vorletzten Minute zu jenem Elfmeterpfiff durch Walter Eschweiler kam, nachdem unser Verteidiger Udo Horsmann – wie es später in der Presse hieß – im Stile eines Volleyballspielers dem Ball hinterherhechtete und ihn mit der Hand berührte. Vermutlich mit der

Hand berührte! Ich habe schon erzählt, dass der Elfmeterpfiff umstritten war; wer weiß, wie sich Walter Eschweiler entschieden hätte, hätte es damals schon den Videoschiedsrichter und den Videobeweis gegeben. Der Videobeweis mag ab und zu mehr Gerechtigkeit ins Fußballspiel bringen, aber wir hätten viele tolle Fußballmomente verpasst, wenn es ihn schon früher gegeben hätte. So auch an diesem Tag in München.

Die langen Minuten, die bis zur Ausführung des Elfmeters vergingen, hatten es jedenfalls in sich. Tumultartige Szenen, und mittendrin Paul Breitner und ich:

„Jean-Marie, der Manni Kaltz schießt den Ball immer rechts von dir. Ich rate dir, nach rechts zu gehen."

„Okay, lieber Paul, aber ich habe da so meine eigenen Vorstellungen!"

Das dachte ich aber nur, gesagt habe ich es nicht, denn was Paul Breitner damals von sich gab, galt als unumstößliche Wahrheit und musste eigentlich als Befehl verstanden und befolgt werden. Ich hatte aber meinen eigenen Kopf und meine kleinen Tricks bei Elfmetern. Ich ging zum Beispiel ein kleines Stück nach rechts, immer von mir aus gesehen, und bot dem Schützen meine linke Seite an, manchmal agierte ich umgekehrt und bot meine rechte Seite an. Jetzt aber, in diesem Hexenkessel, lockte ich den todsicheren Schützen Kaltz in die linke Ecke. Ob sich Manfred Kaltz durch das Gespräch zwischen Paul Breitner und mir hatte verunsichern lassen? Keine Ahnung. Immerhin kannten sich die beiden jahrelang: „Welchen Tipp hat der Paul wohl dem Jean-Marie Pfaff gegeben?", so vielleicht seine Überlegung. Und wir wissen ja, was passiert, wenn Fußballer anfangen zu denken, vor allem in spielentscheidenden Momenten.

Jean-Marie Pfaff: ein Star zum Anfassen

Jean-Marie Pfaff galt und gilt stets als Spieler und Mensch zum Anfassen und ehrlicher Junge. In einem Interneteintrag erinnert sich ein Fan an seine Begegnung mit der Torhüterlegende:

„Ja, Freunde, das waren noch Zeiten … Und dabei habe ich noch eine sehr schöne Erinnerung von Jean-Marie Pfaff: Als er am 08. Juni 2005 in Herbesthal in dieser Bäckerei für eine Autogrammstunde anwesend war (das war eine Werbung für eine bestimmte Brotsorte), hatte ich die große Freude und Ehre, mich ca. zehn bis zwölf Minuten (!) mit ihm an einem Tisch zu unterhalten. Wir haben über alles (…) Mögliche gesprochen. Er hat mir auch viel über seine Zeit bei Bayern München erzählt und natürlich von der WM. Eine meiner schönsten Erinnerungen (von vielen bestaunt !!!) hängt noch heute bei mir: ein großes Poster von ihm mit dem handgeschriebenen (!) Text: „avec sympathie pour mon ami (dann folgt mein echter Name): Jean-Marie“. Dann noch seine Unterschrift. Dann haben wir noch Fotos (draußen) von Jean-Marie (mit mir samt Hund) gemacht. Ein Super-Mensch, ein Super-Sportler. Und ein großer Hundefreund.“

Quelle: https://ostbelgiendirekt.be/10-sieg-gegen-argentinien-1982-video-177282#comment-208272

Auf jeden Fall halte ich den Ball, er ist schwach geschossen – und Manfred Kaltz visiert die linke Ecke an und nicht die, wie Paul Breitner es vorhergesagt hatte, rechte Ecke.

Gar nicht auszudenken, was passiert wäre, hätte Kaltz „seine“ gewohnte Ecke gewählt. Ich hätte dem großen Paul Breitner widersprochen, hätte nicht auf ihn gehört, wäre vielleicht der Schuldige an der Niederlage gewesen. So jedoch hatte ich einmal mehr mein eigenes Ding gemacht, meinem Bauchgefühl und mir selbst vertraut und meine mentale Stärke, die ich insbesondere meinem Vater zu verdanken habe, genutzt, um in dieser Situation zu bestehen. Ich war zum ersten, aber nicht zum letzten Mal „der Held von München“. „Die große Stunde des Jean-Marie Pfaff hat geschlagen“, so hieß es später in den Berichten.

Und jetzt weißt du auch, warum es in der Überschrift zu diesem Kapitel heißt: „Erst nach dem Kaltz-Elfmeter bin ich so richtig in München angekommen.”

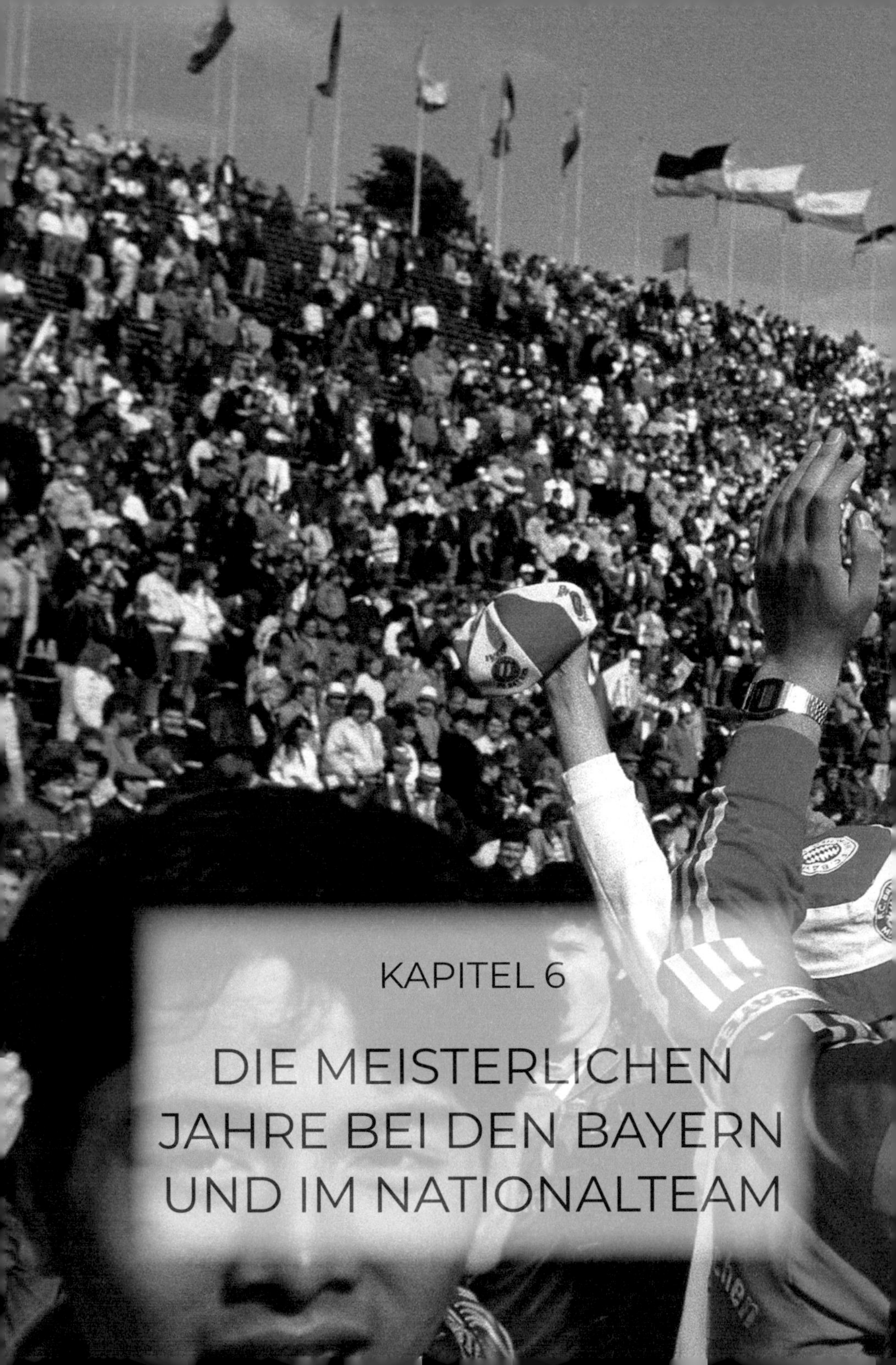

KAPITEL 6

DIE MEISTERLICHEN JAHRE BEI DEN BAYERN UND IM NATIONALTEAM

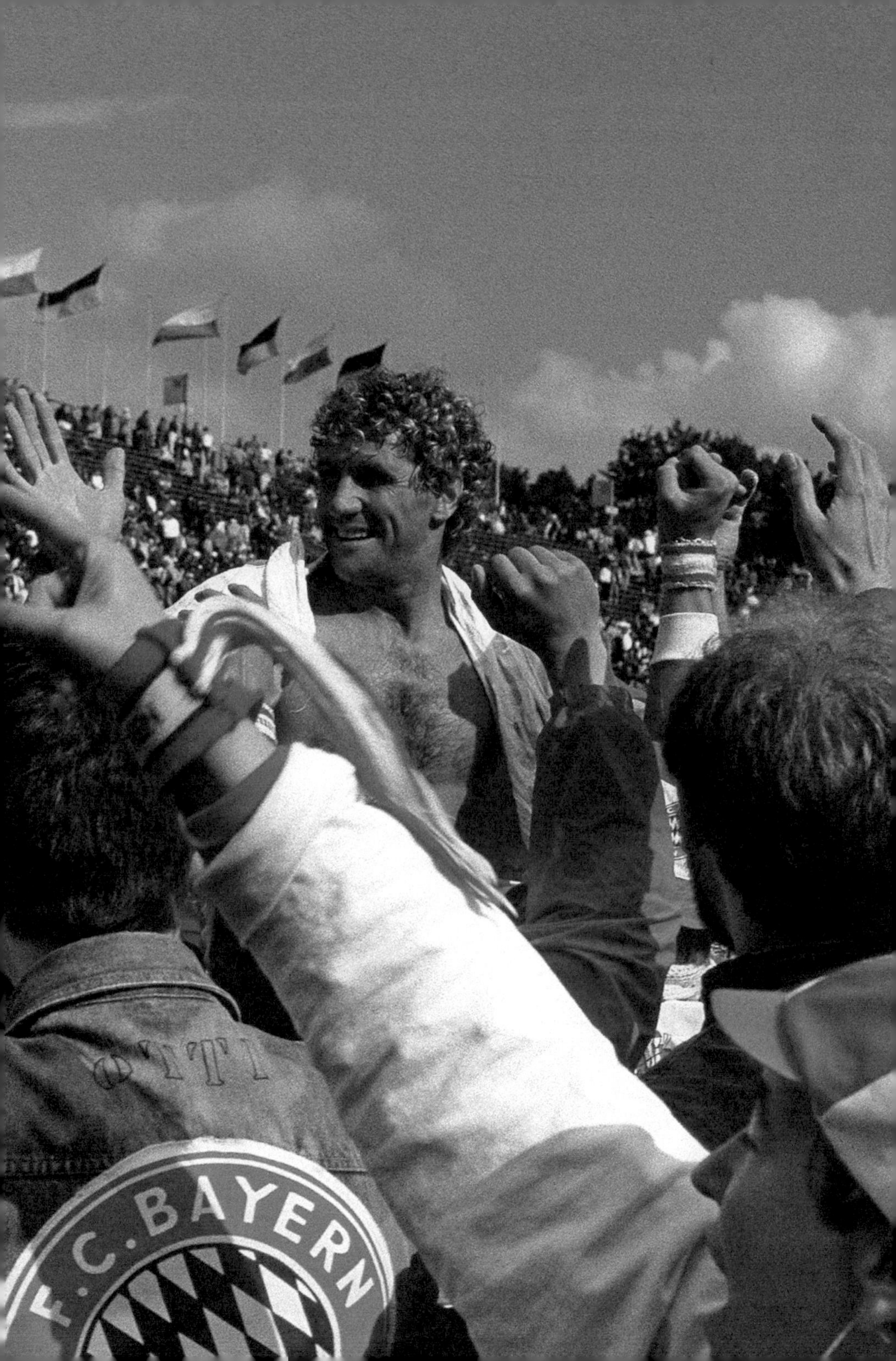
F.C. BAYERN

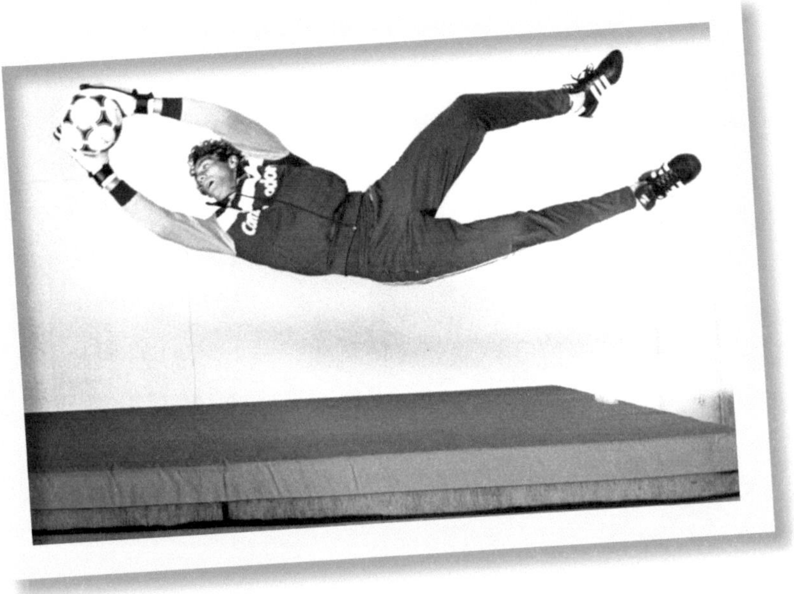

Top-Paraden für Belgien und Bayern München:
Jean-Maries beste Jahre als Torwart

Nach dem gehaltenen Kaltz-Elfmeter stand für mich fest: Ich war endgültig angekommen in der bayerischen Landeshauptstadt, meine Karriere bei den Bayern konnte nun so richtig durchstarten. Nach den anfänglichen Schwierigkeiten blickte ich jetzt voller Zuversicht in die Zukunft. Von entscheidender Bedeutung für mich war: Die Fans standen hinter mir, allerdings: Die so heiß ersehnte Meisterschaft blieb uns in der Saison 1982/1983 leider verwehrt. Deutscher Meister wurde der Hamburger SV, der sich, punktgleich vor Werder Bremen, aufgrund des besseren Torverhältnisses die Meisterschaft sichern konnte. Der FC Bayern landete lediglich auf dem vierten Tabellenplatz, aber ich durfte mich zumindest darüber freuen, dass wir zusam-

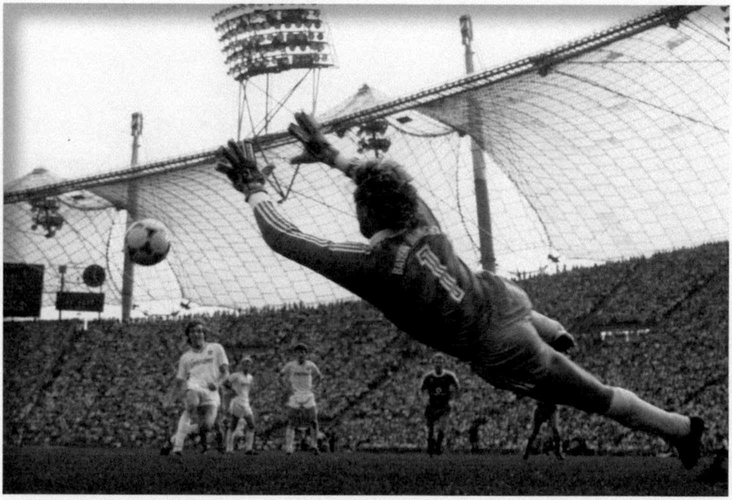

Elfmeter – die größte Herausforderung für einen Torhüter

men mit den Hansestädtern die wenigsten Gegentore kassiert hatten, nämlich 33. Ich musste am Ende meiner ersten Bundesligasaison bei 27 Einsätzen nur 26-mal den schlimmsten Moment eines Torwarts ertragen und den Ball hinter mir aus dem Netz fischen. Trotzdem war es äußerst unbefriedigend, in meinem ersten Bayern-Jahr die Meisterschaft und den Pokalsieg verpasst zu haben. Das sollte sich jedoch rasch ändern.

Nicht, dass du glaubst, ich wüsste all diese Daten, Zahlen und Fakten tatsächlich noch auswendig. Heutzutage können wir all diese Angaben rasch und problemlos im Internet nachschauen und recherchieren. Woran ich mich aber sehr gut erinnere, ist ein Spiel, in dem wieder ein Elfmeter eine tragende Rolle spielen sollte.

ELFMETER PFLASTERN MEINEN WEG

Ein schlauer Mensch hat einmal ausgerechnet, dass in der Bundesliga 67 Prozent aller Elfmeter gegen mich nicht verwandelt wurden (zehn von 15) – kein anderer Bundesliga-Keeper, der mindestens zehn Elfmeter gegen sich hatte, kommt auf eine solche Quote.

Über Elfmeter habe ich mich immer gefreut, denn dann kam ich groß ins Bild und stand im Mittelpunkt des Geschehens. Das habe ich einmal zu meiner Frau Carmen gesagt und zum Teil scherzhaft gemeint. Denn andererseits sind solche Elfmetersituationen für den Schützen und den Torwart stets sehr einsame Momente. In solchen Augenblicken entscheidet sich oft nicht nur der Ausgang eines Spiels, sondern manchmal der Ausgang einer gesamten Saison. Bestes Beispiel dafür ist der verschossene Elfmeter von Michael Kutzop im Spiel von Werder Bremen gegen uns am vorletzten Spieltag der Saison 1985/1986, der es dem FC Bayern dann doch noch ermöglichte, Deutscher Meister zu werden. An Michael Kutzop erinnern sich viele Fußballfans vor allem wegen dieses verschossenen Elfmeters.

Meine Geschichte ist auch eine Geschichte gehaltener und abgewehrter Elfmeter und eine Geschichte spannender Spiele, die erst im Elfmeterschießen entschieden wurden. Immer wieder habe ich es erlebt, dass und wie ein Schütze, der einen Elfmeter verschießt, und ein Torwart, der einen Schuss von dem gefürchteten Punkt parieren konnte, innerhalb weniger Sekunden zu tragischen oder gefeierten Helden wurden. Aber das UEFA-Cup-Spiel gegen PAOK Saloniki 1983 setzte dem Ganzen noch die Krone auf. Denn dieses Spiel ging in die

Bayern-Annalen ein, weil ich in diesem Match nicht nur zwei Elfmeter parieren, sondern im Elfmeterschießen den entscheidenden Ball zum 9:8 verwandeln konnte. Nach Hin- und Rückspiel hatte es 0:0 gestanden, und darum musste im Rückspiel in München das Elfmeterschießen über Sieg und Niederlage entscheiden.

EIN TORWART ALS ELFMETER-HELD – ABER IN EINER AUSSERGEWÖHNLICHEN ROLLE

Ich war eigentlich nie ein richtig guter Feldspieler. Im Training haben wir oft „Fünf gegen Zwei“ gespielt, jeder Fußballer kennt das. „Fünf gegen Zwei“ wird oft gespielt, um sich warm zu machen und um Ballsicherheit zu gewinnen. Fünf Spieler stehen außen, in der Mitte zwei. Die fünf Sportkameraden spielen sich den Ball zu, oft direkt oder mit nur ein oder zwei Ballkontakten. Wenn einer der zwei Sportkameraden in der Mitte das runde Leder erobert, darf er nach außen wechseln, der Spieler, der den Fehlpass gespielt hat, muss in die Mitte. Es gibt zahlreiche Abänderungen des Spiels; entscheidend dabei ist, dass ich oft in dem Zweierteam war, weil ich recht oft den Ball verloren habe. Zuweilen habe ich überlegt, ob es nicht besser ist, es ganz sein zu lassen und sich nicht an dem „Fünf gegen Zwei“-Spiel zu beteiligen, weil wir für jedes Mal Tunneln zehn Mark in die Mannschaftskasse zahlen mussten. Ihr kennt das Tunneln: Dabei spielt ein Spieler seinem Gegenspieler den Ball zwischen den Beinen, zwischen „den Hosenträgern“ durch. Das wurde auf Dauer so richtig teuer für mich, weil mich die Kollegen des Öfteren „getunnelt“ haben. Für die

Kameraden ist das recht lustig, aber für den getunnelten Spieler hält sich der Spaß in Grenzen.

Umso überraschter war ich, als es damals im Spiel gegen Saloniki hieß, dass ausgerechnet ich, der eher unbegabte Feldspieler Jean-Marie Pfaff, einen Elfmeter schießen sollte. Wie konnte ich nur in solch eine Situation geraten? Was war passiert? Nun, ganz einfach: Alle anderen Schützen hatten schon geschossen. Und so geschah es, dass an diesem ungemütlichen Novembertag, der so verdammt kalt war, nur noch ich, der nie zuvor einen Elfmeter geschossen hatte, in diesem entscheidenden Moment im Shoot-out als Elfmeterschütze infrage kam.

Plötzlich stand unser Trainer Udo Lattek vor mir und sagte: „Jean-Marie, du musst schießen. Du schaffst das!" Ein Schock. Unser Ersatzkeeper Manfred Müller, ein unheimlich netter Kollege, der für mich ein wahrer Torwartfreund war, sprach mir Mut zu. „Wenn du den verwandelst, bist du der Größte!", so Udo Lattek.

Trainer der Griechen war Pál Csernai, der kurz zuvor noch als Bayern-Trainer aktiv gewesen war. Die Vereinsführung trennte sich damals vor dem Ablauf der Saison 1982/1983 von dem ungarischen Trainer, der den FC Bayern 1982 ins Finale des Europapokals der Landesmeister geführt hatte. In Rotterdam mussten sich die Münchner Aston Villa mit 0:1 geschlagen geben. 1983 übernahm Csernais Assistent Reinhard Saftig kurzzeitig den Trainerstab, bevor schließlich Udo Lattek für das Traineramt in der Isar-Metropole verpflichtet wurde. So sahen an jenem ungemütlichen UEFA-Cup-Abend gleich zwei Trainer, die ich sehr gut kannte, wie ich eine ungewöhnliche und schwierige Situation zu bewältigen hatte.

Um diese Herausforderung zu meistern, habe ich wieder an meinen Papa gedacht und mir bei ihm die notwendige mentale Unterstützung geholt, um tief durchzuatmen und den Elfmeter tatsächlich zu verwandeln. Wenn du dir das entsprechende Video auf Youtube anschaust, erkennst du, wie ich kurz vor der Ausführung die Arme hinter dem Rücken verschränke, auf den Boden schaue, um mich zu konzentrieren, mit meinem Papa Kontakt aufnehme, mich konzentriere – und verwandle. Riesengroßer Jubel! So hatte ich dabei geholfen, eine schmerzliche Niederlage zu verhindern.

DER DREIFACH-HELD VON MÜNCHEN

Wenn dir so etwas gelingt, bist du sehr stolz auf dich und sehr glücklich. Das galt damals für mich ganz besonders, weil meine Mama auf der Tribüne des Olympiastadions saß und das intensive Elfmeterdrama live mitverfolgen konnte. Mein Vater und meine Mutter und meine Familie waren in diesem fantastischen Fußballmoment ganz nah bei mir. Wenn ich heute daran zurückdenke, läuft mir immer noch ein eiskalter Schauer über den Rücken und vor lauter Emotionen bekomme ich eine Gänsehaut.

Das Elfmeterschießen verlief aus einem weiteren Grund kurios. Der englische Schiedsrichter Alan Robinson ließ gleich dreimal einen Elfmeter wiederholen, weil wir Torhüter uns zu früh bewegt hatten. Besonders krass war das bei dem ersten Elfer, den Klaus Augenthaler schoss.

Also: Klaus läuft an – gehalten. Wiederholung. Klaus schießt nochmals, gehalten. Und dann lässt Robinson noch einmal

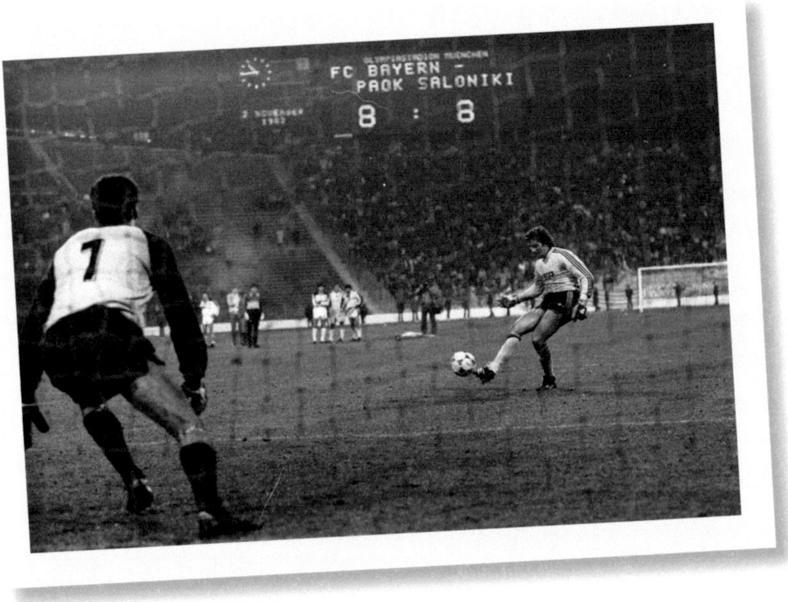

Der Torwart als Torschütze – Jean-Marie verwandelt gegen Saloniki einen Elfmeter.

wiederholen – und der dritte Versuch von „Auge“ landet endlich im Tor. Schließlich pfiff der Referee auch noch den von mir gehaltenen Elfer von Vasilis Vasilakos zurück, der im zweiten Versuch doch noch erfolgreich war.

Zurück zu meinem verwandelten Elfmeter: Ich bin damit der erste Torhüter, der seit der Bundesligazugehörigkeit des FC Bayern München ein Pflichtspieltor für den Klub erzielen konnte. In der Folge wurde ich an diesem Abend gleich als dreifacher Held bejubelt. Denn beim Stand von 4:3 für die Griechen hätte Ioannis Damanakis alles klarmachen können, doch ich reagierte goldrichtig und wehrte seinen Schuss ab. Der Fernsehreporter – ich glaube, es war Eberhard Stanjek –

sprach von einer „großartigen Szene von Jean-Marie Pfaff“ und fühlte sich an den abgewehrten Kaltz-Elfmeter erinnert. Und als es 8:8 stand, konnte ich erst gegen Kostas Malioufas als Elfmetertöter und danach als Torschütze gegen den Saloniki-Keeper Mladen Furtula glänzen.

Nun gut: Torschützenkönig bin ich aber dennoch nie geworden …

DER ERSTE TITEL: WIR GEWINNEN DEN DFB-POKAL

1984 ist es endlich so weit: Ich stehe zum ersten Mal in meiner Karriere auf dem Rathausbalkon des Münchner Marienplatzes, die Menge jubelt uns zu. In meiner Karriere sollte dies insgesamt fünfmal der Fall sein – fünf unvergessliche Momente, die ich zwei Pokalsiegen und drei Meisterschaften mit dem FC Bayern München verdanke. Aber natürlich haftet dem ersten Mal etwas Besonderes an, ein außergewöhnliches Flair, eine beglückende Atmosphäre und Aura, die nur derjenige nachempfinden kann, der schon einmal dort oben gestanden und mit den Münchner Honoratioren und den Tausenden von Fans gefeiert hat.

Zu diesen Honoratioren zählte zum Beispiel Bayerns damaliger Ministerpräsident Franz Josef Strauß, mit dem ich mich unter anderem über die Schwierigkeiten von Kindern unterhalten habe, die prominente Eltern haben. Das traf auf Franz Josef Strauß ebenso zu wie auf mich. Wenn der Politiker Strauß oder der Fußballer Pfaff im Fokus der Öffentlichkeit standen und insbesondere Kritik über sich ergehen lassen mussten, hatten dies stets auch unsere Kinder auszubaden. Die Söhne

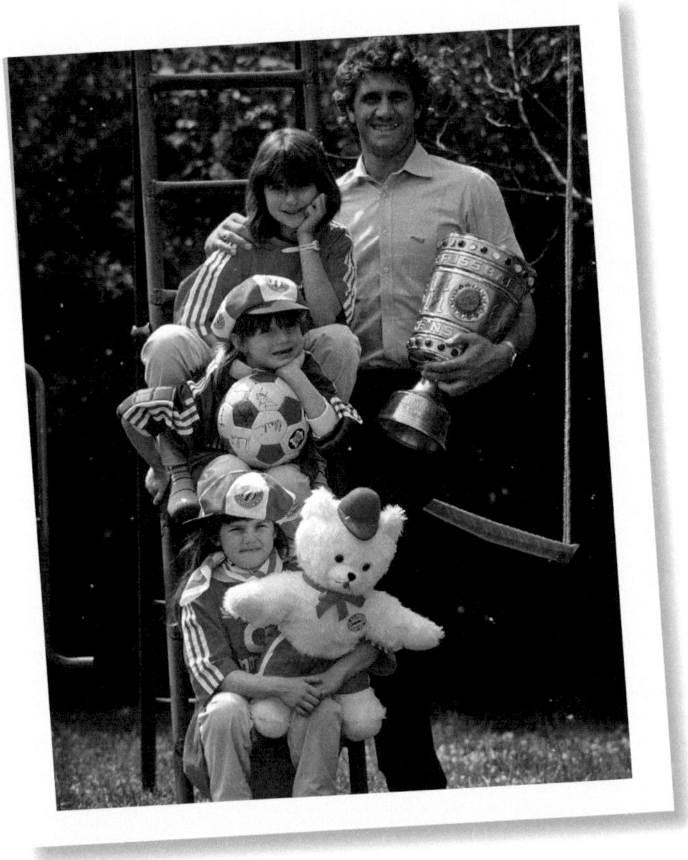

Jean-Maries ganzer Stolz: Familie – Fußball – Sieg – Pokal

und die Tochter von Franz Josef Strauß sind ebenso bodenständig erzogen worden und aufgewachsen wie Carmens und meine Töchter Debby, Kelly und Lyndsey.

Wir hatten damals im Jahr 1984 nach einem dramatischen Elfmeterschießen das Finale im DFB-Pokal gegen Borussia Mönchengladbach gewonnen. Es war das erste Pokalfinale, das auf diese Weise vom Punkt aus entschieden wurde. Und das mit einem spannenden Verlauf, der seinesgleichen sucht:

Nach der regulären Spielzeit und der Verlängerung hatte es im Frankfurter Waldstadion 1:1 gestanden. Das Elfmeterschießen ist vielen Menschen in Erinnerung geblieben, weil Lothar Matthäus, der damals bei Mönchengladbach spielte, vor seinem Wechsel zum FC Bayern stand und den ersten Elfer schoss – und verschoss. Die Medien sprachen damals von Lothar Matthäus' Finaltränen. Ausschlaggebend für unseren Sieg war aber, dass Norbert Ringels gegen mich antrat und nur den Pfosten traf, bevor Michael Rummenigge zum 7:6-Sieg für uns verwandeln konnte.

Es war das letzte Pokalfinale, das nicht in Berlin ausgetragen wurde. Seit 1985 findet das Endspiel im Berliner Olympiastadion statt – im ersten Finale in Berlin traten wir mit dem FC Bayern gegen das Überraschungsteam aus Uerdingen an. Bayer 05 Uerdingen schaffte als Underdog die Sensation und schlug uns mit 2:1. Damals stand ein Kollege zwischen den Pfosten, ich war leider verletzt. Ich hatte mir den kleinen Finger gebrochen und überdies wurde ich von einer Blinddarmentzündung niedergestreckt, die mir auch noch einen Krankenhausaufenthalt einbrachte. Nein, dieses Jahr 1985 stand nicht immer unter einem günstigen Stern.

„DIE ANGST DES TORMANNS BEIM ELFMETER“

Es sind vor allem die Elfmeterschießen wie das von 1984 im Finale des DFB-Pokals gegen Borussia Mönchengladbach, die mich an die Angst des Tormanns beim Elfmeter denken lassen. „Die Angst des Tormanns beim Elfmeter“ ist eine bekannte Erzählung von Peter Handke, der 2019 den Nobelpreis für

Literatur erhielt. Am Ende seiner Erzählung beobachtet Josef Bloch, ein ehemals bekannter Torwart, ein Elfmeterschießen: „‚Der Tormann überlegt, in welche Ecke der andere schießen wird', sagte Bloch. ‚Wenn er den Schützen kennt, weiß er, welche Ecke er sich in der Regel aussucht. Möglicherweise rechnet aber auch der Elfmeterschütze damit, daß der Tormann sich das überlegt. Also überlegt sich der Tormann weiter, daß der Ball heute einmal in die andere Ecke kommt. Wie aber, wenn der Schütze immer noch mit dem Tormann mitdenkt und nun doch in die übliche Ecke schießen will? Und so weiter, und so weiter.'"

Herrlich, diese Beschreibung der Elfmetersituation, auf die mich ein Freund aufmerksam gemacht hat. Sie liest sich, als ob Peter Handke jeden Tag zwischen den Torpfosten stehen würde. Josef Bloch gibt die verqueren Überlegungen, die dem Torwart und dem Schützen durch den Kopf jagen, wunderbar wieder. Und das Besondere solch einer Situation wiederholt sich in einem Shoot-out für den Torhüter ja mindestens fünfmal! Gegen Saloniki war es noch viel öfter, auch im Elfmeterschießen gegen Mönchengladbach. Jedes Mal Stress pur. Jedes Mal komplexe Überlegungen und Berechnungen, die sich auch noch potenzieren, weil Trainer und Kollegen dem Torwart gute Tipps geben wollen, was die Situation zusätzlich verkompliziert. Ich erinnere nur an Paul Breitner mit seinem Hinweis auf die Ecke rechts von mir, in die Manfred Kaltz normalerweise schoss. Aber was heißt schon „normalerweise" in sportlichen Grenzsituationen? Da ist es nützlich, wenn ein Torwart seinen eigenen Kopf hat, auch auf sein Bauchgefühl hört und über kleine Tricks verfügt, so wie den, eine Ecke für den Schützen aufzumachen und ihn in diese Ecke zu locken.

So habe ich es oft gemacht, oft auch mit Erfolg. Aber nicht immer. Denn was geschieht, wenn der Schütze diesen Trick durchschaut, und was, wenn der Torwart auch damit rechnet? „Und so weiter, und so weiter", würde Josef Bloch sagen. Ein unendliches Spiel ...

Ich erinnere mich in diesem Zusammenhang an meinen Teamkollegen Hansi Dorfner. Der hatte vor einem Spiel gegen Nürnberg einen Tipp für mich parat: „Wenn es morgen einen Elfmeter gegen uns gibt, wird bestimmt der Roland Grahammer gegen dich antreten. Der schießt immer nach rechts von dir, Jean-Marie, das solltest du unbedingt beachten." Und tatsächlich kam es zu einem Elfmeterduell mit Roland Grahammer, der später, 1988, zu den Bayern wechselte. Ich dachte an Hansis Tipp, aber dann: „Was wäre, wenn Grahammer weiß, dass ich weiß, dass er den Ball in die rechte Ecke schießt? Wird er dann die andere Seite wählen?" Der Elfmeterschütze lief an, ich ging in die andere, die linke Ecke – und parierte den Schuss. Einmal mehr zeigte sich, wie gut und richtig es war, dass ich in Fußballfragen nicht auf andere hörte, sondern mich auf meine eigenen Überlegungen und mein Bauchgefühl verließ! Das musste auch Hansi Dorfner einsehen. Ach ja: In der Handke-Erzählung schießt der Elfmeterschütze den Ball dem Tormann in die Hände, weil dieser „völlig unbeweglich stehen" bleibt.

26 – EINE ZAHL, DIE TORHÜTERN NICHT GEFÄLLT

Wenn ich an den dornigen Weg denke, der uns seinerzeit ins Finale nach Frankfurt am Main führte, fällt mir vor allem eine Zahl ein: 26. Denn bevor mit Borussia Mönchengladbach und

Bayern München die beiden Finalisten feststanden, waren drei Halbfinalspiele und 26 Tore notwendig. Und nun muss ich von etwas berichten, das einem Torwart sehr schwerfällt. Der FC Bayern München und ich sind zwar ins Finale eingezogen, aber von den 26 Toren musste allein ich acht kassieren. Und zwar ohne Elfmeterschießen.

Das lag daran, dass es damals nach einem Unentschieden nach Verlängerung kein Penaltyschießen, sondern ein Wiederholungsspiel gab. Im Halbfinale hatte die Borussia aus Mönchengladbach im Bökelberg-Stadion Werder Bremen in einem spektakulären Match mit 5:4 nach Verlängerung aus dem Pokalwettbewerb geworfen, nachdem der Borussia erst in der fünften Minute der Nachspielzeit der Ausgleich zum 4:4 gelungen war und sich das Team von Jupp Heynckes in die Verlängerung gerettet hatte.

Noch spektakulärer und dramatischer ging es auf Schalke zu – die Schalker und wir trennten uns 6:6 nach Verlängerung. Damals ging der Stern des damals erst 18-jährigen Olaf Thon – Olaf war einen Tag vor dem Spiel volljährig geworden – auf, der vier Jahre später für die Bayern die Fußballschuhe schnüren sollte. Die Schalker kickten damals in der zweiten Bundesliga und konnten in der Verlängerung beim Stand von 4:4 nach 90 Minuten zweimal den Ausgleich erzielen – in der 125. Minute war Olaf Thon zum dritten Mal in diesem Spiel erfolgreich, sehr zu unserem Leidwesen.

Da es kein Elfmeterschießen gab, kam es zu einem zweiten Spiel, das wir in München mit 3:2 für uns entscheiden konnten. Der Spielverlauf war dieses Mal nicht ganz so spektakulär, jedoch erneut äußerst spannend, denn wir gaben eine Zwei-Tore-Führung aus der Hand, bevor uns Karl-Heinz Rummenigge ins Finale schoss. Die Freude war riesengroß, aber bei einem Torwart, der für einen Triumph acht Tore kassieren muss, bleibt ein fader Beigeschmack zurück.

DORT OBEN AN DER SPITZE IST DIE LUFT OFT SEHR DÜNN

Trotzdem überwog bei mir die Freude über den Finaleinzug, der mir den ersten Titelgewinn und jenen unvergesslichen Augenblick auf dem Rathausbalkon des Münchner Marienplatzes ermöglichte. Es folgte schließlich im DFB-Pokal nach der erwähnten schmerzhaften Niederlage gegen Uerdingen im Jahr 1985 ein weiterer Triumph im Pokal, als der FC Bayern München und ich 1986 nach einem 5:2-Sieg gegen den VfB Stuttgart – mit Guido Buchwald und Jürgen Klinsmann – den Siegerpokal in den Berliner Abendhimmel strecken durften. Erstaunlich und aus heutiger Sicht fast ein fußballerisches Wunder: Das sollte für unglaubliche zwölf (!) Jahre der letzte DFB-Pokalsieg für die Bayern sein. Erst 1998 gelang es dem Klub wieder, den Pokal an die Isar zu holen, damals mit Oliver Kahn zwischen den Pfosten, für den dies der erste Pokalgewinn war.

Der Sieg 1986 war für mich auch deswegen besonders wertvoll, weil ich im März 1986 eine schmerzhafte Leistenverletzung erlitten und mich hatte operieren lassen müssen. Das Leben eines Fußballers besteht nicht nur aus unvergesslich-schönen, sondern auch aus unvergesslich-schlimmen Momenten, dazu zählen die Zeiten der Verletzungen. Hinzu kommt der Kampf um die Position des ersten Torwarts, wobei es schon schwer genug ist, diese Position zu erobern. Noch herausfordernder

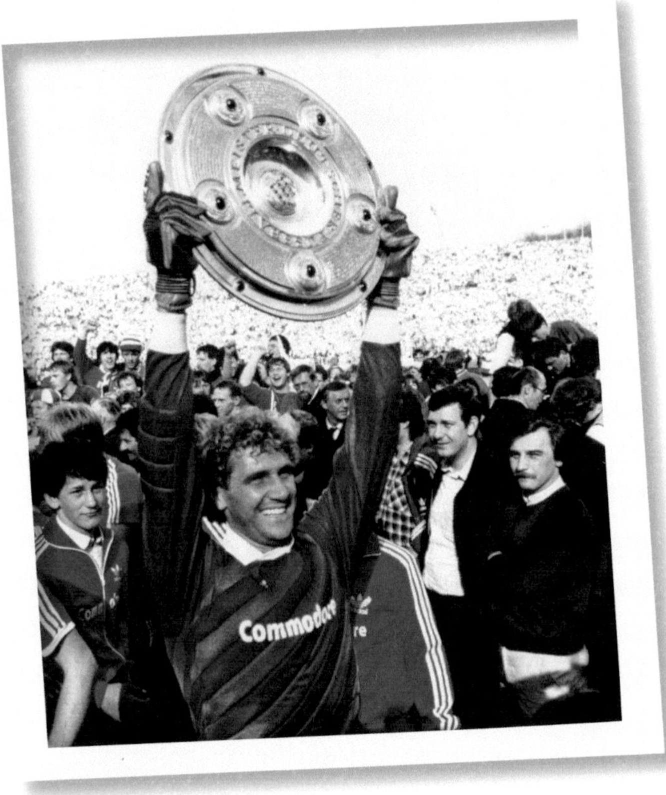

Meisterschale und die Nähe zu den Fans:
Für Jean-Marie gibt es nichts Schöneres!

aber ist es, die Nummer 1 immer wieder zu verteidigen – in jedem Training, in jedem Spiel, in jeder Saison. Es ist meistens leichter, an die Spitze zu gelangen, als sich langfristig dort oben in dünner Luft zu behaupten.

Ich möchte darum jungen Menschen und jungen Fußballern empfehlen, sich nie auf den Lorbeeren und auf dem, was sie bereits erreicht haben, auszuruhen, sondern sich ständig neue und hohe Ziele zu setzen und physisch und mental alles dafür zu investieren, diese Ziele zu erreichen. Wir Menschen wachsen mit unseren Zielen und Aufgaben, und das gilt erst recht für Sportler. Entscheidend ist, die erreichten Ziele und die erbrachten Leistungen aufs Neue zu bestätigen.

Sechs Jahre habe ich beim FC Bayern München gekämpft, um meinen Platz zu behalten. Ich kann sagen: Das meiste, wenn nicht alles, das ich in meinem Leben und insbesondere in meiner fußballerischen Karriere erreicht habe, habe ich mir selbst zu verdanken. Sicherlich gab es Unterstützung, etwa durch meine Familie. Oft genug aber musste ich Kämpfe allein austragen. Dieser Kampf ging manchmal zulasten des Körpers. In meiner Münchner Zeit wurde ich siebenmal operiert, allein drei Operationen an den Leisten musste ich überstehen. Mit dabei waren diverse Nasenbrüche. Es ist mehr als einmal vorgekommen, dass ich nur spielen konnte, weil ich eine hervorragende medizinische Betreuung erhielt. Ich habe für meinen Erfolg oft genug heftig gelitten. In den Jahren zuvor in Belgien hatte ich nur eine Operation am Meniskus über mich ergehen lassen müssen – eine Operation, die nicht optimal verlief. Einige belgische Medien hatten mich bereits mehr oder weniger abgeschrieben. Das sind sehr bittere Momente in der Karriere eines Sportlers. Und solch einen bitteren Moment musste ich nun auch in München durchstehen.

IN DER NOT BIST DU OFT ALLEIN …

Leider – oder zum Glück – gibt es davon keine Fotos: Aufgrund der Leistenoperation benötigte ich regelmäßig einen komplizierten Verbandswechsel. Und obwohl ich noch nicht

100-prozentig fit war, habe ich gespielt und mich für den Verein zwischen die Pfosten gestellt. Es bedeutete jedes Mal einen Riesenaufwand und stellte ein schmerzhaftes Drama dar, den Verband so anzulegen, dass er mich nicht oder nur wenig daran hinderte, im Tor Topleistungen abzurufen. Carmen hat einmal gesagt, dass ihr Körper drei Kinder zur Welt gebracht hat und ihr Bauch und sie dabei leiden mussten und dass ich dafür im Gegenzug jene Leistenoperation und auch ein paar Schnitte in meinen Körper ertragen musste. So hat halt jeder sein Päckchen zu tragen.

Bitter war, dass einige Medien und vor allem einige Journalisten bereits das Ende meiner Karriere eingeläutet sahen. Leider ist es so: Wenn du die meiste und die größte Unterstützung brauchst, wird sie dir nicht zuteil. Stell dir die folgende Situation vor, versetze dich in meine Lage: Du hast dich schwer verletzt, du musstest operiert werden, du kämpfst dich zurück, du investierst viel, um mit unendlich großem Trainingsaufwand wieder an deine alte Leistungsfähigkeit anzuknüpfen. Und während du all dies tust, fragt dich ein Journalist: „Jean-Marie, bedeutet das das Ende deiner Karriere?“ Und es werden Stimmen in deinem Umfeld mit dem Tenor laut: „Wenn Jean-Marie damit nicht zurechtkommt, kann er vielleicht nie wieder spielen.“

Niederschmetternde und demotivierende Fragen mit beigemischter Häme statt Zuspruch – ich kann und will es nicht verstehen und nachvollziehen, wenn Menschen, wenn Journalisten zu jemandem, der sich in solch einer prekären Situation befindet und um seine sportliche Karriere bangt und kämpft, solche Worte sagen. Jeder, der solche Fragen stellt, sollte in sich gehen und sich überlegen, wie er selbst reagieren würde, stellte man ihm in einer existenzgefährdenden Lage wie der meinen solche Fragen.

„ERFOLG IST KEIN ZUFALL. ES IST HARTE ARBEIT"

Nur wenn du über einen Rückhalt in der Familie verfügst, nur wenn du Menschen um dich hast, denen du vertraust, nur wenn du darüber hinaus eine große mentale Stärke hast, kannst du solche Phasen in deinem Leben meistern. Bei mir war all dies vorhanden, der familiäre Rückhalt, vertrauensvolle Menschen, die mentale Stärke. Aber es muss noch mehr hinzukommen: Mein großartiger Fußballkollege Pelé, der gerade jetzt, wo ich diese Zeilen schreibe, am 23. Oktober 2020 seinen 80. Geburtstag feiert, hat einmal gesagt: „Success is no accident. It is hard work, perseverance, learning, studying, sacrifice and most of all, love of what you are doing or learning to do." Also: „Erfolg ist kein Zufall. Es ist harte Arbeit, Ausdauer, Lernen, noch mal Lernen, Opfer bringen und vor allem Liebe zu dem, was du tust oder was du lernst, zu tun."

Hartes Training, die Bereitschaft, sich zu quälen und solche Bemerkungen wie die, die ich oben angeführt habe, auszuhalten und ins Positive zu wenden, sowie die Hingabe an das, was du tust: Das hat mir in der anstrengenden Zeit neben dem Zuspruch meiner Familie geholfen, mich trotz aller Widrigkeiten weiterzuentwickeln. Solche Phasen sind für die Persönlichkeitsentwicklung oft ergiebiger als die Phasen des Erfolgs, in denen alles wie am Schnürchen läuft.

DER TRAGISCHE UNFALL

Die Unterstützung durch die Familie hat mir im Herbst 1984 geholfen, eine dramatische und belastende Zeit durchzustehen. Ich litt nach einer Rehabilitationsmaßnahme immer noch an den Nachwehen jener Leistenoperation und befand mich in meinem Wagen, einem schweren und kompakten Range Rover, auf dem Weg nach Hause. Die Sonne stand sehr tief. An einer Kreuzung ist ein Volkswagen Passat in meinen Range Rover hineingefahren; in dem Passat saßen zwei Nonnen, die Fahrerin hatte wohl wegen der blendenden Sonne das Rotlicht der Ampel nicht gesehen und beachtet, sie dachte wohl, die Ampel stünde auf Grün. Und so kam es zu einer tragischen Situation – eine der Nonnen ist an den Folgen des Unfalls verstorben.

Ich bin nicht zu schnell gefahren – die näheren Umstände des Unfalls wurden polizeilich aufgenommen –, aber meine Schuldlosigkeit an dem Unglück hat nichts an den aufwühlenden und belastenden Gefühlen geändert, mit denen für mich dieses Unglück auf immer und ewig verbunden bleiben wird. Noch heute fällt es mir sehr schwer, darüber zu sprechen oder zu schreiben. Niemand hat mich beschuldigt oder mir Vorwürfe gemacht, aber das Erlebnis lastet immer noch auf mir.

Hinzu kam, dass auch ich mich verletzte, und zwar an der Operationswunde in der Leiste. Diese schwoll enorm an und eiterte. Wie sich nach einem medizinischen Check herausstellte, war die Wunde von innen her aufgerissen, wahrscheinlich als ich verzweifelt versucht hatte, meinen Wagen kräftig abzubremsen und zum Stehen zu bringen. Leider ist mir dies nicht rechtzeitig gelungen. Einmal mehr hatte der Tod entscheidend in mein Leben eingegriffen und mir gezeigt, wie nahe Zuversicht und Verzweiflung, Hoffnung und absolute Niedergeschlagenheit, Glück und Unglück beieinanderliegen.

DIE PÄPSTLICHE AUDIENZ UND EIN SEUFZER DER ERLEICHTERUNG

Umso glückseliger war ich, als ich einige Wochen nach dem Unfall die Einladung zu einer Audienz bei Papst Johannes Paul II. erhielt.

In einem Radiointerview hatte ich diesen Herzenswunsch geäußert: „Es gibt nichts, was ich mehr möchte, als mit dem Papst zu sprechen." Eine Weile später erhielt ich einen Anruf von einer Person aus Waregem, die wohl über gute Kontakte zum Vatikan verfügte und es tatsächlich bewerkstelligen konnte – ich weiß nicht, wie genau ihr dies gelungen ist –, dass ich eine Audienz beim Papst erhielt. Das ebenso kurze wie einzigartige und faszinierende Treffen mit dem Oberhaupt der römisch-katholischen Kirche gehört zu den prägendsten und eindrücklichsten Erfahrungen meines Lebens. Ich musste an meinen Papa denken: Wie unendlich stolz wäre er gewesen, wenn er mich bei der Audienz hätte sehen oder sogar begleiten können.

Die drei Minuten mit dieser faszinierenden und sehr herzlichen Persönlichkeit waren viel zu schnell vorbei. Der Papst fragte mich: „Bist du Flame oder Wallone?"

„Ich bin Flame, Heiliger Vater, aber ich fühle mich als ein Belgier." Diese Antwort hat dem Papst gefallen, denn er antwortete: „Ich mag es, dass du das sagst."

Als ich dem Papst von dem tödlichen Unfall erzählen wollte, stellte ich erstaunt fest, dass er darüber Bescheid wusste. Er sagte, der Unfall sei nicht meine Schuld und unvermeidlich gewesen. Diese Worte haben mich einen Seufzer der Erleichterung ausstoßen lassen. Ich merkte und spürte sehr intensiv, welch große Belastung der Unfall und der Tod jener Nonne für mich bedeutet hat und immer noch bedeutet.

Der Papst wandte sich schließlich an den nächsten Pilger, drehte sich aber noch einmal zu mir um und sagte: „Oh, ich habe vergessen, dich zu segnen." Und als er das tat, flüsterte er mir zu: „Sport ist schön, aber hart. Glaube weiter an das, was du machst, du wirst es noch weit bringen."

ALLER GUTEN DINGE SIND DREI: DIE DEUTSCHEN MEISTERSCHAFTEN 1985–1987

Ich schaffte es schließlich doch noch, die negativen Folgen der Leisten-OP in den Griff zu bekommen. Nicht nur darum gehört das Fußballjahr 1986 zu den Jahren, auf die ich ganz besonders stolz bin. Denn in diesem Jahr bin ich nicht nur mit dem FC Bayern deutscher Meister und Pokalsieger geworden – wir holten also das Double –, sondern ich habe zudem mit der belgischen Nationalmannschaft eine sehr erfolgreiche Weltmeisterschaft in Mexiko gespielt und einen sensationellen vierten Platz belegt.

Bereits 1985 durfte ich zum ersten Mal eine deutsche Meisterschaft feiern. Mit vier Punkten Vorsprung gingen wir vor Werder Bremen über die Ziellinie. Dreimal hintereinander – 1985, 1986 und 1987 – ging die Meisterschaft an die Isar. 1987

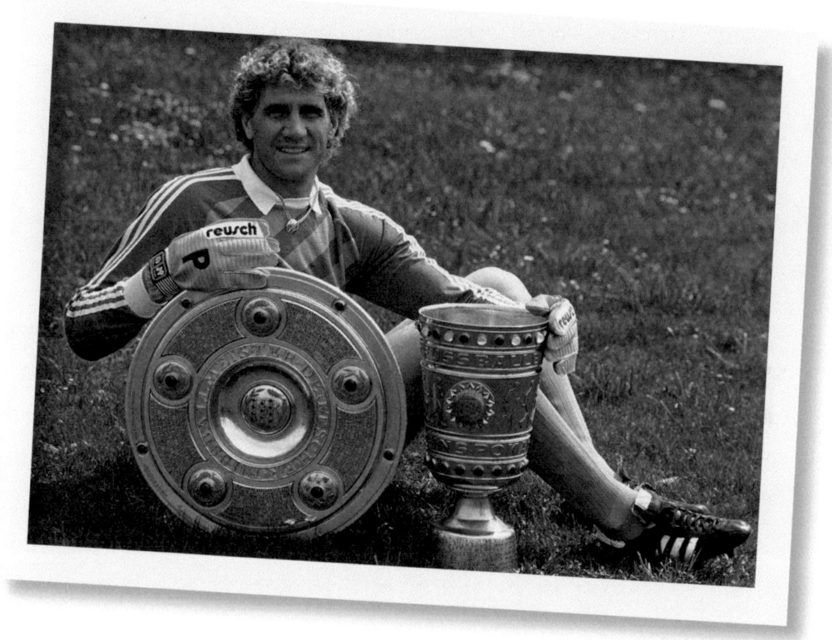

1986: Meisterschaft und Pokal –
mehr als das Double geht nicht!

kassierte ich nur 31 Gegentore, mit sechs Punkten Rückstand folgte der Hamburger SV, und das bei der Zweipunkteregelung, die damals noch galt: Für einen Sieg wurden nur zwei Punkte vergeben. In 34 Meisterschaftsspielen gingen wir nur einmal als Verlierer vom Platz, und zwar in unserem Heimspiel gegen Bayer Leverkusen.

Im Gegensatz zur Saison 1986/1987 verlief die Meisterschaft 1985/1986 mit einer ungeheuren Spannung und Dramatik. In einem Herzschlagfinale fingen wir das Team von Werder Bremen noch ab und konnten uns bei Punktgleichheit dank des besseren Torverhältnisses die Meisterschaft sichern. Gut, dass meine Kollegen und ich in dieser Saison nur 31 Gegentore zuließen. Entscheidend aber waren das faire Verhalten des VfB Stuttgart und jener Kutzop-Elfmeter, den ich bereits erwähnt habe.

MIT LEISTENVERBAND GEGEN MICHAEL KUTZOP

Es gibt Dinge, an die wir uns so gut erinnern, als ob sie erst gestern passiert wären. Also versetze ich mich fast 40 Jahre zurück: Noch am 30. Spieltag verfügt Werder Bremen über einen komfortablen Vier-Punkte-Vorsprung, aufgrund der Zwei-Punkte-Regelung ist das die halbe Meisterschaftsmiete. Alles deutet darauf hin, dass sich die Werderaner die Meisterschaftsbutter nicht mehr vom Brot nehmen lassen werden. Dann aber verlieren die Bremer ein Spiel, sodass es am 33., am vorletzten Spieltag am 22. April 1986 im Weserstadion zum großen Showdown zwischen Werder und uns kommt. Die Ausgangslage ist klar. Würde das Team von Trainer Otto Rehhagel siegen, wäre ihm die Meisterschaft auch rechnerisch nicht mehr zu nehmen. Bei einem Unentschieden muss die Entscheidung erst vier Tage später am letzten Spieltag fallen.

In dem Spiel mit zahlreichen Höhepunkten und Torraumszenen will der Ball einfach nicht die Torlinie überschreiten, auch weil wir Torhüter – Dieter Burdenski und ich – gut aufgelegt sind und ein ums andere Mal prächtig parieren, wobei die Presse später schreibt, dass ich deutlich mehr zu tun bekam. „Die Bremer haben mehr vom Spiel, aber Bayerns Torwart Jean-Marie Pfaff hält alles", wird es dann heißen. Lange Zeit sieht es an der Weser nach einem torlosen Unentschieden aus. Aber dann bricht an diesem Dienstagabend die 88. Spielminute an, über die Michael Kutzop später sagen sollte: „Ich verschoss den berühmtesten Elfmeter der Ligageschichte."

Der Historiker und Autor Udo Muras beschreibt die Vorgänge in der 88. Minute so: „Völler kommt über rechts und will den Ball über Sören Lerby lupfen. Der Däne streckt die Arme instinktiv nach vorne, weil er den Ball nicht ins Gesicht bekommen will. Aber genau das passiert. Für Schiedsrichter Volker Roth sieht es, auch nach Betrachtung der TV-Bilder, nach einem Handspiel aus. Elfmeter – sicherlich keine glückliche Entscheidung in einem so wichtigen Spiel."

Rudi Völler war erst spät eingewechselt worden, weil er sich im Hinspiel in München, also Monate zuvor, bei einem Foul von Klaus Augenthaler schwer verletzt hatte. Und zwar an der Leiste. Er ist mithin nicht der einzige Spieler, der an den Nachwirkungen einer Leistenverletzung laboriert. Ich trage immer noch jenen doch etwas behindernden Leistenverband und sehe jetzt der Ausführung eines Strafstoßes durch einen der sichersten Elfmeterschützen der Bundesliga entgegen. Michael Kutzop hatte in der Bundesliga bisher immer vom Punkt getroffen. Jetzt kann er die Meisterschaft für Werder Bremen entscheiden – aber – er verschießt.

Er läuft an, er verzögert den Anlauf ein bisschen, ich bewege mich ein wenig nach rechts (von mir aus gesehen), mache eine kurze Rechts-links-Bewegung, tripple ein wenig, bleibe aber stehen. Michael Kutzop entscheidet sich für die linke Ecke, aber der Ball geht nicht ins Tor, er streift nur den Außenpfosten. Wenn der Ball ein klein wenig weiter nach rechts gegangen wäre, hätte ich keine Chance gehabt ...

Ich bin stehen geblieben, hatte mich in keine Ecke geworfen. Und auch das hat eine Vorgeschichte.

DES EINEN LEID IST DES ANDEREN FREUD

„Schan, bleib möglichst lange stehen", so Udo Lattek zu mir, er nannte mich stets Schan.

Sich kaum zu bewegen und so gut wie stehen zu bleiben, war damals für einen Torhüter sehr ungewöhnlich. Aber vielleicht habe ich Michael Kutzop so doch etwas irritiert, der in der aufgeheizten Stimmung sowieso verunsichert wirkte. Zumal einige Bayern-Spieler auf ihn einredeten und man – von heute aus gesehen ein unglaublicher Vorgang! – erst einen zweiten Ball herbeischaffen musste, weil das eigentliche Spielgerät von einem Bayern-Spieler ins Nirgendwo weggeschlagen worden war. Immerhin handelte es sich um einen höchst zweifelhaften Handelfmeter, da kochen die Emotionen hoch.

Wegen des Tipps, so lange wie möglich stehen zu bleiben, habe ich mich dann bei unserem Trainer Udo Lattek bedankt. Es war vielleicht von Vorteil, dass ich nicht meinen eigenen Kopf durchgesetzt und einen Ratschlag angenommen habe.

Und wieder einmal waren Fußballhelden geboren, dieses Mal jedoch vor allem tragische Helden. Natürlich gilt das für den Elfmeterschützen Michael Kutzop, dem dieser verschossene Elfer sein Leben lang bis heute nachhängt. Aber auch Otto Rehhagel zählte zu den tragischen Helden, weil er erstmals seit 1965 die deutsche Meisterschaft hätte an die Weser holen können und in den Vorjahren des Öfteren den zweiten Platz belegt hatte. In der Presse wurde er schon der „ewige Zweite" genannt.

Wenn es stimmt, was erzählt und berichtet wird, hätte Schiedsrichter Volker Roth den Elfmeter wohl wiederholen lassen, wenn Michael Kutzop getroffen hätte, weil der Bremer

Frank Mill trifft nur den Pfosten: Eine besonders kuriose Szene

An ein Nicht-Tor, das nicht ich, sondern der Gegenspieler verhindert hat, erinnere ich mich noch sehr gut – als mich nämlich Frank Mill am 9. August 1986 an der Mittellinie(!) ausspielte und über 40 Meter auf das vollkommen leere Tor zulief. Und nur den Pfosten traf. Schaut euch im Internet einmal das Video dazu an: www.youtube.com/watch?v=sazhizYvqrs. Die Szene hängt dem Kollegen Frank Mill noch genauso nach wie mir jener unvergessliche Einwurf von Uwe Reinders. Später habe ich in einem Interview gesagt, dass ich hoffe, der Frank könne heute besser schlafen.

Frank Mill hat sein Nicht-Tor im Spiel zwischen dem FC Bayern und Borussia Dortmund so kommentiert: „Als ich die Grenze zum Fünfmeterraum passierte, tobten die Fans, als wäre der Ball längst im Tor. Plötzlich kam mir Pierre Littbarski in den Sinn. Für den Bruchteil einer Sekunde wollte ich es machen wie er. Littbarski schoss nie einfache Tore“, erinnerte sich der gebürtige Essener in einem Interview mit „11 Freunde“: „Mein Plan: ausholen, den Ball zwischen die Füße klemmen und nach einem Übersteiger elegant einschieben. Noch hatte ich genug Zeit dafür, dann sah ich jemanden im Augenwinkel näher kommen. Es war Pfaff, der mit letzter Kraft vom Strafraumrand zurückwetzte. Panik stieg in mir auf: Jetzt nur noch den Ball im Tor unterbringen.“ Doch Mill versagten die Nerven. Aus drei Metern traf der Dortmunder nur den Pfosten. „Das war der schlimmste

Moment überhaupt: zu begreifen, dass der Ball nicht im Tor lag", so der Protagonist der kuriosen Szene. Das Spiel endete 2:2, aber ganz Deutschland sprach nur vom Fehlschuss des Jahrhunderts. Bis heute wird Frank Mill – einer der erfolgreichsten Stürmer der Bundesligageschichte – sein Versagen vor dem Münchner Tor im August 1986 vorgehalten.

beim Anlaufen kurz verzögert hatte, was verboten ist. Wie hat es Udo Muras ausgedrückt: „Jede gute Geschichte braucht eine Schlusspointe."

Auf jeden Fall setzte sich Otto Rehhagels Trauma fort, was mir sehr leidtat. Er gehört für mich zu den fairsten Sportsmännern, die ich kenne. Er hat damals zugegeben, dass der Elfmeter unberechtigt war, weil der Ball Sören Lerby ins Gesicht gesprungen ist, und gesagt: „Wären wir durch die Fehlentscheidung Meister geworden, hätte dieser Titel immer einen bitteren Nachgeschmack gehabt. So müssen wir in Stuttgart alles klarmachen, und ich bin sicher, dass wir dazu keine Geschenke brauchen."

Aber so hatte die Geschichte für Otto Rehhagel kein Happy End: Weil sich die Bremer am letzten Spieltag in Stuttgart sehr verunsichert zeigten und die Schwaben alles gaben, obwohl es für sie um nichts mehr ging, verloren Werder Bremen und Otto Rehhagel das Match mit 1:2. Wir konnten uns mit dem besseren Torverhältnis doch noch an dem Konkurrenten vorbeischieben. Manchmal ist Fußball einfach brutal. Auf der anderen Seite freute ich mich riesig, dass ich trotz der Verletzung und der durch die Leistenoperation entstandenen Behinderungen doch noch die deutsche Meisterschaft und kurz danach den DFB-Pokalsieg bejubeln konnte.

Des einen Leid, des anderen Freud ...

EM 84: WENN EINE CLIQUE GEGEN DEN EIGENEN SPIELMACHER ANTRITT

Zweifelsohne gehören die drei Meisterschaften und die zwei Pokalsiege mit dem FC Bayern zu den ganz großen Erfolgen und Triumphen meiner Fußballkarriere. Hinzu kommt die Zeit mit der belgischen Nationalmannschaft. Mein erstes Länderspiel 1976 gegen die Niederlande, die Vizeeuropameisterschaft 1980, das sensationelle Eröffnungsspiel 1982 gegen Argentinien ... Aber da fehlt noch einiges, etwa die Europameisterschaft 1984 in Frankreich und die Weltmeisterschaft 1986 in Mexiko, bei der der Stern des argentinischen Superstars Maradona aufging und ich die Menschen mit meinen Paraden begeisterte.

Die Europameisterschaft 1984 in Frankreich verlief enttäuschend und frustrierend für uns. Das Jahr hatte für mich recht verheißungsvoll begonnen: In einem Länderspiel gegen Polen durfte ich die Ehre genießen, vertretungsweise als Kapitän der „Roten Teufel" aufzulaufen, das bedeutete mir sehr viel. Zudem war ich in Belgien zum beliebtesten Spieler des Nationalteams gewählt worden.

Wir spielten in einer Gruppe mit Jugoslawien, Dänemark und dem Gastgeber und Turnierfavoriten Frankreich. Star der Équipe Tricolore war der große Michel Platini, der dieser Europameisterschaft nicht nur durch seine neun Tore seinen Stempel aufdrücken sollte. Unser erstes Spiel konnten wir noch mit 2:0 gegen Jugoslawien für uns entscheiden, bevor wir in Nantes gegen Les Bleus eine saftige 0:5-Klatsche kassierten und Michel Platini mir gleich drei Treffer einschenkte. So musste die Entscheidung über den Einzug ins Halbfinale im letzten Gruppenspiel gegen Dänemark fallen. Trotz einer Zwei-Tore-Führung ging das Spiel für uns mit 2:3 verloren, wir waren ausgeschieden und durften den Siegeszug der Franzosen nur im Fernsehen verfolgen.

Nicht nur wegen des Ausscheidens in der Gruppenphase habe ich an diese Europameisterschaft eher negative Erinnerungen. Es gab im belgischen Team Machtspiele und Intrigen, auch wegen Streitigkeiten rund um die Prämien, die wir Spieler erhalten sollten, sodass meine sportlichen Erwartungen von Anfang an eher bescheiden ausfielen. Es hatten sich Cliquen gebildet, die sich gegenseitig nichts gönnten. Ich musste erkennen, dass es falsche Freunde gab, und kam mir manchmal vor wie in einem Haifischbecken. Einige Spieler stellten die eigenen Interessen über die Teaminteressen. Ein Beispiel dafür war der Umgang mit Enzo Scifo, 1984 gerade mal 18 Jahre alt, aber schon Belgiens Fußballer des Jahres. Ein begnadeter Fußballer, der als „der neue Platini" bezeichnet wurde und wohl auch darum mit heftigen Neidangriffen zu kämpfen hatte. „Der Scifo glaubt wohl, er sei Jesus Christus, der wird keinen Ball von mir bekommen" – ich wollte meinen Ohren nicht trauen, als ich dieses Gespräch zwischen meinen Teamkollegen zufällig mitbekam, als wir im Flugzeug nach Nantes saßen, um dort das Spiel gegen die Franzosen zu bestreiten. Einige unserer Spieler haben nicht gegen Frankreich gespielt, sondern gegen Enzo Scifo. Kein Wunder, dass dieses Spiel zu einem der schlechtesten Länderspiele gehört, die ich jemals bestritt. „Warum nur seid ihr so eifersüchtig auf Enzo? Wenn er gut spielt, nutzt das dem gesamten Team und damit uns allen", mit diesen Worten nahm ich einige meiner Mitspieler ins Gebet, die sich von ihrer höchst unprofessionellen Vorgehensweise jedoch nicht abbringen ließen.

Das Turnier in Frankreich gehört gewiss zu den dunkelsten Abschnitten meiner Karriere. Sie hat mir nochmals klar vor Augen geführt, wie erfolgsentscheidend der Teamgeist und der unbedingte Wille sind, als eingeschworener Haufen alle Hindernisse aus dem Weg zu räumen. Wenn es gelingt, diesen Teamgeist zu entfachen, kann ein Team weitaus mehr leisten, als die Fähigkeiten und Qualitäten der einzelnen Spieler vermuten und erwarten lassen. Wenn jeder für den anderen kämpft und spielt, kann das Team über sich hinauswachsen. Es entsteht etwas Zusätzliches, eine Art Aura, ein Mehrwert, der durch Teamintelligenz vorangetrieben wird. Jeder in der Mannschaft und im Team stellt seine eigenen Interessen in den Dienst des gemeinsamen Teamerfolgs.

Das, was in Frankreich überhaupt nicht gelungen ist, hat zwei Jahre später zu einem der größten Triumphe in der Geschichte der belgischen Fußballnationalmannschaft geführt. Aber auch hier musste das Team erst einmal Schritt für Schritt zusammenwachsen.

STOLPERSTEINE AUF DEM WEG NACH MEXIKO

Schon der Weg nach Mexiko war mit einigen Stolpersteinen gepflastert, denn in der Qualifikation, bei der wir es mit Polen, Albanien und Griechenland zu tun bekamen, belegten wir lediglich den zweiten Platz, sodass wir erst noch zwei Entscheidungsspiele bestreiten mussten. Der Gegner in diesen Matches war das Team der Niederlande. Das Hinspiel in den Play-offs gewannen wir mit 1:0 durch ein Tor von Franky Vercauteren, im Rückspiel behielten die Niederländer die Oberhand und besiegten uns mit 2:1. Durch die Auswärtstorregel – Georges Grün hatte in Rotterdam fünf Minuten vor Schluss den Anschlusstreffer für uns besorgt – waren wir mit etwas Glück für das Turnier in Mexiko qualifiziert. Ich erlitt aufgrund der miserablen Platzverhältnisse und weil der eingewechselte Mittelstürmer der Niederländer, John van Loen, auf mich gestürzt war, eine schmerzhafte und langwierige Verletzung, die ich aber rechtzeitig auskurieren konnte.

Verletzungen – ich habe es bereits angesprochen – führen bei Spitzensportlern zu Dünnhäutigkeit. Das war bei mir nicht anders. Wenn der Körper nicht mitspielen wollte, machte dies auch mich ungeduldig und manchmal ungerecht. Als ich nach diversen Verletzungen dabei war, mich mit Training, Training und nochmals Training fit zu machen für die Weltmeisterschaft in Mexiko, geschah während eines Höhentrainingslagers in der Schweiz Folgendes: Unser Verband wollte uns die Gelegenheit geben, uns auf die Spiele in der mexikanischen dünnen Höhenluft vorzubereiten. Ich fühlte mich körperlich in Ordnung, hatte aber einen Trainingsrückstand, die Kondition ließ zu wünschen übrig. Darum bat ich Guy Thys um ein Zusatztraining. „Morgen ist Ruhetag für alle“, erhielt ich zur Antwort. Aber was musste ich am nächsten Tag sehen? Thys und der Trainerstab trainierten mit dem Ersatztorwart. Das machte mich nun doch wütend, und darum sprach ich Guy Thys darauf an. Es stellte sich heraus, dass es sich wohl um ein

Missverständnis handelte: „Das war für die Presse", so Thys. Es gab keinen Grund für mich, das nicht zu glauben, trotzdem verrauchte mein Ärger nicht vollständig, weil die Verantwortlichen mich nicht informiert hatten. Auf der anderen Seite zeigte die Geschichte, dass mich die Ereignisse rund um die Verletzungen etwas dünnhäutiger hatten werden lassen. Kein Wunder, hatte ich mir doch fest vorgenommen, eine starke Weltmeisterschaft zu spielen – für mich und vor allem für die „Roten Teufel".

VON DER EHRLICHKEIT DER MENSCHEN

In der Play-off-Begegnung in Rotterdam erlebte ich etwas, das mich an der Ehrlichkeit der Menschen verzweifeln ließ. Während meiner gesamten Karriere ist es Carmen und mir immer wieder gelungen, interessante und lukrative Werbepartner zu gewinnen. Zu jener Zeit plante mein Werbepartner adidas, zur Weltmeisterschaft in Mexiko ein innovatives Torwarttrikot herauszubringen, wobei ich an jedem verkauften Trikot hätte mitverdienen sollen. Ich durfte das Trikot aber schon jetzt, in den Play-offs, tragen. Es handelte sich um ein neuartiges Torwarttrikot mit einer speziellen Verstärkung im Brustbereich. Ein Torwarttrainer der Niederländer kam nach dem Spiel zu mir in die Kabine, um sich nach dem Trikot zu erkundigen, ich gab im besten Glauben Auskunft, ohne etwas Böses zu vermuten. Ihr könnt euch mein Erstaunen und mein Entsetzen vorstellen, als knapp drei Wochen später ein sehr ähnliches Trikot in den Sportläden erhältlich war, natürlich von einer anderen Marke. Die Konkurrenz hatte das Trikot einfach kopiert, und ich hatte den Werbevertrag mit adidas erst einmal verloren, nur weil ich gutgläubig und gutmütig auf die Fragen jenes niederländischen Torwarttrainers eingegangen war.

EIN SPORTKAMERAD WIRD AUS DEM LEBEN GERISSEN

Die Qualifikationsphase ist mir aus verschiedenen Gründen in Erinnerung geblieben. Da war zum einem die unvorstellbar große Armut, die uns im Qualifikationsspiel in Tirana in Albanien begegnete. Das Spiel ging mit 0:2 verloren – eine herbe Enttäuschung. Alle drei Tore, die wir in den sechs Qualifikationsspielen kassierten, hatten uns die Albaner eingeschenkt. Aber es waren die Begleitumstände, die mir im Gedächtnis haften geblieben sind: eiskalte Umkleidekabinen, defekte Duschen, ein fast unbespielbarer Platz – es war bewundernswert, unter welchen dramatischen Bedingungen die albanischen Kollegen Fußball spielen mussten. Aufgrund meiner schwierigen Kindheit wusste ich, was problematische Rahmenbedingungen bedeuteten, aber was ich erlebt hatte, war nicht vergleichbar mit den albanischen Verhältnissen.

In den vier weiteren Qualifikationsspielen stand jeweils die Null – ein Verdienst, das mit meinen Leistungen zu tun hatte. Bevor es Ende des Jahres zu den Play-offs gegen die Niederlande kam, mussten wir eine schreckliche Nachricht verarbeiten: Unser Sportkamerad Ludo Coeck, der 1982 bei der WM gegen Maradona ein tolles Spiel abgeliefert und gegen El Salvador das goldene Tor zum 1:0-Sieg erzielt hatte, verunglückte am 9. Oktober 1985 bei einem Autounfall in Rumst bei Antwerpen tödlich.

Ludo ist mir als warmherziger, gewissenhafter und herzlicher Mensch in Erinnerung geblieben. Einmal hat er sich bei mir – ich spielte mit München gegen Inter Mailand, und Ludo stand bei den Italienern unter Vertrag – entschuldigt, weil er sich viele Jahre zuvor bei einem Treffen der UEFA-Junioren in der Schweiz bei einem unserer Trainer über mich beschwert hatte. Er kam nicht damit klar, dass ich, sein Zimmernachbar, immer etwas später zu Bett ging. Es spricht für seinen Charakter, dass er noch Jahre später darauf zu sprechen kam, weil ihn das schlechte Gewissen plagte.

WM 1986: EMOTIONALE GÄNSEHAUTMOMENTE PUR

Die nackten Fakten sehen im Rückblick so aus: Wir ziehen nach der Gruppenphase, in der wir gegen den Gastgeber Mexiko, den Irak und Paraguay antreten, lediglich als bestplatzierter Gruppendritter in die K.o.-Runde ein, besiegen im Achtelfinale in einer dramatischen Partie die Sowjetunion mit 4:3 in der Verlängerung, um im Viertelfinale nach einem 1:1 gegen Spanien im Elfmeterschießen mit einem 5:4-Sieg ins Halbfinale einzuziehen. Dort treffen wir vor fast 115.000 (!) Zuschauern auf Maradona und Argentinien und verlieren mit 0:2, um im Spiel um Platz 3 gegen Frankreich mit 2:4 – wiederum nach Verlängerung – das Nachsehen zu haben.

Das sind die nüchternen Zahlen – doch dahinter verbergen sich unendlich viele emotionale Gänsehautmomente, die in ihrer Intensität kaum zu beschreiben sind. Der vierte Platz für Belgien gilt bis heute als der größte Erfolg in der Fußballgeschichte unseres Landes. Und weil ich gegen Spanien eine

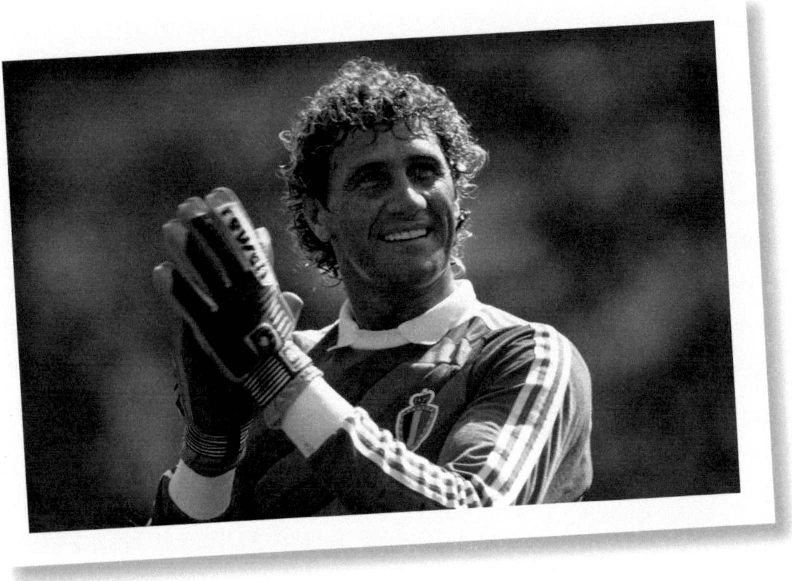

Die Weltmeisterschaft in Mexiko gehört zu Jean-Maries Karrierehöhepunkten.

Weltklassepartie ablieferte, bezeichnen mich viele Menschen seitdem als Torwartlegende. Es gibt gewiss Schlechteres, was die Fußballwelt über einen Torwart sagen kann.

EIN TEAM WÄCHST ZUSAMMEN

Gänsehaut pur bereitete uns vor allem der Empfang in Belgien bei unserer Heimkehr. Der Jubel unserer Landsleute war einfach gigantisch. Zehntausende Menschen feierten uns auf dem Grote Markt in Brüssel. Die Begeisterung fiel wohl deswegen so extrem aus, weil die meisten Menschen nach der enttäuschenden Europameisterschaft in Frankreich und der schwerfälligen Qualifikation mit den Play-offs gegen die Niederlande von uns gar nicht so viel erwartet hatten. Unser Coach Guy Thys hatte im Laufe des Turniers ein Team zusammengestellt, in dem nicht nur, aber vor allem Spieler aus kleineren Vereinen Verantwortung übernehmen sollten, nachdem jahrzehntelang eher Spieler aus Anderlecht, Lüttich und Brügge den Stamm der Nationalelf gebildet hatten. Die Spieler aus den kleineren Vereinen waren hungrig und ehrgeizig, und das war ein Grund dafür, dass es uns gelang, im Verlauf des Turniers nach und nach die Teaminteressen in den Vordergrund zu stellen und die Interessen der einzelnen Spieler zurückzudrängen. Jedem von uns gelang es in Mexiko, sich voll und ganz auf seinen Job zu konzentrieren und andere Dinge auszublenden. Schließlich sind wir Fußballer dem Verein, für den wir spielen, dem Nationalteam, für das wir antreten dürfen, und den vielen Fans, die uns unterstützen, etwas schuldig. Das hat etwas mit Professionalität zu tun. Als wir in Mexiko zu den verschiedenen Spielen aufliefen, haben wir nicht an irgendwelche Prämien gedacht oder daran, dass einer von uns zu beneiden war, sodass man ihm auf keinen Fall den Ball zuspielen durfte. Nein, in Mexiko stand – und das galt auf jeden Fall für die Spiele ab dem Achtelfinale – das auf dem Platz, was wir einen eingeschworenen Haufen nennen.

Aber dies war nicht von Anfang an der Fall …

KLARTEXT REDEN HILFT

Die Gruppenphase verlief zunächst holprig. Allerdings hatten wir es im ersten Spiel immerhin mit dem Gastgeberland zu tun. Das mexikanische Team wurde von 110.000 begeisterten Zuschauern bedingungslos und lautstark unterstützt und nach vorn getrieben, und so endete die Begegnung mit 2:1 für den Gastgeber. Wir spielten zwar nicht schlecht, lieferten aber auch nicht unsere stärkste Leistung ab. Das hatte mit der Unruhe zu tun, die es zunächst im Team gab. Unser Trainer hatte René Vandereycken aus der Startelf verbannt, bevor „Montezumas Rache" zuschlug und ein Spieler aus der Startformation durch einen Magen-Darm-Infekt und Durchfall außer Gefecht gesetzt wurde. So rückte René Vandereycken wieder in die Startelf. Dieses Hin und Her sorgte für Diskussionen und Unruhe, die sich auch nach dem 2:1-Sieg gegen das Überraschungsteam aus dem Irak nicht legte.

Die Iraker spielten überraschend stark auf, sodass ich einige Glanzparaden zeigen musste, um unseren knappen 2:1-Sieg zu sichern. Insgesamt konnten wir mit unserem Spiel und unserer Leistung nicht zufrieden sein. Das Spiel veranlasste Guy Thys, Klartext zu reden, einige Umstellungen vorzunehmen und Konsequenzen anzudrohen, falls Spieler diese Umstellungen und Veränderungen nicht akzeptieren und mittragen sollten. „Ich werde meine Entscheidungen nicht länger rechtfertigen. Wer nicht mitzieht, kann sofort seine Koffer packen. Schade, dass ich Sie wie kleine Kinder behandeln muss, aber es geht nicht anders!"

Mir gefiel es, dass der Trainer geradeheraus und eindeutig kommunizierte, was Sache ist und was ab jetzt zu tun sei. Ich war und bin ein Freund der eindeutigen und ehrlichen Kommunikation, und darum wusste ich, dass Klartextredner oft anecken. Nicht jeder kann mit ehrlichen Worten umgehen. Ich galt ja selbst als Außenseiter, zumindest bei den Journalisten, die behaupteten, ich würde nicht ins Team passen, weil ich ein Einzelgänger sei. Ich glaube aber, dass diese Einschätzung der Journalisten viel damit zu tun hatte, dass ich nicht wie ein Großteil der Nationalspieler bei einem der großen belgischen Vereine unter Vertrag stand, sondern jetzt im Ausland spielte und früher bei einem Provinzklub.

Als ich zum Beispiel mit Enzo Scifo Klartext sprach und ihm verdeutlichte, er müsse endlich erwachsen werden und erkennen, dass Fußball ein Mannschaftssport sei, war er zunächst eingeschnappt und beleidigt. Im Gegensatz zu seinen falschen Freunden redete ich nicht hinter seinem Rücken schlecht über ihn, sondern teilte ihm meine Meinung von Angesicht zu Angesicht und im persönlichen Gespräch mit.

Die Umstellungen, die der Trainer vorgenommen hatte, taten uns gut. Seine klaren Worte zeigten Wirkung. Das offenbarte sich bei dem letzten Gruppenspiel gegen Paraguay, das 2:2 ausging. Wir traten stabiler auf und entwickelten langsam, aber sicher jenen Teamgeist, der unseren Fans und uns ab jetzt zahlreiche emotionale Gänsehautmomente bescheren und uns bis in das Spiel um Platz 3 tragen sollte.

FUSSBALL IST NICHT ALLES

Natürlich sind es die sportlichen Ereignisse und Erfahrungen, an die ich mich im Rückblick zuallererst erinnere. Zu diesen Ereignissen gehört gewiss das Achtelfinale gegen die Sowjetunion. Doch mir ist auch die große Armut in Erinnerung geblieben, die in Mexiko vielerorts herrschte. Wenn wir in Toluca zum Trainingsgelände gingen, kamen wir an vielen bettelnden Kindern vorbei, die sich selbst überlassen waren, im Freien übernachten mussten und arg vernachlässigt wirkten. Es war schrecklich. Wir wollten diese Armut nicht einfach hinnehmen, überlegten, was wir dagegen unternehmen konnten, und entschieden uns, das Leid dieser Kinder wenigstens etwas zu lindern, indem wir einen großen Teil unserer Prämien spendeten. Dieses Geld wurde für ein Projekt des belgischen Fußballverbandes verwendet, in dessen Mittelpunkt die Betreuung benachteiligter junger Menschen stand, die nun einen Platz zum Schlafen und etwas zu essen hatten und eine Schule besuchen konnten.

In solchen Situationen zeigt sich, dass Fußball letztendlich nur ein Spiel ist und es weitaus wichtigere Dinge im Leben und auf der Welt gibt. Wenn der Fußball mich aber in die Lage versetzt, Menschen, denen es schlecht geht, zu helfen, ist das eine weitere wunderschöne Seite dieses Sports.

„RAUS AUS DEM STRAFRAUM, DER GEHÖRT MIR!"

Wenn du belgische Fans fragst, welches Spiel dieser Weltmeisterschaft ihnen vor allem in Erinnerung geblieben ist, so werden viele von ihnen eben jenes Achtelfinale gegen die Sowjetunion nennen, in dem die Sowjets in der regulären Spielzeit zweimal in Führung gingen und Enzo Scifo und Jan Ceulemans jeweils für den Ausgleich sorgten. Ein enorm starker Igor Belanow, der später zu Recht zu Europas Fußballer des Jahres 1986 gekürt wurde, hatte in León im Estadio Nou Camp einen Sahnetag erwischt und sein Team jeweils in Führung geschossen. Ich habe selten einen Spieler mit einem so harten und präzisen Schuss erlebt wie Igor Belanow. Nachdem Igor seinen zweiten Treffer erzielt hatte, hat der sowjetische Trainer, so denke ich, einen Fehler gemacht, denn Walerij Lobanowskyj wechselte einen seiner weiteren Starspieler frühzeitig aus, nämlich Oleksandr Sawarow, vielleicht, um ihn für das Viertelfinale zu schonen. Dieser Schuss aber ging kräftig nach hinten los. Nach Jans Ausgleich standen wir in der Verlängerung, in der wir vor einem Publikum, das uns begeistert anfeuerte, mit 4:2 in Führung gingen. Anscheinend waren wir Belgier in den Augen der mexikanischen Zuschauer die Underdogs, die Außenseiter, die Guten, der kleine David – der freundlicherweise im ersten Gruppenspiel gegen den Gastgeber verloren hatte! –, während die Sowjets den Part des bösen und anscheinend überlegenen Goliath übernehmen mussten.

In der Verlängerung waren die Sowjets überrascht von unserem Offensivdrang. Hinzu kam, dass ich zwischen den Torpfosten über mich hinauswuchs und mit meinen Paraden und meiner Strafraumbeherrschung die gegnerischen Stürmer schier zur Verzweiflung trieb. Ich strahlte eine Sicherheit aus, die dem Gegner signalisierte: „Raus aus dem Strafraum, der gehört mir!“ Ich spielte vielleicht das Match meines Lebens, das spürte auch das Publikum, das plötzlich anfing, meinen Namen zu rufen, ja zu singen. Der erst 20 Jahre junge Stéphane Demol erzielte schließlich das 3:2 – es sollte das einzige Länderspieltor seiner Karriere bleiben –, Nico Claesen legte mit unserem vierten Treffer nach, bevor Igor Belanow mit seinem dritten Tor der Anschlusstreffer per Foulelfmeter gelang und uns eine spannende Schlussphase bescherte, in der ich mich das eine und andere Mal auszeichnen konnte. Kurz vor dem Abpfiff musste ich bei einem Schuss von Wadym Jewtuschenko mein ganzes Können aufbieten, um den Einzug in das Viertelfinale zu sichern. Und dann endlich der lang ersehnte Schlusspfiff. Der Rest war unbeschreiblicher Jubel … Ich legte einen sagenhaften Sprint zu den Kameraden hin, ich wusste gar nicht, dass ich so schnell rennen konnte.

DAS DUELL MIT ELOY JOSÉ OLAYA

Wer nun gedacht hatte, das legendäre Spiel gegen die Sowjetunion könne nicht mehr getoppt werden, wurde im Viertelfinale eines Besseren belehrt. In der Zwischenzeit hatten wir uns von René Vandereycken und Erwin Vandenbergh verabschieden müssen, die verletzt die Heimreise antraten. Das Spiel gegen die Sowjetunion hatte belegt: Wir waren endlich zu dem viel beschworenen Haufen zusammengewachsen, in dem jeder Einzelne bereit war, für den anderen durchs Feuer zu gehen. Ich sah es als meine Aufgabe an, nicht nur gute Leistungen im Tor zu zeigen, sondern mich auch um die jüngeren Spieler zu kümmern. Plötzlich gehörte das Gerede „vom Einzelgänger und Außenseiter Pfaff“ der Vergangenheit an, jetzt lobten die Journalisten mich dafür, dass ich mich um die unerfahreneren Kameraden kümmerte. In der belgischen Presse werden Spitzensportler oft rasch „hoch geschrieben“ und über den grünen Klee gelobt. Genauso rasch aber werden sie vorschnell und übertrieben kritisiert. In vielen anderen Ländern verhält es sich ähnlich – man möchte Helden verehren und in den Himmel loben, aber freut sich umso mehr, wenn diese Helden Fehler machen und sich als schwach erweisen. Mir wäre eine sachlichere Berichterstattung lieber, aber die Medien leben nun einmal von Quoten. Da braucht es anscheinend jeden Tag eine neue Geschichte und einen Star, den die Journalisten zuerst hochjubeln und dann wieder niederschreiben können. So ist das Geschäft, aber ich muss das ja nicht gut finden.

Jetzt waren wir also wieder einmal obenauf. Die Presse lobte uns, unsere Einstellung stimmte. Wir glaubten an unsere Chance, in der Runde der letzten acht Teams bestehen zu können. Die Einstellung war dringend notwendig, immerhin ging es in Puebla im Stadion Estadio Cuauhtémoc gegen die Spanier, die im Achtelfinale die spielstarken Dänen mit einem unglaublichen 5:1 nach Hause geschickt hatten, wobei „El Buitre" („Der Geier") Emilio Butragueño gleich viermal traf. Unser Spiel gegen die Iberer selbst war gar nicht so hochklassig, wir führten lange Zeit durch ein Kopfballtor unseres Kapitäns Jan Ceulemans, mussten jedoch kurz vor Schluss der regulären Spielzeit in der 85. Minute den Ausgleich durch einen fulminanten und unhaltbaren Weitschuss hinnehmen. In der Verlängerung passierte nicht mehr allzu viel, und so musste die Entscheidung in einem Elfmeterkrimi fallen, in dem ich zum glücklichen und Eloy José Olaya auf der spanischen Seite zum tragischen Helden wurde, weil ich den Elfmeter des Spaniers parieren konnte. Und da alle weiteren Schützen vom Punkt aus trafen, konnte Leo van der Elst seinen Elfmeter zum 5:4 verwandeln. Insgeheim hatte ich auf ein Elfmeterschießen spekuliert, weil ich hoffte, dabei eine meiner großen Stärken ausspielen zu können. Und so kam es auch – mithilfe meines gehaltenen Elfers standen wir im Halbfinale der Fußballweltmeisterschaft. Nico Claesen, Hugo Broos, Enzo Scifo, Patrick Vervoort und Leo van der Elst – das sind die Namen der fünf Elfmeterschützen, die sich in die belgischen Fußballgeschichtsbücher eintragen durften. Und das gilt auch für mich, den „kleinen Jean-Marie“, aus dem nun ein ganz Großer geworden war und der im Halbfinale gegen Maradona antreten durfte.

ALLEIN GEGEN MARADONA

Der Jubel in der Heimat kannte einmal mehr keine Grenzen. Carmen rief mich an und berichtete mir, man würde mich in Belgien als Helden feiern. Dass ein Fußballspiel so viel bewirken und solche Emotionen freisetzen kann, hat mich damals gefreut und erstaunt, zugleich aber auch erschreckt und mir ein bisschen Angst eingeflößt. Für uns Spieler und für eine einigermaßen ruhige Vorbereitung auf das nächste Spiel war es jedenfalls von Vorteil, dass wir von der Aufregung, der Freude und der Hysterie in der Heimat nicht allzu viel mitbekommen haben.

Manchmal sind es gar nicht die großen und bedeutsamen Erlebnisse, die man einfach nicht vergessen kann und will. Wenn ich mich an das Halbfinale gegen Argentinien erinnere, muss ich auch an die Bundesliga denken. Der Grund dafür ist Otto Rehhagel, der damals Trainer von Werder Bremen war und den ich stets als sehr ehrlichen, fairen und authentischen Trainer erlebt habe, für den der Begriff „Respekt“ dieselbe überragende Bedeutung im Sport hat wie für mich. Während heutzutage auf den Wunsch des Trainers eine Mannschaft zusammengekauft wird, standen die Trainer früher oft vor der Herausforderung, mithilfe ihrer Motivationskünste ein Team zu schmieden. Mithilfe seines psychologischen Geschicks und seiner hohen Fußballkompetenz ist Otto Rehhagel dies immer wieder gelungen. Er hat es verstanden, aus Einzelspielern eine Einheit zu bilden.

Als ich am 25. Juni 1986 in das mit 114.500 Zuschauen restlos ausverkaufte Azteken-Stadion in Mexiko-Stadt einlief, hörte ich, wie jemand auf der Tribüne ständig brüllte: „Jean-Marie, Jean-Marie!“ Erst dachte ich, es sei ein verrückter Fan, aber es hörte einfach nicht auf. Irgendwann schaute ich herüber und sah, wer mich da anfeuerte: Otto Rehhagel winkte mir von der Tribüne aus begeistert zu. Das werde ich nie vergessen – genauso wie das Spiel nicht, in dem ich von dem weltbesten Fußballer zweimal bezwungen wurde.

Das Halbfinale fand eigentlich nicht zwischen Belgien und Argentinien statt, sondern zwischen Belgien und dem FC Maradona. Und selbstverständlich war Argentinien der haushohe Favorit, auch wenn Maradona uns im Vorfeld sehr lobte, Eric Gerets als den besten Verteidiger des Turniers bezeichnete und von mir als einem „Phänomen“ sprach.

Kurzzeitig gab es den Plan, Maradona und mich in einem Treffen zusammenzuführen, damit sich die zwei Stars der beteiligten Teams austauschen konnten. Das ging mir ein bisschen zu weit, und ich war froh, als sich das Treffen zerschlug. Die Begründung lautete, solch ein Treffen würde die Konzentration stören. Diese Begründung hielt ich für unangemessen, denn es war niemand anderer als unser damaliger Kronprinz Philippe, der uns vor dem Spiel gegen Argentinien in der Kabine aufsuchte. Und das sollte nicht zu einem Konzentrationsverlust führen? Es war jedenfalls nicht der günstigste Moment für uns, unseren Kronprinzen persönlich kennenzulernen. Der Besuch war gut gemeint, aber unangebracht. Spielentscheidend und verantwortlich für unsere Niederlage gegen den FC Maradona war er jedoch nicht. Das traf eher auf jene zwei Maradona-Tore zu, wobei der zweite Treffer, bei dem Diego vier unserer Spieler umkurvte und auch mir keine Chance ließ, viele für ein ebenso faszinierendes und spektakuläres Tor halten wie das Jahrhunderttor, das er gegen England im Viertelfinale zum zwischenzeitlichen 2:0 erzielt hatte.

ZUM DRITTEN MAL IN DER VERLÄNGERUNG

Das „kleine Finale" genießt seit jeher einen eher schlechten Ruf. Die beiden Teams, die sich kurz vor dem Ziel von dem großen Traum verabschieden mussten, Weltmeister zu werden, mobilisieren noch einmal alle vorhandenen – und nicht vorhandenen – Kräfte, um ein gutes Spiel abzuliefern. Das ist man den Fans einfach schuldig, und so dachten auch wir, obwohl die Spiele in der mexikanischen Höhenluft sowohl die Franzosen als auch uns an die physischen und mentalen Grenzen geführt hatten.

Die Franzosen mussten sich in ihrem Halbfinale gegen Deutschland geschlagen geben und traten im Spiel um Platz 3 nicht mit ihrer besten Mannschaft an. So fehlte zum Beispiel Michel Platini – das hat einige von uns schon verärgert, denn es ist immer eine Ehre, sich mit den Besten der Besten zu messen. Michel Platini hatte Frankreich zwei Jahre zuvor fast allein zum Europameister-Titel geschossen und auch in Mexiko tolle Spiele abgeliefert. Im Viertelfinale konnte die Équipe Tricolore Brasilien in einer hochklassigen und dramatischen Begegnung im Elfmeterschießen aus dem Turnier werfen.

Wir hatten bei Weitem mehr erreicht, als uns irgendjemand zugetraut hatte. Nach der Niederlage gegen Argentinien wurde kräftig gefeiert, die Vorbereitung auf das Spiel um Platz 3 litt ein wenig darunter. Wir rissen uns jedoch zusammen und lieferten ein engagiertes und passables Spiel ab, in dem wir uns erst in der Verlängerung mit 2:4 geschlagen geben mussten, nachdem es nach 90 Minuten 2:2 stand. Wir spürten jeden Knochen und jeden Muskel in unseren Körpern, immerhin mussten wir in den drei K.-o.-Spielen zuvor zweimal in die Verlängerung gehen. Wir waren physisch und mental am Ende, zugleich aber auch glücklich und stolz über eine gelungene Weltmeisterschaft. Unsere Fans in der Heimat sahen das nicht anders und so kam es zu jenem begeisterten Empfang auf dem Grote Markt in Brüssel.

BELGISCHE EMOTIONEN PUR

Bereits der Empfang am Flughafen war gigantisch. Als ich aus dem Flugzeug stieg, fühlte ich mich wie der Papst, die Menschen sangen meinen Namen, ich zitterte vor Emotionen, ich sah meinen Schwiegervater mit Tränen in den Augen, all die Beveren-Fans von früher, die alten Freunde und sogar ehemalige Lehrer, die fahnenschwenkenden Menschen – es war einfach unbeschreiblich und ist bis heute unvergesslich. Ich saß in meinem eigenen Papamobil oder Papstmobil, das mich zum Grote Markt chauffierte. Die Menschen feierten uns, sie waren aus dem Häuschen, einige schlugen dabei etwas über die Stränge, es war nicht alles normal, was da geschah. Als wir uns nach einem Empfang im Rathaus auf dem Rathausbalkon

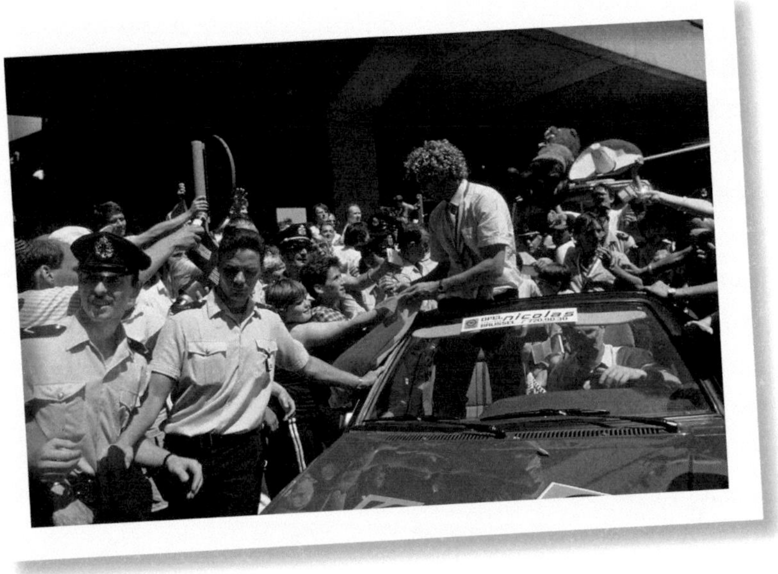

Nach der WM 1986 sprengt der Empfang der „Roten Teufel“ in Brüssel alle Grenzen.

versammelten, wurde ich immer wieder nach vorn gerufen, jedes Mal brach der Jubel von Neuem los, als ob ein Tor gefallen wäre, das uns endgültig zu Weltmeistern gemacht hatte. Ich war auf dem Höhepunkt meiner Karriere angelangt – und unendlich stolz darauf.

Es war vor allem diese erfolgreiche Weltmeisterschaft, die dazu führte, dass ich 1987 für die Leistungen im Jahr 1986 zum besten Torhüter der Welt gekürt wurde. Hinzu kam das Double mit der deutschen Meisterschaft nach dem Herzschlagfinale mit Bremen und dem DFB-Pokalsieg gegen den VfB Stuttgart – all dies mündete in jene Auszeichnung ein, die diesem Buch den Titel gibt: Vom Straßenfußballer zum Welttorhüter.

VOM STRASSENFUSSBALLER ZUM WELTTORHÜTER

Walter Zenga, Peter Schmeichel, Oliver Kahn, Gianluigi Buffon, Iker Casillas, Manuel Neuer – das sind nur einige der illustren Namen, mit denen ich auf Augenhöhe auf der Liste der weltbesten Torhüter stehe. Die Auszeichnung wird seit 1987 vergeben und ich freue mich, dass ich der erste Torwart war, den die Jury aus Vertretern ausgewählter Fußballfachredaktionen und zahlreichen Fußballexperten zum Welttorhüter gewählt haben. 2018 ist mit Thibaut Courtois ein weiterer belgischer Torwart in den Genuss dieser Ehre gekommen.

Solche Auszeichnungen sind eine schöne Bestätigung der Leistungen, die ein Sportler erbracht hat. Ich werde nie das erhebende Gefühl vergessen, als ich 1978 den Goldenen Schuh erhielt und zum herausragenden Fußballspieler des Jahres in der belgischen Liga gekürt wurde. Genauso stolz war ich, als ich keine zehn Jahre später zum Welttorhüter ernannt wurde. In solchen besonderen Momenten meines Lebens habe ich mit Tränen in den Augen an meinen Papa und das Versprechen gedacht, das ich ihm gegeben hatte. Und an seine Worte: „Aus dem Jean-Marie wird mal ein ganz Großer!“ Ich hatte es geschafft. Aus dem kleinen Jeanke, dem Straßenfußballer, der sich für die Erfüllung seines Traums so oft in den Schlamm geschmissen und sich an einen Baum gehängt hatte, um zu wachsen, war der Beste in seinem Bereich geworden.

Können, Fleiß, Ehrgeiz, Disziplin und auch ein wenig Glück sind notwendig, um der Beste auf einem Gebiet zu werden. Jede Auszeichnung ist der Lohn für den entbehrungsreichen und nicht immer leichten Weg, der zur Spitze führt. Ich habe es jedes Mal als besondere Wertschätzung empfunden, wenn

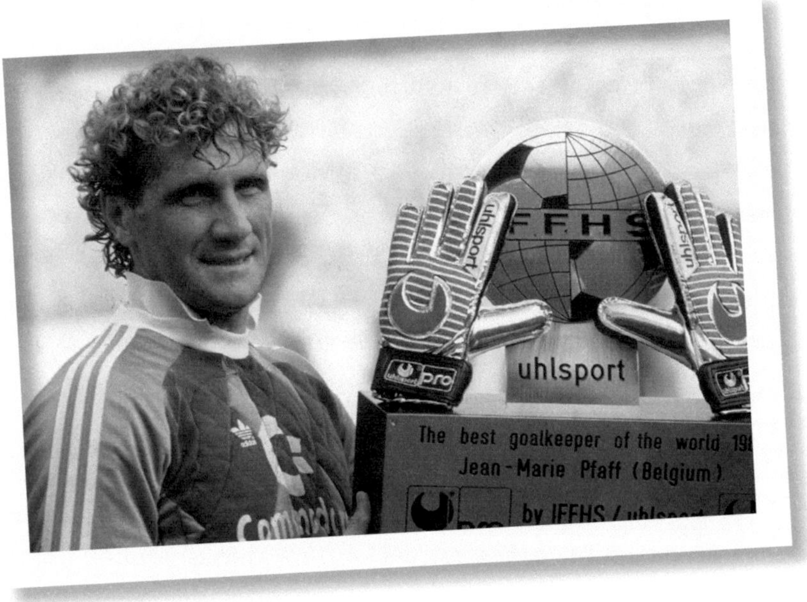

Ganz oben angekommen:
Der „kleine Jeanke" wird zum Welttorhüter gewählt!

mich Fußballexperten ausgezeichnet haben. Ich denke zum Beispiel an Edson Arantes do Nascimento, besser bekannt als Pelé, der mich 2004 anlässlich des 100-jährigen Bestehens der Internationalen Fußballorganisation FIFA in die Liste der 125 besten noch lebenden Fußballer aufgenommen hat. Oder an die Auszeichnung „Golden Foot", bei der in Monaco unter der Schirmherrschaft von Fürst Albert II. jedes Jahr aktive und ehemalige Spieler als Legenden geehrt werden. Die Auszeichnung, die „Golden Foot" genannt wird, weil die Preisträger ihre Fußabdrücke auf der Champions Promenade in dem Stadtstaat hinterlassen können, ging im Jahr 2014 an mich. Seitdem darf ich mich auch offiziell eine Legende nennen.

Des Weiteren bin ich bei der Rangliste des deutschen Fußballs, bei der die Fußballspieler der deutschen Bundesliga bewertet werden, mehrmals in die Kategorie „Weltklasse“ eingestuft worden. Die Bewertung wird vom kicker-Sportmagazin durchgeführt und gilt als sehr renommierte und anerkannte Expertenbewertung.

ÜBER DIE WERTSCHÄTZUNG DER FANS GEHT NICHTS!

Selbstverständlich freut es mich, wenn es von Expertenseite diese Anerkennungen und Preise gibt. Aber mit noch mehr Stolz erfüllt es mich, wenn mir die Zuneigung und Wertschätzung der Fans entgegenschlägt. Denn diese Wertschätzung kommt aus tiefstem Herzen. Eine der schönsten Stücke in meiner Sammlung, die aus Trophäen, Pokalen, Auszeichnungen, Urkunden und Fanutensilien besteht, ist ein Brief, hinter dem sich eine schöne Geschichte verbirgt: Den Brief hat mir Gilbert de Greeve überreicht. Er war seit 1970 Direktor der Rijksmuziekacademie (Staatliche Musikakademie) in Antwerpen. Dem Brief lag ein Zeitungsausschnitt mit einem Artikel bei, in dem ein Reporter aus Antwerpen über den Golfkrieg berichtete; dabei erwähnte er auch ein Kriegsgefangenenlager im Irak. Als der Reporter sagte, er komme aus Belgien, meinte einer der Gefangenen: „Belgien, ist das nicht das Land, aus dem Jean-Marie Pfaff stammt?“ Abgesehen von dem traurigen Anlass – den Besuch eines Kriegsgefangenenlagers –, war es für mich schon erstaunlich, wo überall ich Fans hatte.

Gilbert de Greeve fragte mich damals, ob ich diese Menschen, die sich in Kriegsgefangenschaft befanden, nicht unterstützen könne. Natürlich wollte ich das, wenn das möglich war. Vielleicht könnten unterschriebene Autogrammkarten sie einen Moment lang ihr Elend vergessen lassen, so Gilbert de Greeve. Selbstverständlich kam ich diesem Vorschlag gern nach. Ich hoffe aufrichtig, dass die Autogrammkarten ihren Bestimmungsort erreicht haben, aber ich weiß es nicht, ich habe nie wieder etwas davon gehört.

Eine weitere tolle Fangeschichte ist die Story, die mir von Zuhörern der BRT-Radiosendung „Wat is van de Sport?“ erzählt wurde. Ein belgischer Rennfahrer, der an der Rallye Paris–Dakar teilgenommen hatte, berichtete, er habe im Senegal in einer abgelegenen Hütte um Hilfe bitten wollen, als es ein Problem mit seinem Wagen gab. Und was hing dort an einer Wand jener einfachen Hütte? Ja, ein Poster von Jean-Marie Pfaff. Es ist ein unheimlich schönes und zu Herzen gehendes Gefühl, wenn du erfährst, wenn du spürst, dass du anderen Menschen etwas bedeutest. Das ist mehr wert als jede Expertenauszeichnung.

„KOMM DOCH MAL VORBEI, JEAN-MARIE“

Ja, die Zuneigung und Wertschätzung der Fans: Die Zeit in München hat mir all die schönen Seiten des Fußballs gezeigt und nur manchmal die schlechten. Ich bin stolz darauf, dass mir heute noch die Herzen vieler Menschen entgegenschlagen, wenn ich nach München komme. „Komm doch mal vorbei, Jean-Marie“, heißt es dann. Ich glaube schon, dass ich etwas hinterlassen habe in Deutschland, als Fußballer und Torwart, aber vor allem als Mensch. Weil ich nie zwei Gesichter gezeigt habe, sondern stets offen und ehrlich zu den Menschen war und nicht unnahbar, sondern als Mensch zum Anfassen aufgetreten bin, der jedem, ohne zu zögern, in die Augen blicken kann.

Es mag naiv und blauäugig gedacht sein, aber ich bin der Meinung, dass es mehr gute als schlechte Menschen gibt. Es gehört zu unseren Aufgaben als Mensch, andere glücklich zu machen. Wenn möglichst viele so denken und handeln würden, wäre es besser um unsere Welt bestellt. Auch wenn diese Haltung zuweilen ausgenutzt wird. Mit den wenigen schlechten Menschen, mit den falschen Freunden und Heuchlern, denen ich begegnet bin und begegne, muss ich halt zurechtkommen. Wir dürfen es nur nicht zulassen, dass das Gift der Missgunst und des Neides, das sie manchmal verspritzen, unsere Gemüter verfinstern.

Wichtig für mich ist: Es darf beim Fußballspielen nicht zuallererst ums Geld gehen, sondern darum, seine Ziele zu erreichen. Sich Ziele zu setzen und alles dafür zu tun, sie zu verwirklichen. Das war mein Lebensmotto auch in der Münchner Zeit, als der Fußball für mich einen zentralen Lebensmittelpunkt darstellte.

Ich habe mich immer sehr gern um andere Menschen gekümmert. Davon erzählt auch meine Tochter Debby. Der Redakteur, der mich bei der Verfassung meiner Autobiografie unterstützt hat, hat dazu ein Interview mit ihr geführt.

Interview mit Jean-Maries Tochter Debby

„Wir lieben unseren Vater dafür, dass er so ist, wie er ist!“

Debby, wie hast du die Münchner Zeit in Erinnerung?
Die Anfangszeit war nicht leicht für uns, alles war neu, die Stadt, die Umgebung, die Schule oder der Kindergarten, die anderen Kinder, vor allem die fremde Sprache. Als wir 1982 nach München zogen, war ich sieben Jahre alt, Kelly und Lyndsey waren fünf und vier Jahre alt. Wir hatten in Belgien auch Freunde, die wir natürlich vermisst haben. Aber unsere Eltern haben alles dafür getan, dass wir uns wohlfühlen konnten. Auch mein Papa hat sich um vieles gekümmert, wenn er nicht gerade unterwegs war.

Woran denkst du zum Beispiel?
Etwa an die Faschingszeit in München, wenn mit den Spielern des FC Bayern gefeiert wurde. Wir Kinder durften mit dabei sein und waren als Prinzessinnen verkleidet. Ich erinnere mich auch an das Münchner Oktoberfest: Mein Papa in Lederhosen und in bayerischer Tracht, meine Mutter und die Frauen im Dirndl. Auch hier waren wir immer mittendrin, dafür hat mein Papa gesorgt. Mein Vater ist jemand, der sich gern um andere kümmert und anderen helfen möchte.

Wie meinst du das?
Dafür gibt es sehr viele Beispiele. Das fing schon damit

an, dass er mir, als ich ungefähr zehn Jahre alt war, Fahrunterricht gegeben hat, damals mit einem BMW. So viele Jahre danach kann ich das ja ruhig erzählen (lacht). Ich glaube, alle drei Töchter können bestätigen, dass er, wenn er da war und sich um uns gekümmert und mit uns etwas unternommen hat, ganz und gar in der Vaterrolle aufgegangen ist. Es gab keine halben Sachen, er war so richtig mit dabei. Ich erinnere mich an viele schöne Stunden, in denen er mit uns Kindern gespielt hat.

Ist das bei seinen Enkelinnen und Enkeln genauso?
Ja, dafür ein anschauliches Beispiel. Meine Eltern und meine Familie wohnen knapp 40 Kilometer auseinander. Manchmal kam mein Vater mit dem Auto zu uns, um einen seiner Enkel – meine Söhne heißen Keano und Liam – irgendwo hinzufahren, etwa zum Sport oder zu einer Veranstaltung. Ein paar Stunden später holt er sie wieder ab und bringt sie zu uns, um danach nach Hause zu fahren. Ein sehr großer Aufwand, aber er macht das so gern für seine Enkel. Mittlerweile sind Keano und Liam älter und selbstständig, aber er kümmert sich dann auf eine andere Weise. So handelt mein Vater sehr oft, und so hat er sich damals auch um uns Kinder gekümmert.

Ist das manchmal nicht fast schon ein bisschen viel Kümmern?
Vielleicht. Letztendlich jedoch ist es ein Zeichen der tiefen emotionalen Verbundenheit, die zwischen meinem Vater und uns, seinen Töchtern, und zwischen ihm und seinen

Enkelkindern besteht. Diese Verbundenheit gibt es auch bei meiner Mutter. Es geht nicht um materielle Zuwendung, sondern darum, dass mein Papa mit Herz und Seele für uns da sein will. Wenn wir ihn brauchen, ist er immer für uns da. Es ist schön zu wissen, dass wir mit ihm jemanden an der Seite haben, der uns Schutz und Hilfe gibt.

Welche Erinnerungen verbindest du mit dem Karriereende 1991 deines Vaters?

Na ja, da war ich 16 Jahre alt, oft mit dem Moped unterwegs und mit vielen anderen Dingen beschäftigt. Allgemein gesprochen hat uns unser Vater sehr häufig das Gefühl gegeben, für uns da zu sein, während der Karriere als aktiver Fußballer und auch danach. Aber er musste auch lernen, loszulassen und zu akzeptieren, dass wir Kinder einen eigenen Willen haben. Ich glaube, in seinen Augen sind wir noch die kleinen Kinder, um die er sich rund um die Uhr kümmern will.

So geht es vermutlich viele Müttern und Vätern.

Ja, so ist mein Papa halt nun einmal, und dafür lieben wir ihn!

LIEGESTÜTZE, WERBEPARTNER, BOOTSFAHRTEN UND WEIN VON EINER LEGENDE

Aber selbstverständlich habe ich nicht nur hart trainiert, mich intensiv auf Spiele vorbereitet und erfolgreich das Tor gehütet. Sicherlich, selbst im Urlaub habe ich trainiert, mich vorbereitet und Kondition aufgebaut, um mich in der nächsten Saison wieder als Nummer 1 behaupten zu können. Dabei haben mir meine Kinder „geholfen". Ich erfand die Übung „Papa-mit-Kind-Liegestütze". Eines der Kinder – oder manchmal auch mehrere – setzte sich auf meinen Rücken und ich begann kräftig zu pumpen. Wieder und immer wieder; ich habe diese und ähnliche Übungen dreimal am Tag wiederholt. Oder ich joggte mit den Töchtern durch den Wald.

Es gab auch ein Leben neben dem Fußballplatz, etwa die beglückenden Stunden mit der Familie, mit Carmen und unseren drei Kindern, die in den 1980er-Jahren groß geworden sind. Als wir 1982 nach München zogen, waren die Kinder sieben, fünf und vier Jahre alt. Auch sie standen vor der Herausforderung, eine fremde Sprache erlernen zu müssen, sodass auch Carmen im Rückblick sagt, dass die Zeit nicht immer leicht, sondern oft anstrengend verlief.

Carmen kümmerte sich um die geschäftlichen und kaufmännischen Aufgaben und Herausforderungen und verhandelte mit Werbepartnern und Sponsoren, mit Anbietern von Pizzen, Brillen und Kleidung. Weil ich bei den Menschen so beliebt war, rannten uns die Unternehmen mehr oder weniger die Tür ein, um mich als Werbepartner zu gewinnen. Ich war sehr froh, dass Carmen die herausfordernde und umfangreiche Betreuung der Sponsoren übernommen hatte. Sie be-

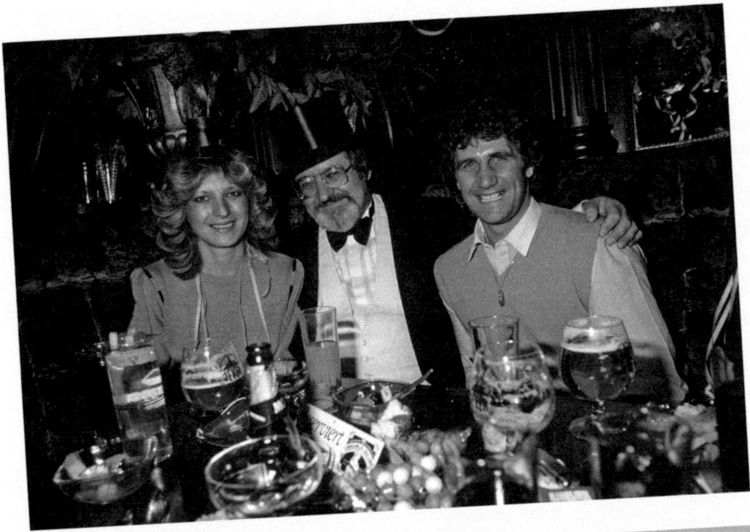

Menschlichkeit im Fußball: Carmen und Jean-Marie mit Willi O. Hoffmann

herrschte die fremde Sprache immer besser, recht bald schon führte sie die Vertragsverhandlungen auf Deutsch.

Die Kinder besuchten europäische Schulen oder den Kindergarten und fanden rasch Freundinnen und Freunde. Es ist unglaublich, wie schnell sich die Kinder an die neue und ungewohnte Umgebung gewöhnten. Das funktioniert bei Kindern sehr viel unproblematischer als bei Erwachsenen.

Carmen, Debby, Kelly und Lyndsey waren in Unterhaching zufrieden und glücklich. Das änderte sich auch nicht, als wir später nach Baldham in die Fichtenstraße umzogen, knapp 20 Kilometer östlich von München gelegen, in der Gemeinde Vaterstetten im oberbayerischen Landkreis Ebersberg. Zufrieden und glücklich – das galt auch für mich, nicht zuletzt deshalb, weil wir in der Münchner Zeit viele zuvorkommende und herzliche Menschen kennenlernen durften. Ich will nur einige Beispiele nennen, etwa den damaligen Präsidenten des FC Bayern München, Willi O. Hoffmann, einen unheimlich netten, ehrlichen und zuvorkommenden Menschen, der aufgrund seiner heiteren Persönlichkeit und Feierfreudigkeit von den Medien mit dem Spitznamen „Champagner-Willi" belegt wurde. „Ich bin immer für dich da, wenn du Unterstützung brauchst", hatte Willi O. Hoffmann mir nach dem Trubel um den Reinders-Einwurf versprochen Und er hat Wort gehalten. Wenn ich verletzt war, hat er sich jedes Mal bei mir gemeldet und mir Mut zugesprochen.

Auch mit Sepp Maier hat mich eine wahre Freundschaft verbunden, ebenso wie mit Joseph Safrany, einem Ungarn, der in München lebte und bei meinem Wechsel nach München eine wichtige Rolle gespielt hat, indem er die Klubverantwortlichen in ihrer Entscheidung für mich bestärkte.

Joseph Safrany, der mit seiner Frau Erika in Ottobrunn bei München lebte, war unter anderem mit Uli Hoeneß befreundet und bei dem Turnier in Toulouse mit dabei, bei dem die Verantwortlichen aus München auf mich aufmerksam geworden sind, auch weil Joseph meinte, ich sei ein sehr guter Torwart, der zu Bayern München passen würde. Joseph hat mich 24 Stunden am Tag unterstützt, vor allem in heiklen Situationen, etwa bei meinen zahlreichen Operationen; dafür bin ich ihm sehr dankbar.

In unserer gemeinsamen Freizeit haben wir sehr oft Ausflüge, Bootsfahrten auf dem Starnberger See und Flussfahrten auf der Isar unternommen. Und dann denke ich an all die schönen Stunden jedes Jahr auf dem Oktoberfest und an die

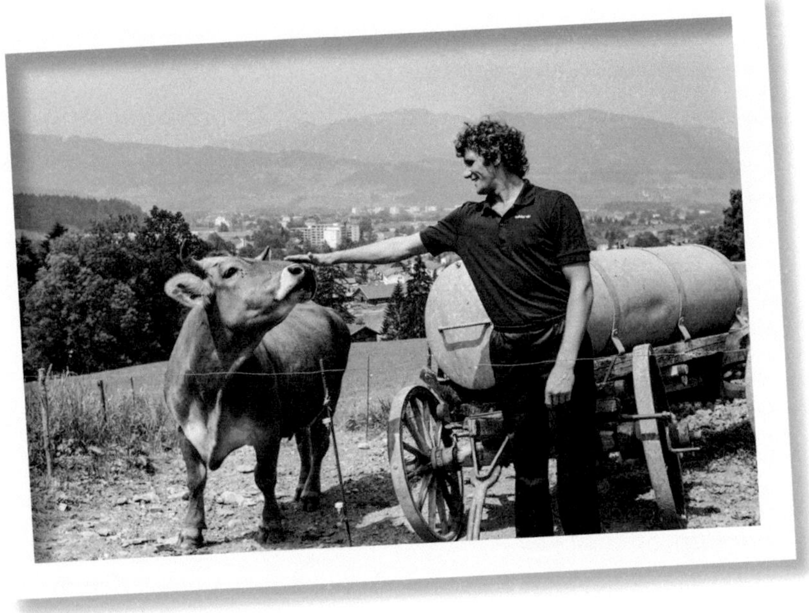

„Ich war ein Belgier und jetzt bin ich ein Bayer."

feierwütige Faschingszeit. Es war einfach herrlich. Zumal es immer wieder zu sehr erfreulichen Begegnungen und Erlebnissen kam. So erinnere ich mich gern und mit Stolz daran, dass mir während meiner schweren Leistenoperationszeit niemand anderer als Fritz Walter, der legendäre Weltmeister von 1954, der jahrelang im Mittelfeld des 1. FC Kaiserslautern den Dirigentenstab geschwungen hat, drei Flaschen Wein zugeschickt hat. Gegen den 1. FC Kaiserslautern haben wir Bayern viele sensationelle Spiele auf dem Betzenberg ausgetragen.

ZU ÜBERMÜTIG: BITTERE NIEDERLAGE IN WIEN

Sensationelle Spiele: Die gab es auch im Jahr 1987 reichlich, meinem letzten großen Bayern-Jahr. Zu den herausragenden Spielen 1987 gehörte das Endspiel im Praterstadion – dem späteren Ernst-Happel-Stadion – im Pokal der Landesmeister, der heutigen Champions League. Wir galten in der Auseinandersetzung am 27. Mai mit dem FC Porto als der große Favorit. Das Spiel erinnert mich in vielerlei Hinsicht an das Endspiel gegen den FC Chelsea im Jahr 2012, als der FC Bayern im „Finale dahoam" als der große Favorit um den Titel galt und in einem wieder einmal dramatischen Match im Elfmeterschießen gegen Chelsea unterlag – vom „Finale dahoam" zum „Drama dahoam". Ich bin sicher, dass den Bayern 2012 derselbe Fehler unterlaufen ist wie uns in Wien: Wir haben unsere Gegner jeweils einfach unterschätzt. Nicht bewusst, aber doch unbewusst. Wir waren zu übermütig und meinten, im Halbfinale mit Real Madrid bereits den schwersten Brocken auf dem Weg zum Titel aus dem Weg geräumt zu haben. Und als wir in der ersten Halbzeit auch noch durch Ludwig Kögl in Führung gegangen waren, glaubten wir uns endgültig auf der Siegerstraße zu befinden. Welch ein fataler Irrtum!

Auch 1987 sprachen manche von einem „Heimspiel". Denn so weit lag das Wiener Praterstadion nicht von München entfernt. In beiden Auseinandersetzungen – 1987 und 2012 – ging Bayern München in Führung, es lief eigentlich alles wie geplant. Aber dann in Wien das böse Erwachen – wir verloren gegen Porto doch noch mit 1:2. Die Niederlage gehört neben den verlorenen Finals gegen Chelsea und natürlich 1999 gegen Manchester United, als die Bayern durch zwei Gegentore in der Nachspielzeit den Titel im Camp Nou in Barcelona noch aus der Hand gaben, gewiss zu den bittersten Niederlagen des FC Bayern. Zudem ist mir das unfaire Verhalten des Schiedsrichters in unguter Erinnerung geblieben. Der Referee, Alexis Ponnet aus Belgien (!), forderte mich kurz vor Anpfiff in einer für mich wichtigen Konzentrationsphase auf, das Torwarttrikot zu wechseln, mit der Begründung, es sei nicht gestattet, dass beide Torhüter ein blaues Trikot trügen. Auch mein Kollege im Porto-Tor, Józef Młynarczyk, war in Blau gekleidet. Wollte Alexis Ponnet mich, aus welchen Gründen auch immer, in meiner Konzentration stören? Selbstverständlich hatte mein Landsmann das Recht, mich aufzufordern, das Trikot zu wechseln, aber der Moment war vollkommen inakzeptabel. Mir blieb jedoch nichts anderes übrig, als ein gelbes Torwarttrikot überzustreifen. „Das ist doch nicht weiter schlimm“, sagst du jetzt vielleicht. Ich hatte aber die Angewohnheit, meine wichtigsten Torwartutensilien in der Nacht mit auf mein Zimmer zu nehmen und für das Spiel zu präparieren, das Trikot lag dabei meistens auf dem Nachttisch. Das gehörte zu meinen Vorbereitungsritualen; Fußballer sind ja oft sehr abergläubisch.

Das Ende vom Lied: Ich konnte ausgerechnet in diesem wichtigen Spiel nicht mein geliebtes blaues Trikot tragen. Nun gut, wir haben das Spiel nicht deswegen verloren. Und wohl auch nicht wegen der zweifelhaften Schiedsrichterentscheidungen meines Landmannes, dem wir ein Jahr später im Europapokal der Landesmeister wiederbegegneten, dieses Mal im Viertelfinalrückspiel gegen Real Madrid. Nachdem wir das Hinspiel mit 3:2 gewonnen hatten, setzte es in Madrid in einem Skandalspiel eine 0:2-Niederlage, wir schieden aus. Ein Skandalspiel war es deswegen, weil der Gegner zum Beispiel

Spuckattacken auf uns startete, die der Schiedsrichter gesehen haben muss, jedoch nicht ahndete. Ich fürchte, das hat der Beziehung zwischen Alexis Ponnet und mir endgültig den Rest gegeben.

Meine Mama hat immer gesagt: „Es ist besser zu lachen als zu weinen", aber bei den Begegnungen mit diesem Schiedsrichter und beim Endspiel gegen Porto war mir kaum zum Lachen zumute. An die Momente, als Rabah Madjer mit seinem sensationellen Hackentreffer zum 1:1 die Wende einleitete und Porto kurz danach durch den eingewechselten Juary den 2:1-Siegtreffer erzielte, erinnere ich mich nicht gern. Da denke ich doch lieber an das Halbfinale zurück, das uns nach zwei spannenden Auseinandersetzungen mit Real Madrid ins Endspiel geführt hatte.

DER „TEUFEL VON MADRID" UND EINE EISENSTANGE

„Auseinandersetzungen" – das ist in diesem Fall durchaus wörtlich gemeint. Madrid galt als Topfavorit auf den Titel, uns wurden lediglich überschaubare Außenseiterchancen eingeräumt. Umso erfreulicher, dass wir im Hinspiel in München die Madrilenen mit 4:1 vom Platz fegen konnten. Der Schiedsrichter verwies gleich zwei Real-Spieler des Feldes; zu dem Zeitpunkt stand es allerdings schon 4:1. Bereits dieses Spiel wurde mit allen Mitteln und harten Bandagen geführt, was dann aber zwei Wochen später im Stadion Santiago Bernabéu passierte, schlug dem Fass den Boden aus.

Es ging vor 100.000 Zuschauern drunter und drüber. Klaus Augenthaler wurde bereits nach 30 Minuten vom Platz gestellt, sodass wir über eine Stunde lang in Unterzahl gegen die Stürmerstars von Real verteidigen mussten. Dabei flogen Batterien, Steine und andere Gegenstände auf den Platz – eine Eisenstange verfehlte mich nur knapp, ein Klappmesser war auch mit dabei. Ich darf wohl sagen, dass ich trotz der widrigen, ja zeitweise lebensgefährlichen Begleitumstände ausgezeichnet hielt und eine Topleistung bot. Zu allem Überfluss hatte ich mich am Tag vor dem Spiel beim Abschlusstraining auch noch verletzt, ich war umgeknickt. Mich plagten höllische Schmerzen, auf meinem Knöchel lagen die ganze Nacht Eisbeutel. Keiner der Spieler wusste davon, nur Manager Hoeneß und Trainer Lattek.

Unser damaliger Präsident Fritz Scherer hat nach dem Spiel zu mir gesagt: „Du warst unser Engel!“ Die Spanier allerdings sprachen wegen meiner Paraden vom „Teufel von Madrid“. Ich musste mich nur einmal geschlagen geben – der „Rote Teufel“ aus Belgiens Nationalteam jetzt als „Teufel von Madrid“. Es war wohl einer der schönsten Momente meiner Karriere. Wir verloren zwar mit 0:1, standen aber im Finale, in dem uns Klaus Augenthaler wegen seiner Sperre an allen Ecken und Enden fehlte.

DER ABSCHIED VON BAYERN MÜNCHEN

Bayern München gewann 1987 nach der deutschen Meisterschaft auch noch den DFB-Supercup nach einem 2:1-Sieg gegen den Hamburger SV. Der DFB-Supercup wurde in diesem Jahr zum ersten Mal ausgetragen, in dem Spiel hütete ein Kollege das Tor der Münchner. Obwohl ich eine sehr gute

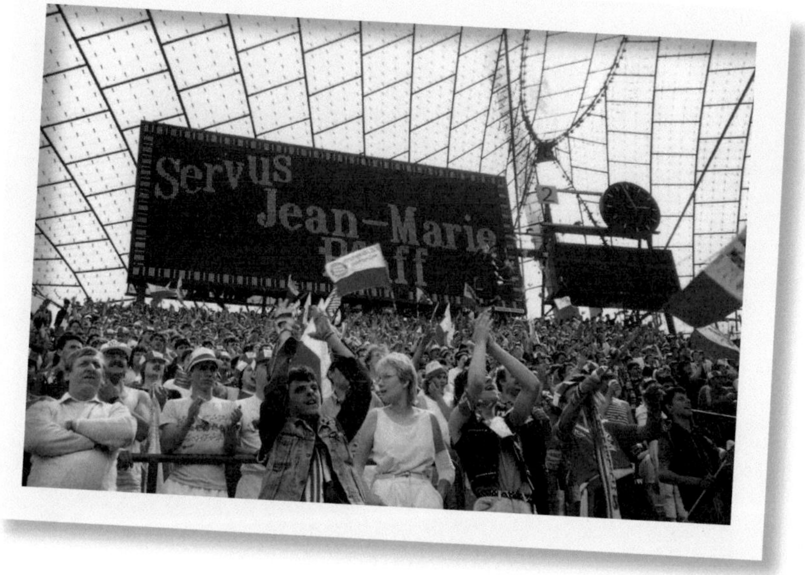

Bewegender Abschied aus München – die Fans sagen „Servus“!

Zeit im Tor hinter mir hatte und 1987 zum Welttorhüter ernannt worden war, überlegte der Klub im Jahr 1988, jemand anderen zur Nummer 1 zu machen. Der Grund: Damals gab es in Deutschland die Regel, das nicht mehr als zwei Spieler aus dem Ausland aufgestellt werden und spielen durften. Anscheinend hatte sich der Verein langfristig für andere ausländische Spieler entschieden, der FC Bayern wollte einen weiteren ausländischen Spieler verpflichten, weil er es bevorzugte, mit zwei ausländischen Feldspielern zu agieren. So eröffneten sich mehrere Rotationsmöglichkeiten. Ein ausländischer Torwart passte dabei nicht ins Konzept. Mein Vertrag lief noch bis 1989; ich hätte mich für knapp ein Jahr auf die Tribüne des Olym-

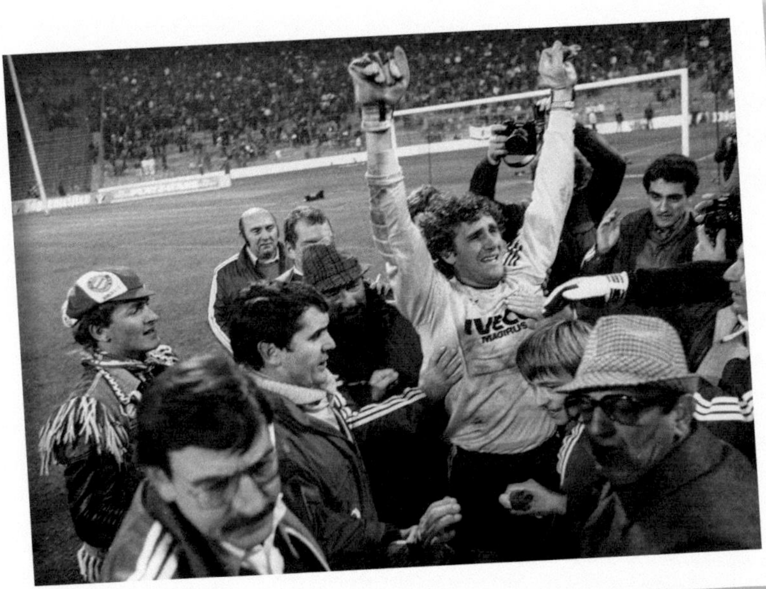

Die Zeit beim FC Bayern München war einfach klasse!

piastadions setzen und mein Geld erhalten können. Das wollte ich nicht, solch ein Typ bin ich nicht. Ich habe meinen Stolz und bin kein Mann, der sein Geld auf der Tribüne verdienen will. So bestritt ich am 14. Mai 1988 gegen den VfB Stuttgart mein letztes Bundesligaspiel für den FC Bayern, das wir mit 2:1 gewannen.

Ein Jahr vor Vertragsende habe ich den FC Bayern München verlassen. Ich bin mit dem Verein korrekt auseinandergegangen, wir haben uns am Schluss alle in die Augen schauen können und uns alles Gute gewünscht. Gern hätte ich in einem Abschiedsspiel den tollen Fans und Menschen in München tschüss gesagt und die Einnahmen gespendet, aber dazu ist es leider nicht gekommen. Das war schade, zumal bei meinem Abschied aus München die fantastische Weltmeisterschaft, die die belgische Nationalmannschaft und ich in Mexiko gespielt hatten, noch gar nicht so lange zurücklag – eine Weltmeisterschaft, bei der ich zur Legende geworden war.

Aber es war, wie es war, das Leben ging weiter – der Abschied von den Bayern stand an. Wohin würde mich mein weiterer Weg führen?

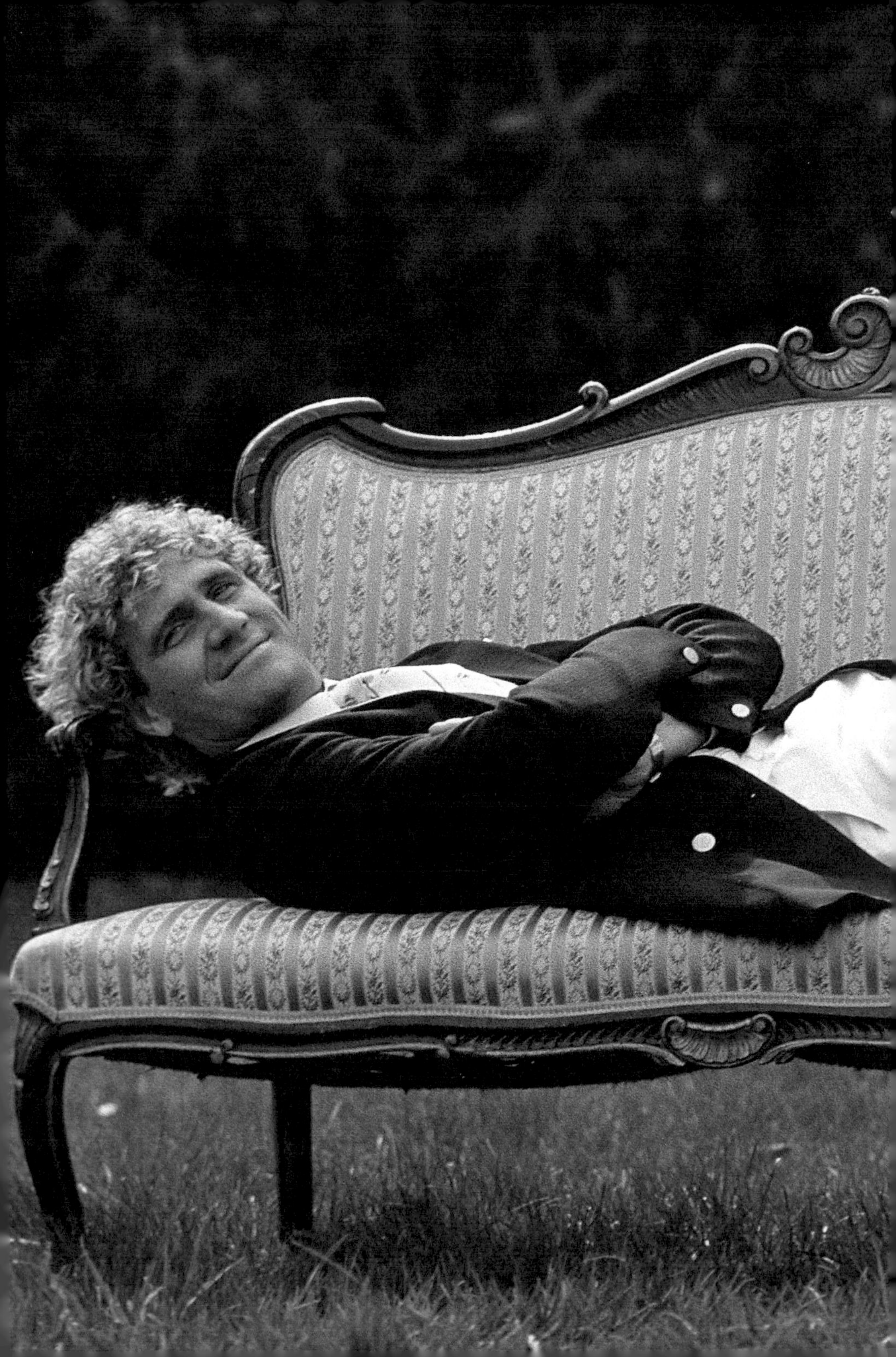

KAPITEL 7

KARRIEREAUSKLANG: „LEBEN WIE GOTT IN DER TÜRKEI“

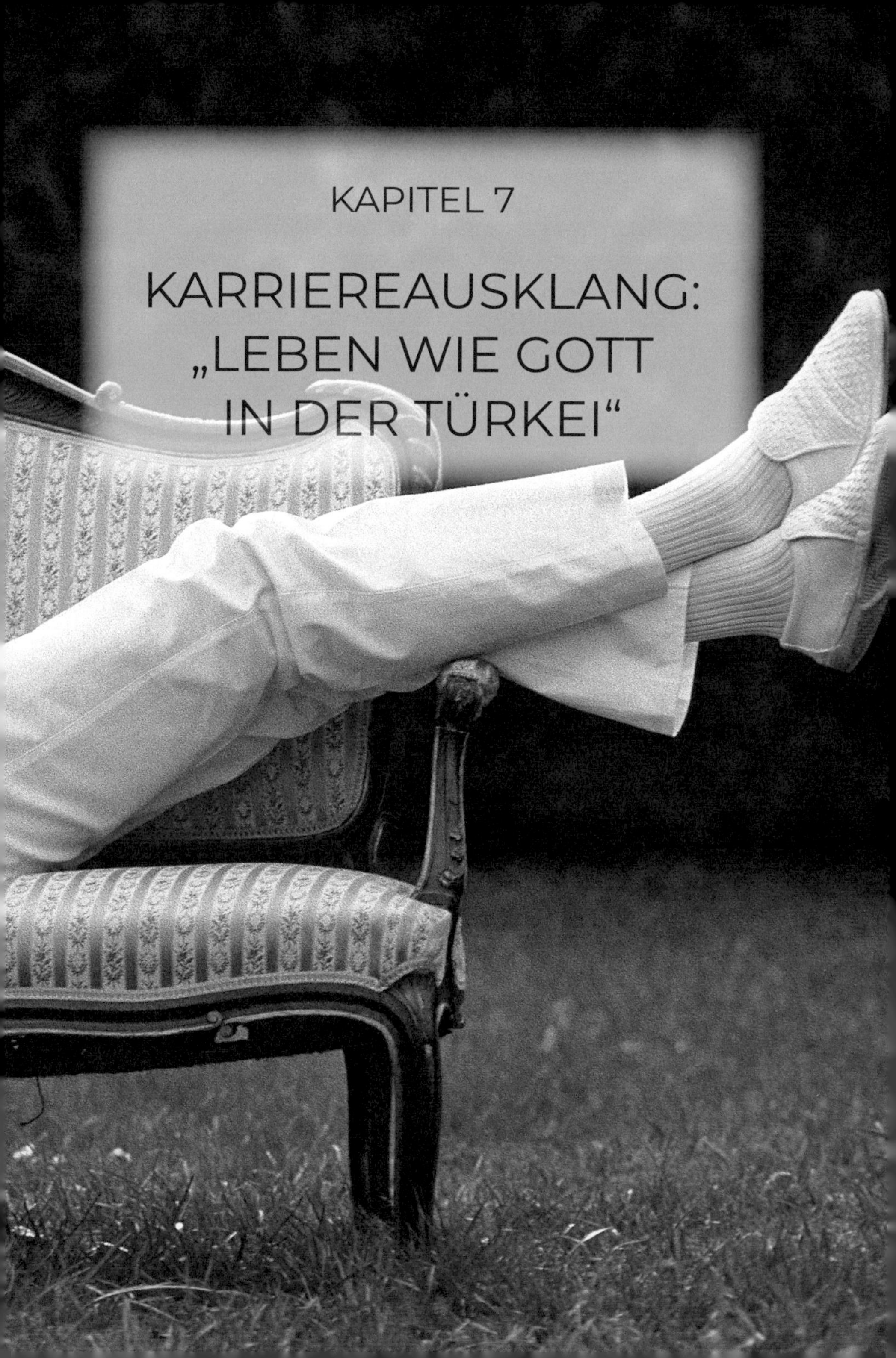

Wenn ich heute beim FC Bayern in einem Atemzug mit Torwartgrößen wie Sepp Maier und Oliver Kahn genannt werde, ist dies eine große Ehre für mich. Bayern hat bis heute selten einen ausländischen Keeper verpflichtet. Umso stolzer macht es mich, als ausländischer, als belgischer Keeper in München erfolgreich gewesen zu sein.

1988 war für mich die Zeit der fußballerischen Abschiede. Die Zusammenarbeit mit dem FC Bayern München wurde beendet und auch meine Karriere in der belgischen Fußballnationalmannschaft ging ihrem Ende entgegen.

Nach einer unglücklichen Äußerung, die ich über Frank van der Elst gemacht hatte, den Guy Thys zum Libero umfunktionieren wollte, was ich nicht richtig fand, trennten sich unsere Wege. Ich bereute meine Äußerung über Frank van der Elst, aber auch bezüglich des belgischen Fußballnationalteams muss gesagt werden, dass jede schöne und erfolgreiche Zeit einmal ein Ende findet.

ZURÜCK IN DER BELGISCHEN HEIMAT

Meine geplante Trennung vom FC Bayern sprach sich rasch herum, und so erhielt ich mehrere Anrufe von Klubs, die an mir interessiert waren. Darunter befanden sich Vereine aus Amerika und dem Nahen Osten, die mit gewaltigen Summen lockten, doch ich lehnte all diese Offerten ab. Auch das Managementbüro von Pelé meldete sich und wollte den Kontakt zu einem Klub aus Tokio herstellen, aber auch dieses Angebot schlug ich aus. Ich hatte zahlreiche Operationen hinter mich gebracht und blickte auf eine enorm erfolgreiche Zeit zurück. Ich musste und wollte mich nicht mehr in anderen, weit entfernten Fußballländern beweisen müssen. Auch als sich Alex Ferguson meldete, der damals Trainer in Aberdeen und später bei Manchester United war, sagte ich ab. Der Grund war, dass ich dem Bierbrauer Theo Maes, dessen Unternehmen damals als Sponsor den Lierse SK unterstützte, meine Zusage gegeben hatte. Ich habe für Theo Maes und sein Unternehmen lange Zeit Öffentlichkeitsarbeit gemacht und meine Popularität genutzt, um die Produkte der Brauerei nach vorn zu bringen. Hinzu kam, dass meine Schwiegermutter und Lieske, eine meiner Schwestern, 1987 gestorben waren. In dieser emotional belastenden Situation zog es mich zurück in die Heimat. Ich sehnte mich nach der Nähe zu meiner Familie und den Menschen, die mir seit Langem vertraut waren. Mein Schwiegervater Edilbert, also der Opa, der von unseren Kindern Bompa genannt wurde und auf unsere Villa in Brasschaat, die wir ein Jahr zuvor gekauft hatten, aufpasste, konnte Unterstützung gebrauchen. Ein Engagement bei meinem alten Verein KSK Beveren lag leider nicht im Bereich des Möglichen, weil mein

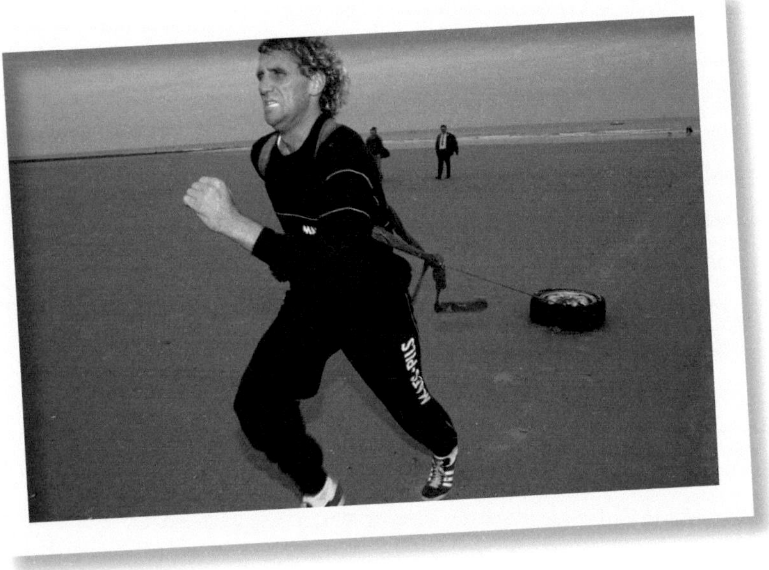

Neue Herausforderung: In Lierse kämpft Jean-Marie mit allen Kräften gegen den Abstieg.

Heimatverein durch einen längerfristigen Vertrag an einen anderen Torwart gebunden war.

All diese Gründe führten schließlich zu der Entscheidung, einen Vertrag beim Lierse SK zu unterschreiben, obwohl ich im Ausland sehr viel mehr hätte verdienen können. Aber ich folgte meinem Herzen. Ich wollte unbedingt wieder auf flämischem Boden spielen.

EIN NEUES GEFÜHL: KAMPF GEGEN DEN ABSTIEG

Der Umzug nach Brasschaat hat uns allen gutgetan. Besonders mein Schwiegervater freute sich, weil er nun seine Tochter und seine Enkelinnen wieder um sich hatte – das zauberte ihm ein Lächeln ins Gesicht, das mir mehr bedeutete als jeder hochdotierte Fußballvertrag. In solchen Momenten bestätigt sich, was Carmen über mich sagt: „Der Jean-Marie ist vor allem ein sehr emotionaler Mensch mit einem großen Herzen!“

Sportlich musste ich selbstverständlich Abstriche machen. Du kannst den Lierse SK nicht mit dem FC Bayern München gleichsetzen, das betrifft den sportlichen Aspekt, aber auch den organisatorischen. Ich musste mich erst einmal daran gewöhnen, nun nicht mehr um die Meisterschaft und den Pokalsieg mitzuspielen. In Lierse ging es nicht um Titel, ganz im Gegenteil, wir kämpften gegen den Abstieg. Auf jeden Fall habe ich in der Saison 1988/1989 dazu beigetragen, dass der Verein und der Trainer Dimitri Davidović die Klasse halten konnten und am Saisonende einen respektablen zehnten Platz belegten. Der Nichtabstieg und der Klassenerhalt waren die wichtigsten Ziele meiner Verpflichtung. Darüber hinaus habe ich meine Erfahrungen an die jüngeren Spieler und die Jugendlichen des Klubs weitergeben und dem Verein in organisatorischer Hinsicht unter die Arme greifen können. Meine Erfahrungen bei einem europäischen Topklub halfen an dieser Stelle natürlich weiter.

DIE TÜRKEN UND ICH – OFFEN, EHRLICH UND HERZLICH

Nach der Saison in Lierse erlebte ich zum Abschluss meiner Fußballkarriere ein tolles Jahr in der Türkei, und zwar bei Trabzonspor Kulübü – oder dem Sportklub Trabzon –, einem Fußballverein aus der türkischen Hafenstadt Trabzon. Der Verein gewann in den 1970er- und in 1980er-Jahren sechsmal die türkische Meisterschaft und gehörte damals zu den wenigen türkischen Vereinen, die nicht in Istanbul ansässig waren und den Meistertitel erringen konnten. Obwohl ich nur eine Spielzeit lang das Tor der Schwarzmeer-Truppe hüten und wegen diverser Verletzungen nur wenige Spiele bestreiten konnte, nämlich 22, ist zwischen dem Klub und vor allem den Fans und mir eine tiefe Freundschaft entstanden, die bis heute anhält. Es kam bei den türkischen Fans sehr gut an, dass sich ein Weltklassetorhüter und eine Torwartlegende wie ich für ein Engagement in der Türkei entschied. Meine offene und ehrliche Art hat ebenfalls dazu beigetragen, dass mich die Fans rasch in ihre Herzen schlossen. Du hast bestimmt an mehreren Stellen meiner Autobiografie festgestellt, dass ich ein Mensch bin, der seine Meinung klar, aufrichtig und geradeheraus sagt. Das galt und gilt neben, vor allem jedoch auf dem Platz. Ich konnte mir nicht erlauben, viele Tore zu kassieren. Deswegen musste ich meine Abwehr konsequent einstellen und klare Ansagen treffen. Meine Art der offenen Worte kam in der Türkei sehr gut an.

Der damalige Präsident des Vereins, Mehmet Ali Yilmaz, war ein netter und sehr vertrauenswürdiger Mensch. Er hat mich damals so von seinem Verein und sich überzeugt, dass ich ohne größere Bedenkzeit unterschrieben habe. Vor allem wegen der fantastischen Fankultur und den Menschen, die bedingungslos hinter ihrem Klub und den Spielern standen, entwickelte sich das Jahr in Trabzon wohl zu dem schönsten in meiner Profilaufbahn. Es passiert mir noch heute, dass ich in Belgien, in Deutschland und in vielen anderen Ländern von Trabzonspor-Fans herzlich begrüßt und umarmt werde. Denn

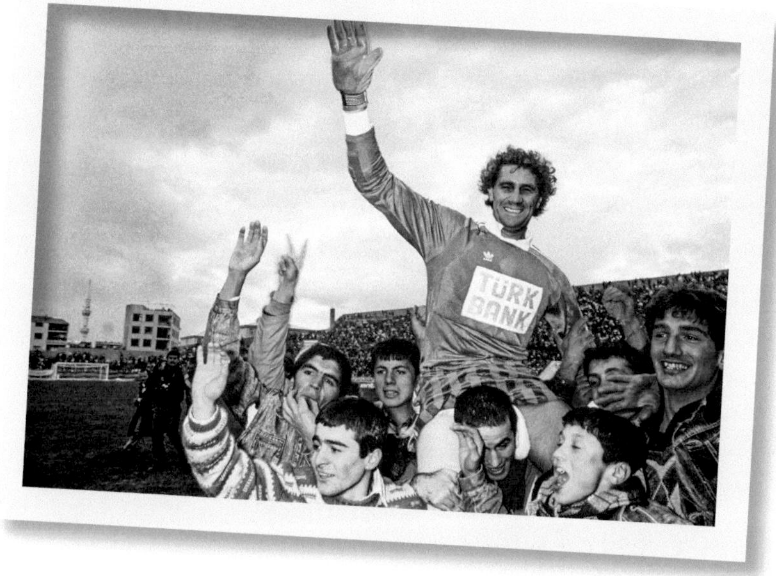

Fan-Liebe: Auch in der Türkei und in Trabzon feiern die Fans „El Sympático“.

der Verein hat überall seine treuen Anhänger. Mit der Zeit in Trabzon verbinde ich ausschließlich positive Erinnerungen. Die Lebensart der Türken und der Menschen in Trabzon ähnelt sehr meiner eigenen Art zu leben und meiner Lebenseinstellung. Das einfache Leben, die ehrlichen und glaubwürdigen Menschen, die denken, was sie tun, und tun, was sie denken, und ihr Herz auf der Zunge tragen – diese Haltung gefällt mir sehr. Es ist die türkische Mentalität, die mir in besonders lebendiger Erinnerung geblieben ist. Das begann schon, als ich auf dem Flughafen in Istanbul von einer riesigen Menschenmenge empfangen und gefeiert wurde. Und das waren nicht nur Trabzonspor-Fans.

Ich hatte mit der Familie vereinbart, dass ich erst einmal ein Jahr lang allein in der Türkei leben sollte, Carmen und die Kinder würden in Belgien bei Bompa bleiben; natürlich würden sie mich des Öfteren besuchen kommen. Die Begeisterung und der Enthusiasmus über meine Verpflichtung waren riesig, ja fast schon wahnsinnig. Überall, wo ich hinkam, waren die Straßen voller Menschen, sie schliefen unter meinem Hotelfenster und begleiteten mich auf Schritt und Tritt, stets mit dem größten Respekt, aber auch voller Erwartungen. „Jean-Marie, Sie sind für sie der Größte", meinte Präsident Mehmet Ali Yilmaz.

ERFOLGE MIT DER KAPITÄNSBINDE AM ARM

Eigentlich hatte ich vorgehabt, für eine längere Zeit in der Heimat Fußball zu spielen und im Tor zu stehen. Meinem Engagement in der Türkei war aber ein unerfreuliches Ereignis vorangegangen. Mein Vertrag in Lierse, der über drei Jahre lief, umfasste die Regelung, dass ich neben dem Fußball für Theo Maes und sein Unternehmen arbeiten durfte. Nun aber gab es eine neue Vereinsführung in Lierse, die etwas gegen diese Regelung einzuwenden hatte und mich schließlich vor die Wahl stellte: gehen müssen oder jene Regelung aufgeben und bleiben dürfen. Ich entschied mich zu gehen, eine gute Entscheidung, wie sich herausstellte. Und so stellte ich mich doch noch einmal der Herausforderung, mich im Ausland zu beweisen.

Als das Angebot aus der Türkei auf dem Tisch lag, habe ich nicht allzu lange gezögert und überlegt. Carmen und ich waren gerade in Ruanda im Urlaub, wo ich mit dem damaligen Präsidenten Juvénal Habyarimana sprechen konnte, der überraschenderweise gut Bescheid wusste über meine Zeit bei den Bayern und in der Nationalmannschaft. Der Ruhm der Weltmeisterschaft 1986 begleitete mich überall auf der Welt. Von Ruanda aus flog ich gleich in die Türkei, um den Vertrag zu unterschreiben, der mir sehr lukrative Konditionen zusicherte. Dass ich meine Leistungen und mich bei Vertragsverhandlungen selbst gut „verkaufen“ musste, hatte ich mittlerweile gelernt, auch von Carmen. In meinem ersten Jahr in München war ich nicht angemessen bezahlt worden, so etwas sollte mir nicht mehr passieren.

Damit begann die wunderschöne Zeit an der Schwarzmeerküste. Der größte sportliche Erfolg war das Erreichen des Pokalendspiels, in dem wir 1990 gegen Beşiktaş Istanbul mit 0:2 unterlagen. Das Finale des Türkiye Kupasi, des türkischen Pokalwettbewerbs, fand im Atatürk-Stadion in Izmir vor über 50.000 Zuschauern statt. Sowohl im Viertel- als auch im Halbfinale musste Trabzonspor über die Verlängerung und das Elfmeterschießen gehen, um das Finale zu erreichen. In beiden Spielen konnte ich einmal mehr meine Qualitäten als Elfmetertöter unter Beweis stellen. Im Viertelfinale gegen Sariyer hielt ich zwei Elfer, ein dritter wurde von einem gegnerischen Spieler verschossen. Richtig dramatisch ging es im Halbfinale gegen Bursaspor zu. Nachdem es nach 90 Minuten 1:1 gestanden hatte und auch in der Verlängerung keine Entscheidung gefallen war – nach 120 Minuten hieß es 2:2-Unentschieden –, gelang es mir, die Elfmeter von Erhan Kiremitci und Ahmet Suphi Evke zu parieren. So zogen wir mit einem 9:8 ins Finale ein.

Besonders stolz war ich, dass ich mittlerweile zum Kapitän des Teams ernannt worden war und meine Mannschaft auch

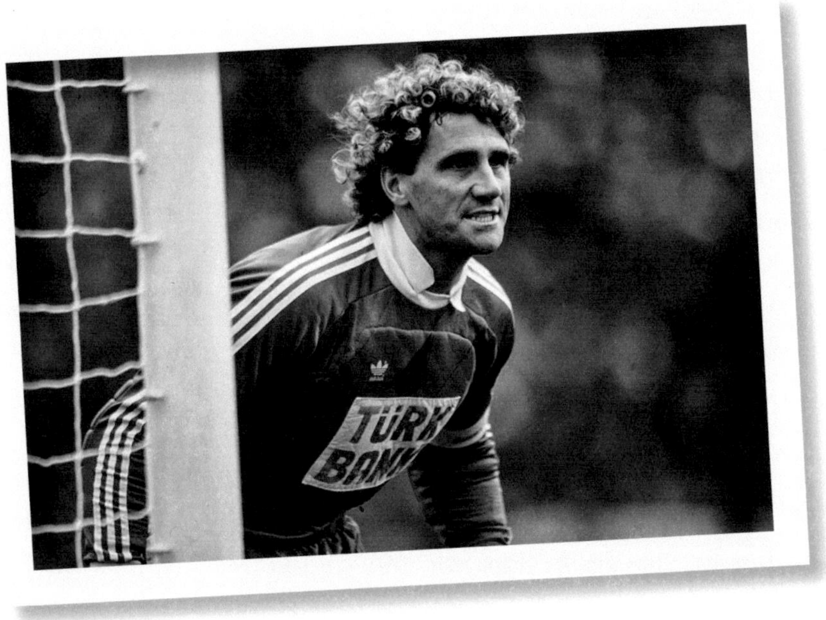

In der Türkei erlebt Jean-Marie noch einmal eine fantastische Zeit – fußballerisch und menschlich.

im Endspiel gegen Beşiktaş Istanbul auf das Spielfeld führen durfte.

In der Meisterschaft, der türkischen Süper Lig, belegten wir den dritten Platz. In der darauffolgenden Saison durfte Trabzonspor trotz der Niederlage im Pokalendspiel am Europapokal der Pokalsieger teilnehmen, weil Beşiktaş Istanbul auch die Meisterschaft gewonnen hatte und darum den europäischen Wettbewerb der Landesmeister bestritt. Wir als der Pokalvize zogen ebenfalls in den europäischen Wettbewerb ein.

Das Pokalfinale erreichten wir mit Urbain Braems, der 1975 bis 1978 und später auch noch von 1981 bis 1984 „meinen" KSK Beveren trainiert hatte. Als Trabzonspor einen neuen Trainer suchte, der internationales Flair, ausstrahlte, und mich die Vereinsführung um Rat fragte, wollte ich mich in die Vereinspolitik nicht einmischen. Ich kam mit dem damaligen Trainer Şenol Güneş, der wie ich in seiner aktiven Zeit im Tor gestanden hatte, sehr gut zurecht. Als sich jedoch Standard Lüttich just zu diesem Zeitpunkt von Urbain Braems trennte, wollte und konnte ich meinen ehemaligen Mentor gern empfehlen. Leider gewannen wir auch mit Urbain Braems keinen Titel, aber mit dem Erreichen des Pokalendspiels, dem dritten Platz in der Süper Lig und der Qualifikation für den europäischen Wettbewerb hatten wir einige dennoch sehr erfreuliche Erfolge vorzuweisen.

In Trabzonspor habe ich aber auch einen Fehler gemacht: Als mir der Vorstand von Trabzonspor anbot, als Botschafter des Klubs in Europa aufzutreten und ihn zu repräsentieren, habe ich das abgelehnt. Zudem sollte ich als Talentscout junge Spieler analysieren und meine Einschätzung dem Präsidium vorstellen. Ich bedauere es, dieses Angebot damals abgelehnt zu haben. Wenn ich eine derartige Offerte heute nochmals bekommen würde, nähme ich sie sofort und ohne zu überlegen an.

RESPEKT FÜR ANDERE KULTUREN ENTWICKELN

Während meiner Zeit in der Türkei spürte ich, dass ich den besten Teil meiner fußballerischen Karriere hinter mir hatte, immerhin war ich mittlerweile 37 Jahre alt. Ich begann, mich mehr für Themen und Dinge zu interessieren, die außerhalb des Fußballfeldes lagen. Sicherlich wollte ich nach wie vor gewinnen, wenn ich auf dem Platz zwischen den Pfosten stand, und nach wie vor trainierte ich hart und konzentriert. Auf der anderen Seite nahm ich repräsentative Aufgaben wahr und engagierte mich im sozialen Bereich, wenn ich zum Beispiel Schulen und Gefängnisse besuchte, um dort über meine Erfahrungen im Leistungssport zu berichten und den Menschen Mut zuzusprechen, ihren eigenen Weg zu finden und zu gehen. Ich besuchte zum ersten Mal in meinem Leben Museen, lernte die fantastische türkische Kultur kennen und lieben und traf mich mit Menschen, die mit Fußball nichts oder wenig zu tun hatten, um mich mit ihnen auszutauschen. Sogar das Tanzen erlernte ich, sehr zur Freude meiner Frau.

Ich lernte, das Leben zu genießen, und merkte, dass es ein Leben neben dem Fußball gab, ohne Stress und ohne Hektik, ohne die ständige Herausforderung, sich beweisen und gewinnen zu müssen. Ein neues, ein schönes, ein erhebendes Gefühl.

Die Begegnung und Beschäftigung mit einer fremden Kultur tragen zur Weiterentwicklung eines Menschen bei. Ich setzte mich mit dem Islam auseinander, lernte die Bedeutung des Ramadan und die Gewohnheiten eines mir bisher fremden Volkes kennen, ich besuchte Moscheen und Kirchen. Als Fußballer kommst du zwar viel in der Welt herum, aber eigentlich lernst du vor allem das jeweilige Stadion, das Hotel und die unmittelbare Umgebung des Spielortes kennen. Ich bin jedoch überzeugt, dass diese interkulturellen Begegnungen im sportlichen Bereich den Geist weiten und darauf vorbereiten, offenen Herzens und mit Respekt, Achtung und Wertschätzung auf fremde Kulturen und andere Menschen zuzugehen. Das trifft gewiss nicht auf alle, aber auf viele Sportler zu.

„LEBEN WIE GOTT IN DER TÜRKEI“

Hinzu kam das sorgenfreie und sehr angenehme Leben in der Türkei. Jeden Morgen genoss ich den herrlichen Ausblick auf das Schwarze Meer, in dem sich Delfine tummelten und Schiffe aus aller Herren Länder den Hafen anliefen und verließen. Es gibt die Redewendung „leben wie Gott in Frankreich“, aber diese Redewendung müsste besser heißen „leben wie Gott in der Türkei“.

Mein Jahr in der Türkei war ein Segen, ich übertreibe nicht, wenn ich von einem Geschenk Gottes spreche. Als ich aber am Ende der Saison 1989/1990 ein Resümee zog, kam ich zu der Entscheidung: „Schluss mit dem Fußball! Schluss mit dem Leistungssport!“ Ich hatte alles erreicht, was ich erreichen wollte und konnte. Nun war es an der Zeit, einen neuen Lebensabschnitt zu beginnen. Ich sehnte mich nach meinem Zuhause in Belgien, trotz oder gerade wegen der wundervollen Erfahrungen an der türkischen Schwarzmeerküste. Ich wollte endlich meine Kinder aufwachsen sehen.

Als ich nach Brasschaat heimkehrte und meine Frau und meine Kinder in die Arme schloss, fragte mich meine damals 16-jährige Tochter Debby: „Daddy, musst du heute noch trainieren?“ „Nein“, antwortete ich, „Daddy ist fertig mit Fußballspielen. Papa ist zu Hause. Und Papa bleibt zu Hause.“

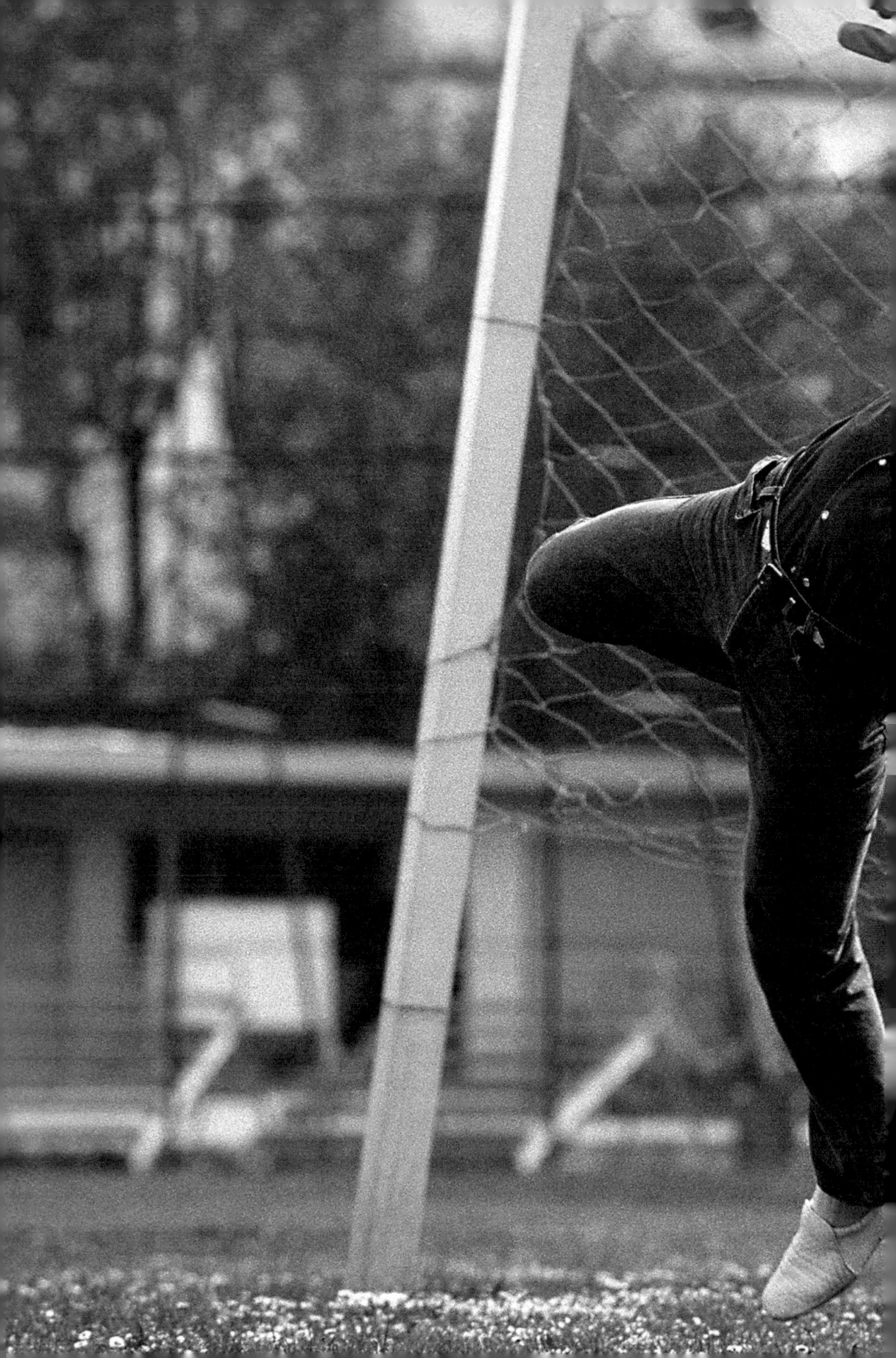

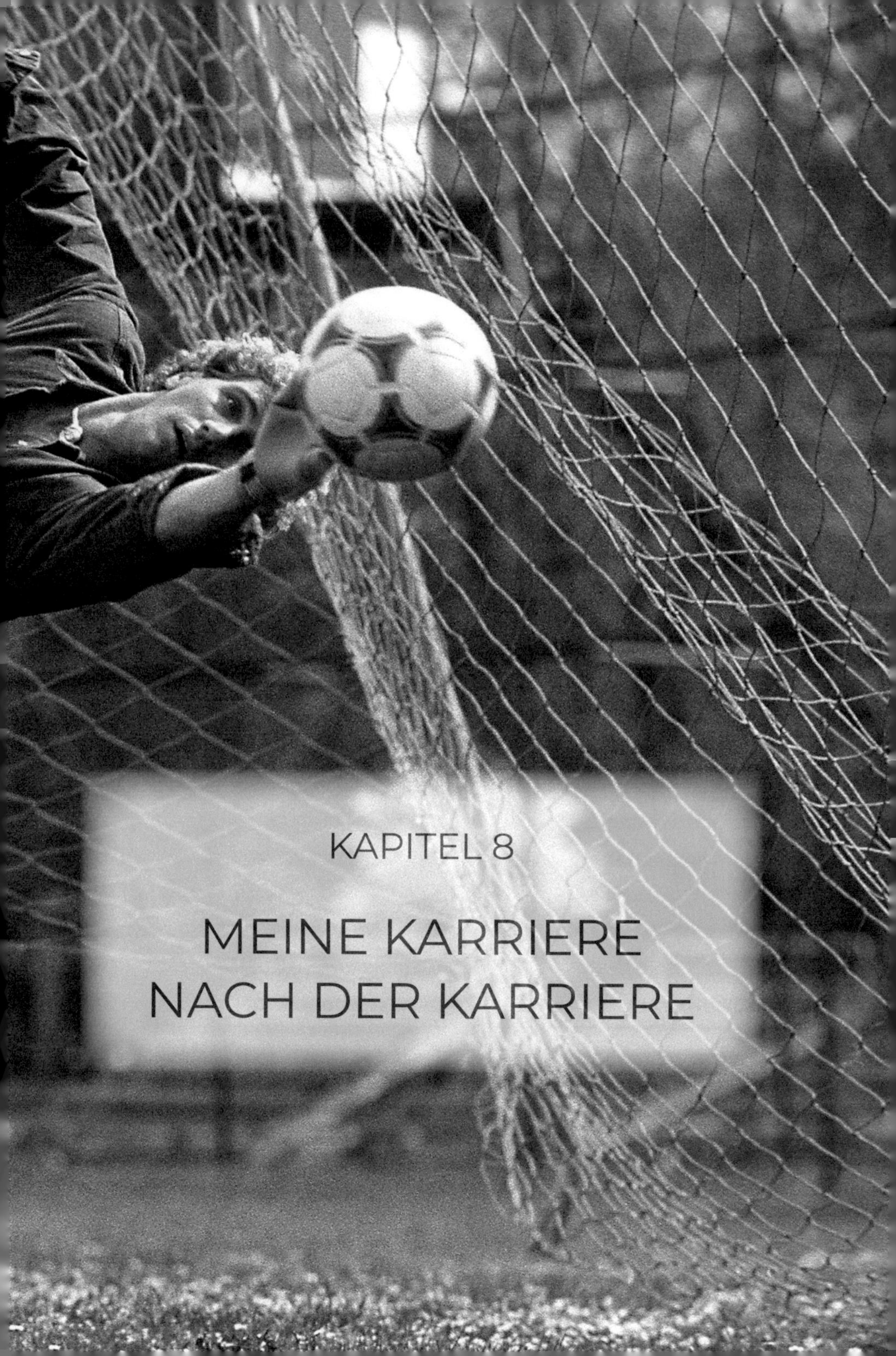

KAPITEL 8

MEINE KARRIERE NACH DER KARRIERE

Ich habe stets gewusst, dass das Leben erst nach der Karriere beginnt. Denn dann erweist es sich, ob man als Mensch im Leben wirklich zurechtkommt. Spitzensportlern wird in der Regel einiges von dem abgenommen, was „Otto Normalverbraucher“ selbst erledigen muss. Das ist in der heutigen Zeit extrem ausgeprägt; vielleicht wird den jungen Fußballern auf den Ausbildungsakademien manchmal zu wenig zugemutet und zu viel abgenommen, sodass es ihnen zuweilen schwerfällt, das Leben neben dem Fußballplatz eigenständig zu gestalten.

VORBEI AM SCHWARZEN LOCH

Auch in meiner Münchner Zeit wurde meinen Kameraden und mir von „guten Geistern“ das Leben erleichtert, damit wir uns vollkommen auf den Fußball konzentrieren konnten.

Das hat dazu geführt, dass wir so manches, was neben dem Fußball zum Leben gehört, vernachlässigen konnten und vernachlässigt haben. Wahrscheinlich aufgrund meiner Herkunft aus bescheidenen Verhältnissen jedoch überlasse ich Dinge

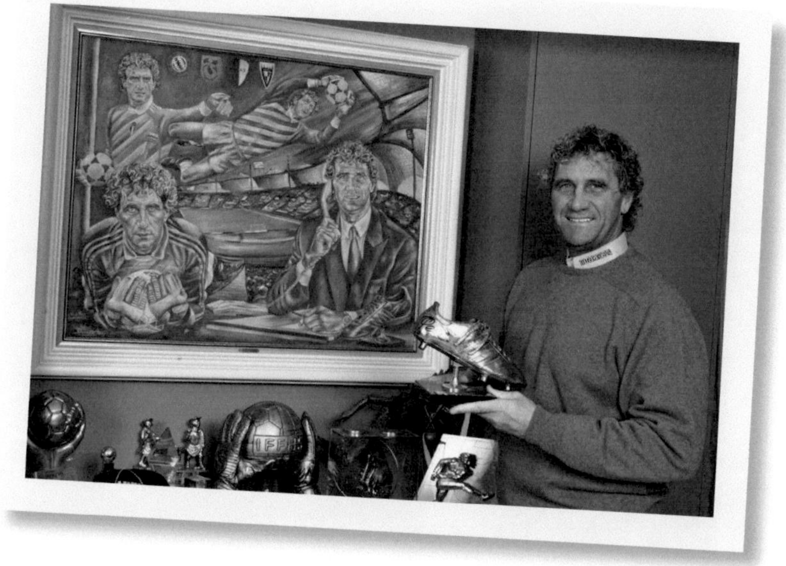

Trotz aller Trophäen und Triumphe: Jean-Marie ist und bleibt bodenständig und einer von uns!

des alltäglichen Lebens nicht gern anderen Menschen. Gewiss kann ich mich nicht vollständig davon freisprechen, aber im Großen und Ganzen habe ich mir als Fußballprofi auch beim FC Bayern München meine Eigenständigkeit bewahrt. Ich bin bescheiden geblieben und nie abgehoben. Dafür haben Carmen und meine Bodenständigkeit gesorgt. Fußball war für mich zwar ein bedeutender Bestandteil meines Lebens, aber nie mein Ein und Alles. In einer deutschen Talkshow habe ich einmal nicht ganz ernsthaft gesagt, dass man mir nie ein Denkmal setzen solle, weil am nächsten Tag ein Hund kommen würde, um mich anzupinkeln. Es ist nicht richtig, wenn Spitzenfußballer auf einen Sockel gestellt werden, dann können sie nur tief stürzen. Es ist besser für ihr Umfeld und sie selbst, wenn sie mit ihren Fans auf Augenhöhe bleiben.

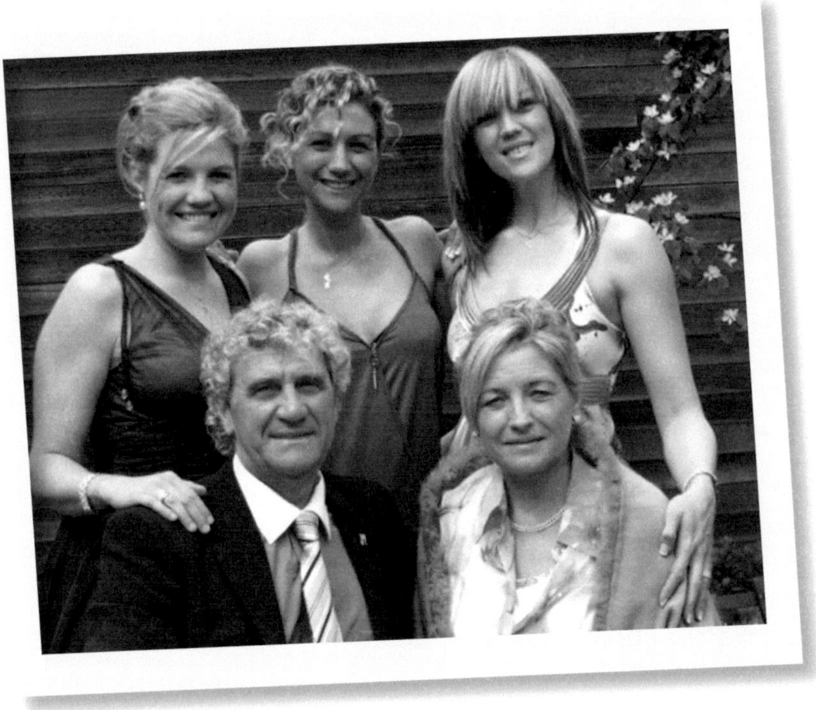

Für Jean-Marie ist die Familie immer der große Rückhalt.

Meine Familie hat dafür gesorgt, dass ich nie die Bodenhaftung und den Bezug zur Realität verloren habe. Das ist, glaube ich, ein Grund dafür, dass ich nach der Karriere nicht wie einige meiner Kollegen in ein tiefes schwarzes Loch gefallen bin. Nach meiner Fußballlaufbahn ist mir eben nicht der alleinige Lebensinhalt weggebrochen. Darum habe ich mich in der Zeit „danach“ nur noch selten professionell mit dem runden Leder beschäftigt, etwa als ich 2005 und 2006 als Mitglied des Berliner Fußballklubs BFC Dynamo den Verein kurzzeitig unterstützt und dem damaligen Oberligisten beim Aufbau eines Jugendleistungszentrums geholfen habe.

DIE VERBUNDENHEIT MIT DEM FUSSBALL IST GEBLIEBEN

Selbstverständlich äußere ich mich bis heute immer wieder zu aktuellen Fußballfragen, etwa wenn eine Europameisterschaft oder eine Weltmeisterschaft ansteht und mich die Journalisten nach den Chancen der belgischen Nationalmannschaft befragen. Manchmal sind die Anlässe traurig, etwa als mich Reporter nach Maradonas Tod zu meinen Erlebnissen mit Diego interviewten und ich mich daran erinnerte, dass Diego ein ganz anderer Mensch war, wenn keine Kamera lief. Dann konnte und wollte er sich so geben, wie er war, nämlich als jemand aus dem Volk und als Straßenfußballer, der die Fans ebenso liebte wie sie ihn. In diesem Punkt waren Diego und ich uns sehr ähnlich.

Und selbstverständlich ist es eine wunderschöne Erfahrung, alte Weggefährten und Freunde wiederzusehen, zum Beispiel Franz Beckenbauer oder den am 15. August 2021 verstorbenen Gerd Müller – feine Menschen, die mich in den 1970-Jahren auf dem Fußballplatz begeistert haben, später dann als Persönlichkeiten.

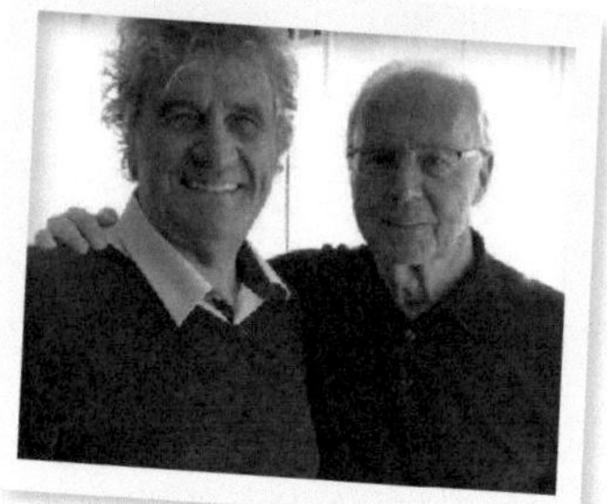

Franz Beckenbauer und Jean-Marie

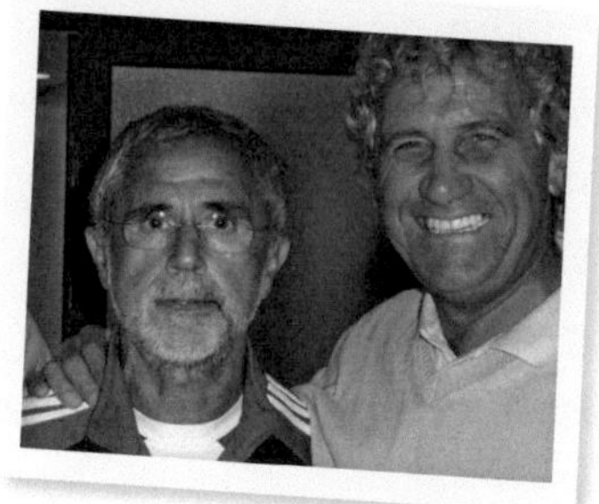

Gerd Müller und Jean-Marie

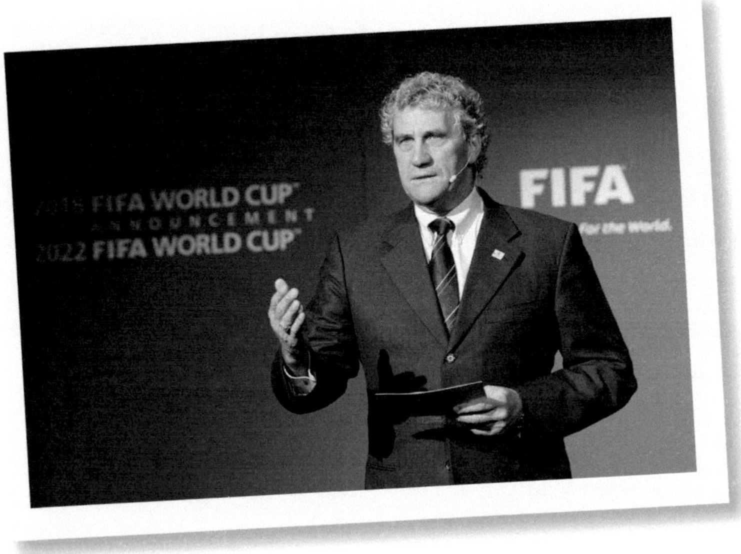

Nach der Fußballkarriere ist Jean-Maries Kompetenz auf anderen Gebieten gefragt.

Es ehrt mich sehr, wenn meine Meinung gefragt ist. So habe ich mich 2019 sehr früh für eine Vertragsverlängerung mit Bayern-Trainer Hansi Flick ausgesprochen und starkgemacht. Ich kenne Hansi aus unserer gemeinsamen Zeit in München; Lothar Matthäus und später Hansi Flick waren oft meine Zimmerkollegen. Hansi hat mit seiner großartigen Erfolgsstory beim FC Bayern bewiesen, dass er mit seiner Art und seiner Vorstellung vom Fußball zu dem Klub gepasst hat. Er hat schon als aktiver Fußballer gern über den Tellerrand geschaut und sich für Dinge des Spiels interessiert, um die sich aktive Spieler ansonsten nicht sonderlich kümmern. Darum hielt ich ihn sehr früh für den geeigneten Trainer für den Verein. Mit den Triumphen in der Meisterschaft, im DFB-Pokal und der Champions League, also dem Triple-Gewinn 2020, hat er das eindrucksvoll bestätigt. Und ich bin sicher, dass er auch mit der deutschen Fußballnationalmannschaft Erfolge feiern wird.

Wenn meine Meinung gefragt ist, scheue ich mich nicht, auch gegensätzliche und strittige Ansichten zu äußern. Als es um die Frage der Verteilung der Fernsehgelder in Deutschland ging, habe ich gesagt, dass diese viel gerechter verteilt werden müssten und alle Vereine gleich behandelt werden sollten. Wenn ein Verein erfolgreich ist, soll er dabei profitieren, das ist richtig, aber die Startbedingungen sollten für alle gleich sein.

AB IN DIE GESCHÄFTSWELT: ANDERE MENSCHEN AN MEINEN ERFAHRUNGEN TEILHABEN LASSEN

Ich fühle mich immer noch mit dem Fußball verbunden, aber längst nicht mehr so intensiv wie früher. Fußball ist und bleibt für mich eine der schönsten Nebensachen der Welt, aber bis auf die wenigen genannten Ausnahmen habe ich mich nach meinem Karriereende 1991 aus dem Fußball weitgehend zurückgezogen. Damals versprach ich meiner Familie, zehn Jahre lang vor allem für meine Kinder da zu sein. Meine Familie hatte sich bis dahin stets nach mir gerichtet. Jetzt standen meine Töchter und Carmen im Mittelpunkt. Aber für immer und ewig bin ich doch nicht zu Hause geblieben. Denn jetzt wollte ich meinen Namen und meine Bekanntheit einsetzen, um Unternehmen und Projekte zu unterstützen, die mir am Herzen lagen, und um in der Geschäftswelt Fuß zu fassen. Im Business gelten ähnliche Prinzipien und Regeln wie im Sport.

In beiden Welten ist es zum Beispiel von Bedeutung, sich von einer Vision leiten zu lassen und sich klare Ziele zu setzen, die mit Beharrlichkeit, Leidenschaft und Herzblut verfolgt werden sollten. Eine regelmäßige Zielüberprüfung hilft, Ziele eventuell zu revidieren und neu zu formulieren. Und wenn es nicht gelingt, Ziele zu verwirklichen, oder gar ein Misserfolg droht, ist es wichtig, daraus zu lernen und aus Fehlern einen Lernprozess abzuleiten. Entscheidend dabei ist, sich an den kleinen Dingen des Lebens zu erfreuen und niemals aufzugeben.

Als Spitzensportler, der in seiner Torwartkarriere stets um die Position als Nummer 1 gekämpft und dabei Rückschläge erlitten hat, kann ich glaubhaft vermitteln und Unternehmern und Geschäftsleuten zeigen, wie wichtig es ist, immer wieder aufzustehen, weiterzukämpfen und den Mut zu haben, eine Entscheidung zu treffen. Wer keine Entscheidung fällt, ist kaum zur Weiterentwicklung fähig. Das gilt für Sportler und Geschäftsleute gleichermaßen. Mit anderen Worten: Wer eine durchdachte Entscheidung getroffen hat und seine Ziele kennt, ist auf seinem unternehmerischen und sportlichen Weg kaum mehr zu stoppen, weil er genau weiß, was er will. Wenn dies Menschen behaupten, die mit großen Erfolgen und Misserfolgen keine Erfahrungen gesammelt haben, hören sich Sätze wie „Du musst immer wieder aufstehen und weitermachen“ unglaubwürdig und floskelhaft an. Aber aufgrund meiner Erfahrungen auf dem grünen Rasen und zwischen den Torpfosten eines Weltvereins und eines Nationalteams kann ich einschätzen und nachvollziehbar erläutern, was erfolgreiche Menschen von weniger erfolgreichen Menschen unterscheidet. Ein Satz wie „Du musst immer wieder aufstehen und weitermachen“ gewinnt an Glaubwürdigkeit und Durch-

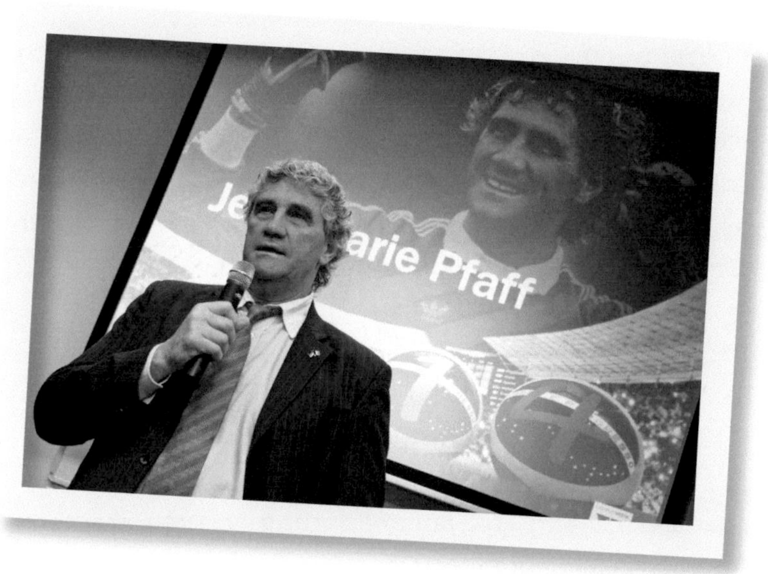

Erfahrungen weitergeben: Jean-Marie als Vortrags- und Kongressredner

schlagskraft, wenn er von jemandem geäußert wird, der eben dies als Spitzensportler selbst erlebt hat.

Darum lag es nahe, dass ich nach meiner Fußballlaufbahn meine Erfahrungen an Unternehmer, Geschäftsleute und Menschen, die sich weiterentwickeln wollen, als Vortrags- und Kongressredner weitergebe. Mir ging und geht es bei meinen Vorträgen darum, meine Kraft auf andere zu übertragen und andere Menschen an meinen Erlebnissen und Erfahrungen teilhaben zu lassen. Darum bin ich nach meiner Fußballkarriere selbst Geschäftsmann geworden und habe etwa auf Firmenveranstaltungen, Konferenzen, Tagungen, Roadshows, Produktpräsentationen und bei Managementseminaren über einige der wichtigsten Faktoren der Verkaufs-, Projekt- und Führungsarbeit referiert.

Wenn ich mit Schlips und Kragen auf einer Großveranstaltung vor Managern und Führungskräften über Themen wie Mitarbeiterführung und Teamentwicklung spreche, muss ich oft an meinen Vater denken, der bestimmt stolz wäre auf seinen Sohn, der früher zwischen den Torpfosten und nun am Rednerpult eine gute Figur abgibt.

BUSINESS UND SPORT: JEDER MENSCH IST EIN EINZIGARTIGES INDIVIDUUM

Teamgeist, Erfolg, Motivation, Führung, Kommunikation, interkulturelles Management, Changemanagement, Fair Play und Respekt – das sind einige der Themen, die im Sport und in der Geschäftswelt eine tragende Rolle spielen. Eines der Ziele meiner Vorträge besteht darin, eine Brücke zwischen Sport und Business zu bauen. Das fällt mir leicht, weil ich beide Bereiche kenne. Beispiele hierfür sind Vortragsthemen und Erfolgsbotschaften wie:

- „Nr. 1 werden und bleiben – mein Weg aus der belgischen Provinz bis zur Nr. 1 meines Landes, Europas und der Welt",
- „Teamgeist – elf Freunde sollt ihr sein, müsst es aber nicht (immer), um gemeinsam erfolgreich zu werden!" und
- „Aus Kunden treue Fans machen: Tipps zu Kundenzufriedenheit, Kundenbindung und Loyalität in Sport und Business".

Meistens übertrage ich Erfolgsgesetze aus dem Profisportbereich auf das Business, so auch bei dem Thema „Phasen der

Teamfindung zwischen Profimannschaft und Trainerstab am Beispiel einer Bundesligasaison". Ich freue mich, wenn meine Zuhörer von dem, was ich als Fußballprofi erfahren und gelernt habe, profitieren. Der Weg von Hinweisen, wie ich Mitspieler motiviere, zu Tipps, wie es gelingt, Mitarbeiter zu motivieren, ist nicht weit. Die Analyse der sehr unterschiedlichen Führungsstile, Erfolgsprinzipien und Kabinenansprachen der Bayern-Trainer Jupp Heynckes, Udo Lattek und Pál Csernai hilft Führungskräften und Unternehmern bei der Mitarbeiterführung. Entscheidend ist, jeden Mitarbeiter, jeden Menschen als einzigartiges Individuum zu sehen und zu behandeln. Noch ein Beispiel: Meine Erfahrungen und Eindrücke als „Ausländer" in Deutschland und der Türkei unterstützen Führungskräfte dabei, in einer globalisierten Welt die Herausforderungen des interkulturellen Teammanagements zu meistern. Auch dass Fairness und Respekt sowohl im Sport als auch im Business und im Leben an sich von hoher Bedeutung sind, kann ich meinen Zuhörern mit lebhaften Beispielen aus beiden Bereichen belegen.

Ich freue mich, wenn gerade der letzte Punkt in meiner Autobiografie deutlich geworden ist und ich dir mithilfe meiner Lebensgeschichte zeigen konnte, dass Erfolg nicht alles ist, sondern der Weg dorthin entscheidend ist. Wenn du dir selbst im Spiegel in die Augen schauen und dir sagen kannst, dass du vielleicht nicht immer alles richtig gemacht, aber doch stets versucht hast, deine Ziele zu erreichen, ohne anderen Menschen zu schaden, dann hast du meiner Meinung nach vieles richtig gemacht.

EHRLICHE SOLIDARITÄT KOMMT NICHT VON OBEN HERAB

Neben meinen geschäftlichen Aktivitäten setze ich meinen Namen und meinen hohen Bekanntheitsgrad für soziale Engagements und wohltätige Zwecke ein. Mit der Jean-Marie-Pfaff-Foundation wurde eine Stiftung ins Leben gerufen, für die ich eine Zeit lang jedes Jahr mit meinem Fahrrad Geld gesammelt habe, sodass wir behinderten und bedürftigen Menschen unter die Arme greifen konnten. Bei der Benefiz-Fahrradtour, die 2003 zum ersten Mal durchgeführt wurde, bin ich mit Freunden von München in meinen belgischen Wohnort Brasschaat geradelt. Die rund 1.000 Kilometer und acht Tage lange Tour führte über Ulm, Kaiserslautern und Bitburg, die Etappen waren zwischen 100 und 200 Kilometern lang. Das Projekt wurde von Sponsoren unterstützt. Einige Teilnehmer entrichteten zudem pro Kilometer, den sie mitfuhren, einen Obolus, andere überwiesen eine Spende. Mit dem Geld hat meine Stiftung zum Beispiel Waisenhäusern, der Krebshilfe oder alleinerziehenden Müttern in Not geholfen.

Wenn ich für ein Benefiz-Fußballspiel gefragt werde, ob ich mitwirken wolle, sage ich so gut wie immer zu, etwa wenn einige Stars und Politiker gegen eine belgische Obdachlosenmannschaft antreten. Für solche Aktionen schnüre ich gern noch einmal die Fußballschuhe und streife mir die Torwarthandschuhe über, solange meine Gesundheit dies zulässt. Und manchmal habe ich solche Aktionen auch selbst ins Leben gerufen.

Wer so aufgewachsen ist wie ich, kann gut nachempfinden, was es bedeutet, nicht zu den Privilegierten zu gehören.

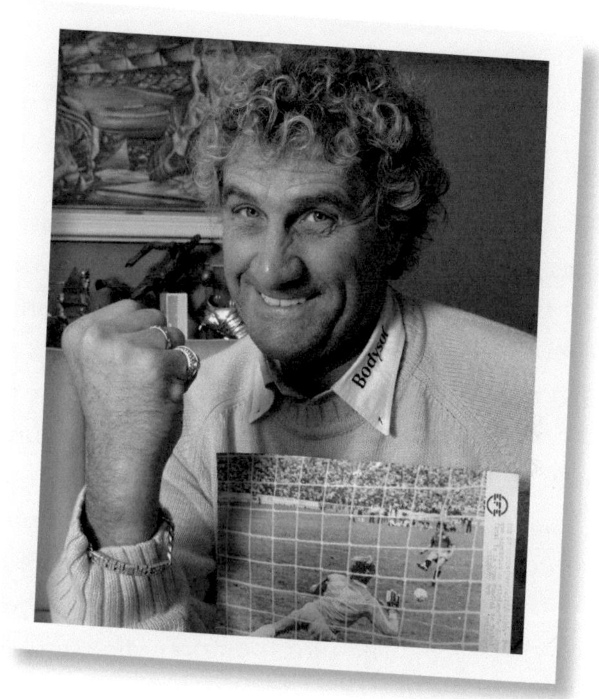

Elfmetertöter Jean-Marie: Popularität für den guten Zweck nutzen

Es ist ein sehr erhebendes Gefühl, Menschen, die sich in Not befinden, unterstützen zu können. Dabei darf Wohltätigkeit nie von oben herab erfolgen, ansonsten beschämt sie nur. Faszinierend am sozialen und wohltätigen Engagement finde ich, dass Menschen bereit sind, Verantwortung für andere zu übernehmen, und sich für etwas einsetzen, ohne selbst Vorteile oder einen unmittelbaren Nutzen davon zu haben. Soziales Engagement und Wohltätigkeit sind gelebte Solidarität mit Menschen, die es nicht so gut haben wie man selbst. Jeder, der diese Solidarität zeigt und lebt, indem er entsprechend handelt, wirkt als Vorbild in die Gesellschaft hinein. Wir brauchen solche Vorbilder.

DER SHOWMAN: ALS ZÄRTLICHER CHAOT BIER TRINKEN UND LEBERKÄS' ESSEN

Geschäftsmann und soziales Engagement – nun komme ich zu einem vollkommen anderen Tätigkeitsfeld, in dem ich nach meiner Fußballkarriere aktiv war, nämlich zum Showbusiness. Dass der belgische Fernsehsender VTM von 2002 an fast zehn Jahre lang die Doku-Soap „De Pfaffs" über unsere Familie produziert hat, die sehr hohe Einschaltquoten erreichen konnte, habe ich bereits erwähnt.

Wir haben zehn Jahre lang mit Kameras in unserer Villa in Brasschaat bei Antwerpen gelebt, ohne dass wir dies als nervig empfunden hätten. Carmen und ich wollten zeigen, dass wir trotz einer gewissen Berühmtheit normale Menschen geblieben waren und uns durch den Fußballruhm nicht verändert hatten. Im Fokus der Doku-Soap stand das alltägliche Leben der Familie Pfaff. Wichtig für Carmen und mich war, dass wir selbst bestimmt haben, was aufgenommen und ausgestrahlt wurde.

Es hat sich damals bestätigt, dass ich wohl über eine gehörige Portion Talent für das Showbusiness und Entertainerqualitäten verfüge. Das hatte sich bereits während meiner aktiven Zeit angekündigt. „Ich war ein Belgier und jetzt bin ich ein Bayer / Ich trinke Bier und esse Leberkäs' mit Eier / Und jeden Samstag steh' ich froh in meinem Tor / und kein Stürmer macht dem Jean-Marie was vor" – so der Text eines Songs, mit dem ich während meiner Bayern-Zeit recht erfolgreich in den Charts vertreten war. Unvergesslich aus dem Jahr 1987 bleibt mir ein Auftritt in dem Film „Zärtliche Chaoten" an der Seite von Thomas Gottschalk und Ottfried Fischer.

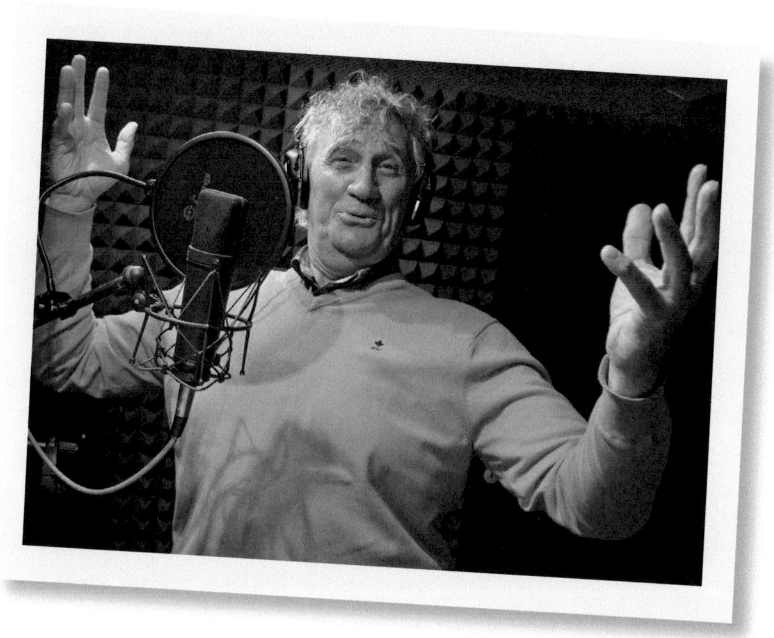

Kann ein Welttorhüter auch gut singen und schauspielern? Natürlich!

Carmen und ich vermuten, dass unsere Töchter Debby, Kelly und Lyndsey einiges von den schauspielerischen Fähigkeiten ihres Vaters geerbt haben, denn auch sie haben des Öfteren vor der Kamera gearbeitet.

Carmen hat sich in jenen Jahren einen Namen als Autorin zahlreicher Kochbücher gemacht und auch unsere Töchter in die Geheimnisse der Kochkunst eingeweiht. In einem der Kochbücher findest du die Lieblingsgerichte der Familie Pfaff und die geheimen Rezepte, die Carmen von ihrer Mutter und ihrer Großmutter geerbt hat. Carmens Großmutter hat jeden Tag in der Metzgerei ihres Onkels ausgeholfen, eigentlich ist Carmen in dieser Metzgerei aufgewachsen, zudem hat sie eine Ausbildung in der Gastronomie absolviert. Na ja, durch ihre Kochkünste haben wir beide etwas zugenommen. Aber Carmen hat Mittel und Wege gefunden, dass sie und ich die Waage in Schach halten konnten. Das ist nicht leicht, denn in einer Großfamilie gibt es stets etwas zu feiern. Wir genießen es, zusammen gut zu essen und die köstlichsten Gerichte auszuprobieren. Das Anstoßen der Gläser, das Lachen, die Scherze, das Beisammensein – wir lieben es.

Carmen bespricht zum Beispiel zu Weihnachten mit den Töchtern, welches Weihnachtsmenü serviert wird. Carmen ist die Stewardess, die dafür sorgt, dass der Chauffeur Jean-Marie und die Passagiere ihr gutes Essen bekommen. Und bei den zahlreichen Kinderfesten waren Carmens Kochkünste stets sehr gefragt. Weil Carmen mit 22 Jahren schon drei Kinder hatte, ist sie eine junge Großmutter, die sich vor allem, als die Enkelkinder noch kleiner waren, immer sehr gefreut hat, ein schönes Kinderfest ausrichten zu dürfen. Ich erinnere mich an eine große Geburtstagsfeier für unseren Enkel Bruce, für die wir ein paar hundert Hackbällchen zubereitet haben: Ich sitze am Tisch und rolle die Bällchen, Carmen steht am Herd und brät sie in einer riesigen Pfanne.

DIE WERTE DER FAMILIE PFAFF

Zu Beginn dieses Buches habe ich betont, dass die Familie für mich das Wichtigste in meinem Leben ist. Ich bin ein Familienmensch und habe darum ein Familienwappen kreieren lassen, das die Werte repräsentiert, die für meine Familie und mich von besonderer Bedeutung sind. Das Familiensymbol wird von einer Generation an die nächste weitergegeben.

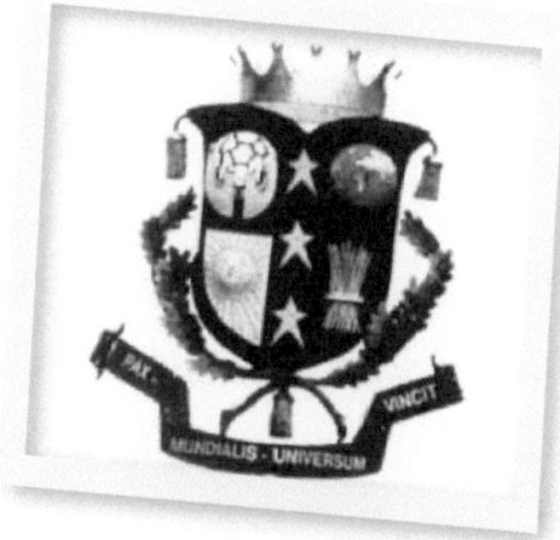

Das Wappenschild der Familie Pfaff

Schauen wir uns das Wappen näher an: Der Fußball in meinen Händen oben links repräsentiert den Sport, der mir Ruhm und Anerkennung eingebracht hat. Der blaue Planet rechts daneben symbolisiert die internationalen Aspekte meiner sportlichen Karriere. Die lächelnde Sonne unten links steht für die Sicht auf das Leben, die Carmen und ich haben: Lebe eine positive (Lebens-)Einstellung, sei freundlich und für andere da, wenn sie dich und deine Hilfe benötigen. Die Ähren daneben stehen für das, was meine Frau und ich gemeinsam gesät haben, sodass wir die Früchte unseres Tuns dereinst ernten können. Die drei Sterne symbolisieren unsere drei Töchter Debby, Kelly, und Lyndsey. Als Krönung über allem steht die Krone für die Bemühungen, mit denen Carmen und ich unser Leben gestalten. Und die Grundlage von allem ist der Frieden – Frieden besiegt alles.

MIT LEIB UND SEELE OPA

Die angenehmste und schönste Entwicklung meiner Nach-Fußball-Karriere ist, dass ich zunächst mit ganzem Herzen Papa und jetzt mit Leib und Seele auch Opa sein darf. Heute ist für mich vor allem wichtig, dass ich genügend Zeit habe, um meine Enkelkinder zum Beispiel von der Schule abzuholen und sie wo immer möglich zu begleiten und zu unterstützen. Wenn du den Kindern gegenüber hilfsbereit bist, geben sie dir später viel zurück.

Aber warum soll ich über mein Papa- und Opa-Dasein berichten, wenn es Menschen gibt, die viel besser darüber erzählen können? Darum habe ich den Redakteur, der mich bei meiner Autobiografie unterstützt hat, gebeten, ein Interview mit meiner Tochter Kelly zu führen.

Interview mit Jean-Maries Tochter Kelly

„Für Papa, für meine erste große Liebe"

Kelly, wie macht sich dein Vater als Opa?

Papa ist immer für seine Enkelkinder da, und wenn er bei ihnen ist und sich um sie kümmert, ist er ganz und gar bei ihnen. Er ist mit seinen Gedanken nicht bei etwas anderem, etwa beim Fußball, sondern widmet sich ganz und gar seinen Enkelinnen und Enkeln. Vor allem ist er ein sehr guter Zuhörer. Bei Debby, Lyndsey und mir war es früher, als wir klein waren, genauso. Wenn er zu Hause war, war er zu Hause, dann war er ganz und gar Papa. Oder jetzt eben Opa. Wenn ich ihm zum Vatertag oder zum Geburtstag gratuliere oder etwas schenke, betone ich immer: „Für Papa, für meine erste große Liebe!" Und für die Enkelkinder ist er sowieso der Allergrößte. Als sie noch kleiner waren, haben sie oft lieber bei Oma und Opa übernachtet als zum Beispiel bei Freunden. Das ist für meine Eltern doch ein schöner Vertrauensbeweis.

Ist Jean-Marie ein strenger Papa und Opa?

Er ist schon streng, aber auf eine sehr liebevolle Art. Es gibt klare Regeln und Normen, und solange man sich daran hält und in diesem Rahmen bewegt, ist alles in Ordnung. Wer über die Stränge schlägt, der erntet schon den gewissen Papa-Blick. Papa hat meistens weniger über Worte, sondern eher über seine Mimik mit uns kommuniziert, mit seinem Gesichtsausdruck. Wenn ihm etwas nicht gefallen hat, hat er uns mit großen Augen angeschaut. Ein intensiver Blickkontakt sagt ja oft mehr als tausend Worte, wir wussten sofort, dass wir etwas falsch gemacht hatten. Nachtragend jedoch ist er nicht. Im Gegenteil, er ist für jeden Spaß zu haben.

Für jeden Spaß zu haben, wie ist das gemeint?

Papa hatte daheim vier Frauen, Mama, meine Schwestern und mich. Ich muss etwa vier oder fünf Jahre jung gewesen sein, da haben wir ihn „verschönern" dürfen. Wir haben ihn massiert, ihm eine Gesichtsmaske aufgetragen und den Wuschelkopf frisiert, das war für uns Töchter ein Riesenspaß. Er hat das alles in Ruhe mitgemacht und über sich ergehen lassen, und zwar mit Freude. Einmal hat unsere Tochter, also seine Enkelin Shania, ihm die Fingernägel lackiert, als er anscheinend im Sessel eingeschlafen war; er hat es bemerkt, die Enkelin jedoch weitermachen lassen und so getan, als merke er es nicht. Er hat uns Kinder einfach ernst genommen. Wenn er in seiner aktiven Zeit nach Hause kam, habe ich ihm als kleines Kind oft gezeigt: „Schau mal, Papa, wenn ein Ball auf dich zufliegt, musst du ihn so fangen ...!" Und dann habe ich ihm einen Ball zugeworfen, und den hat er so gefangen, wie ich es ihm vorgemacht hatte. Ich durfte glauben, dass er meine Ratschläge und Tipps ernst nimmt und umsetzt. Das ist für ein Kind eine große Sache: „Ich kann dem Papa helfen und ihn unterstützen!“

Habt ihr Kinder euch Spiele von ihm angesehen?

Ja, wir waren bei vielen Spielen dabei. Papa hat dafür gesorgt und bei einigen Gelegenheiten auch darauf bestanden, dass wir bei Ereignissen und Veranstaltungen, zu denen er eingeladen war, mit dabei sein durften, seine Frau und seine Töchter. Wir waren immer mit dabei. Für uns war klar: Wir, seine Familie, sind für ihn das Wichtigste in seinem Leben, auch und vor allem in seiner aktiven Zeit. Als wir während der Münchner Jahre in Unterhaching und später in Baldham gelebt und gewohnt haben, gab es oft gemeinsame Flussfahrten und Ausflüge, und wir sind Ski gelaufen. Papa hat ja erst nach seiner aktiven Zeit das Schwimmen richtig erlernt, trotzdem ist er mit uns Kindern schwimmen gegangen.

Wie war das für deinen Vater, wenn die Töchter einen Freund, einen Partner mit nach Hause gebracht haben?

Papa hat die Entscheidungen seiner Töchter stets respektiert und unterstützt, auch bei dem Thema, das Sie ansprechen. „Wenn meine Tochter der Meinung ist, dass du gut für sie bist, dann erkenne ich das an und respektiere das“, so seine Reaktion. Papa hat uns eigenständig erwachsen werden lassen und uns geholfen und unterstützt, wenn es notwendig war. Und so verhält er sich auch bei den Enkelkindern, für die er stets Zeit und ein offenes Ohr hat. Wie gesagt: Er ist ein sehr aufmerksamer Zuhörer, etwa während der Spaziergänge mit seinen Enkelkindern.

Wie hast du sein Verhältnis zu eurer Mutter empfunden?
Das Verhältnis möchte ich vor allem mit dem Begriff Respekt beschreiben. In seiner aktiven Zeit war Papa oft unterwegs, und dann war Mama zu Hause der Chef, oder besser gesagt: die Chefin. Wir Kinder haben dann versucht, das auszunutzen und die Eltern ein wenig gegeneinander auszuspielen, das kennt wohl jeder, der Kinder hat. Wir sind zum Beispiel zu Papa gelaufen und haben gerufen: „Die Mama hat das erlaubt!", der Papa hat sofort bei Mama nachgefragt, ob das tatsächlich stimmt. Für ihn war wichtig, dass wir Kinder respektvoll mit Mama umgegangen sind, und das erreicht man am besten, indem man das respektvolle Verhalten vorlebt. Und genau das haben meine Eltern getan!
Wenn mein Vater jetzt zum Beispiel auf einer Konferenz und längere Zeit unterwegs ist, bittet er uns, die Mama anzurufen, und die Enkel bittet er, bei der Oma vorbeizuschauen. Allerdings (Kelly lacht herzhaft): Manchmal ist Mama froh, ein wenig Ruhe zu haben, und dann rufen wir Töchter andauernd an! Aber natürlich ist das ganz rührend und liebevoll von Papa und zeigt, wie nah sich meine Mutter und mein Vater sind und wie rücksichtsvoll sie miteinander umgehen.

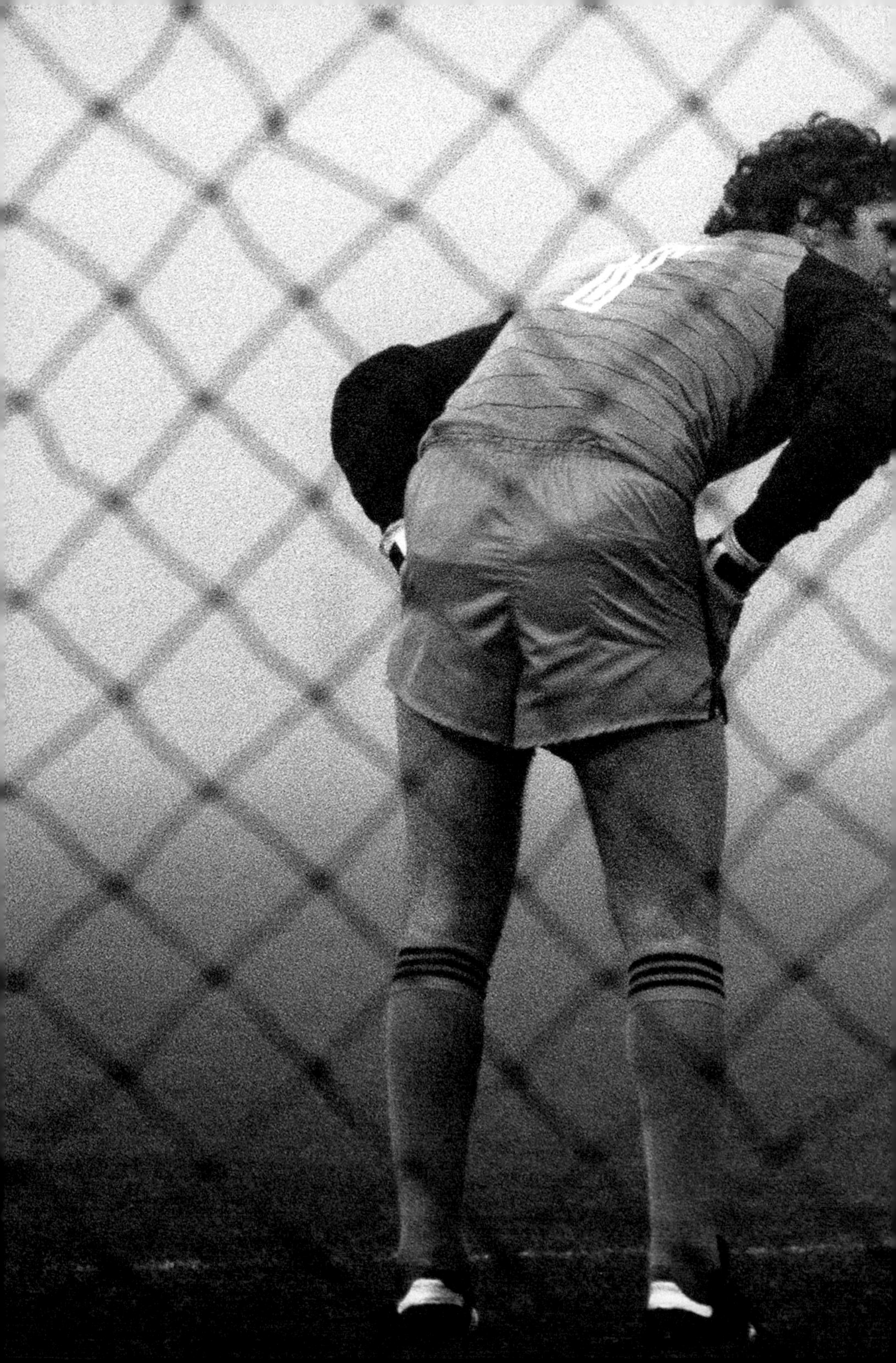

KAPITEL 9

BLICK ZURÜCK ZUM ANFANG – UND IN DIE ZUKUNFT

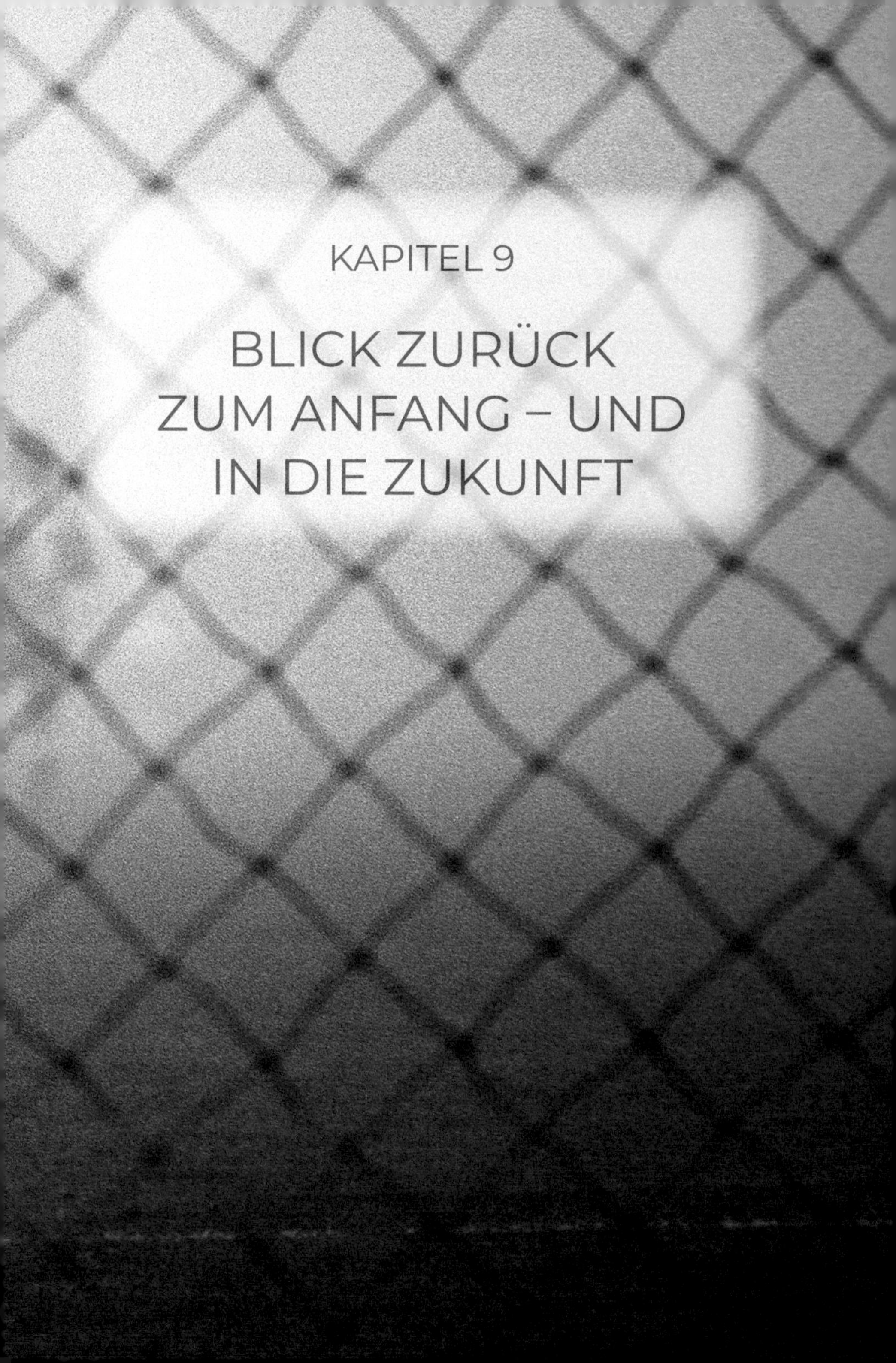

Ich bin jetzt (da ich diese Zeilen schreibe) 67 Jahre alt. Mithilfe dieser Autobiografie wollte ich auf mein Leben zurückblicken und verstehen, warum und wie ich zu dem wurde, der ich heute bin. Ich möchte jedoch nicht beim Blick zurück stehen bleiben und nach vorn schauen.

BLEIBE IMMER DU SELBST

Wenn ich jungen und jüngeren Menschen einen Tipp geben darf, dann ist es der: Versuche nie, jemand zu sein, der du nicht bist. Bei allen Problemen und Rückschlägen, bei allen Erfolgen, die du – auch als Fußballer und Sportler – feiern darfst: Bleibe immer du selbst.

Wer glaubt, eine Rolle übernehmen und spielen zu müssen, wer glaubt, den Menschen etwas vormachen und vorspielen zu müssen, der wird unglücklich werden und letztendlich seine Ziele nicht erreichen können. Widerstehe den Versuchen, dich zu verbiegen und zu jemandem zu machen, der du nicht bist. Das scheint mir vor allem eine Frage des Charakters und der Persönlichkeit zu sein.

Selbstverständlich sollst du dich anstrengen, um zu wachsen und dich weiterzuentwickeln, als Mensch oder als Sportler – aber entscheidend ist, dabei der zu bleiben, der du bist. Mir ist das, glaube ich, im Großen und Ganzen gelungen, und so mag dir mein Beispiel als Vorbild dienen: Es ist möglich, als Fußballer seine Ziele zu erreichen und umzusetzen und dabei so zu handeln und vorzugehen, wie das eigene Herz es vorgibt.

DIE FREUDE AM FUSSBALLSPIEL BEIBEHALTEN

Im ersten Kapitel hast du das „Jean-Marie-Pfaff-Horoskop" kennengelernt. Erstaunlicherweise ist vieles von dem, was dort steht und mir vorausgesagt wurde, tatsächlich eingetreten. Damit meine ich nicht nur die Tatsache, dass ich ein recht bekannter Fußballstar geworden bin, sondern auch und vor allem die Beschreibung meines Charakters: Ich glaube, ich bin ein offener und ehrlicher Mensch, der stets das sagt, was er denkt, und denkt, was er sagt. Im Laufe meines fast 70-jährigen Lebens hat sich vieles von dem, was der Astrologe Lode Willems aus meinem Horoskop herausgelesen hat, bestätigt. Für mich ist das ein Zeichen dafür, dass es mir tatsächlich gelungen ist, mir treu zu bleiben. Meine Lebenserfahrung zeigt mir, dass es bei einem Menschen nicht das Alter, das Vermögen, die Herkunft und das Aussehen sind, das zählt, sondern das, was ein Mensch in seinem Herzen trägt. Fußball hat viel mit Ruhm, Wohlstand und Anerkennung zu tun. Erfolgreiche Fußballer verdienen in der Regel viel Geld, ihr sozialer Status ist hoch, Abertausende von Kindern und Jugendlichen wollen so werden wie ihr jeweiliger Fußballstar. Wenn du dich aber ge-

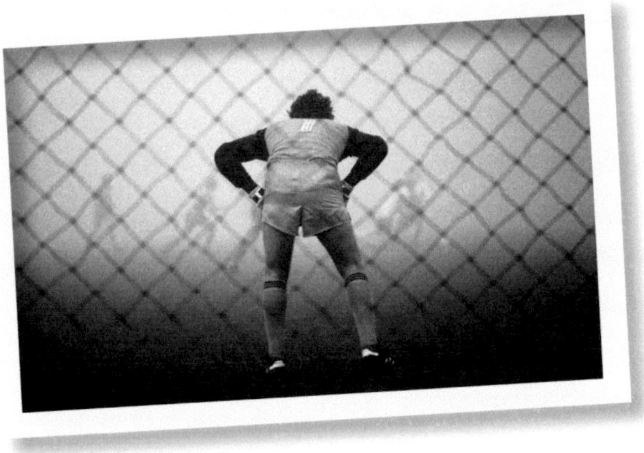

„Bleibe immer du selbst, dann behältst du die Kontrolle!"

rade mit sehr jungen Menschen unterhältst und sie fragst, warum sie ein Fußballstar werden wollen, erhältst du selten Antworten wie „Weil ich reich werden will" oder „Weil ich viel Geld besitzen möchte". Nein, es ist die Liebe zu dem faszinierenden Spiel, das die jungen Menschen antreibt und motiviert, viel zu trainieren und immer besser zu werden. „Ich will der beste Torwart – oder der beste Verteidiger, Mittelfeldregisseur oder Stürmer – werden": Das ist die einzige Motivation, die zählt. Ich hoffe, das bleibt so, und wünsche mir, dass sich die jungen Menschen auf dem Weg nach oben niemals verbiegen lassen und sich nicht einreden lassen, die teure Uhr, der dicke Wagen oder das große Geld zähle mehr als die Freude am Spiel.

Ist das naiv und weltfremd gedacht? Ich hoffe nicht.

FREUNDSCHAFTEN ALS WAHRE BELOHNUNG

Ein wichtiger Lohn harter Arbeit und großen Erfolgs sind Freundschaften. Damit meine ich nicht Freundschaften zu

Fußballkollegen oder Trainern. Freundschaften zwischen Spielern sind, ich habe es bereits angesprochen, die Ausnahme; meistens entwickelt sich ein kollegiales oder kumpelhaftes Verhältnis. Nein, ich meine vor allem Freundschaften wie die zu Joseph Safrany, der mich in meiner Münchner Zeit in vielen Belangen unterstützt hat und stets für mich da war. Es sind diese zu Herzen gehenden Freundschaften, die mich mit einer tiefen Zufriedenheit auf mein Leben und meine Fußballkarriere zurückblicken lassen. Die Möglichkeit, im Rahmen einer großen, auch internationalen Karriere solche Freundschaften auf der ganzen Welt schließen zu können, gehört für mich zu den wahrhaftigen Belohnungen, die ich mithilfe des Fußballs erleben durfte.

DER MENSCH HINTER DEM FUSSBALLSTAR

Haben dir meine Erinnerungen gezeigt, dass es möglich ist, sich aus kleinen und bescheidenen Verhältnissen emporzuarbeiten und eine große Karriere zu starten? Konnte ich dir Mut machen, deinen Traum auch dann zu träumen, wenn die Rahmen- und Startbedingungen alles andere als optimal sind? Konnte ich verdeutlichen, wie wichtig es ist, sich klare Ziele zu setzen und sie konsequent zu verfolgen, und dabei zu bleiben, wer und wie man ist? Und hast du hinter dem Fußballstar und Welttorhüter den Menschen Jean-Marie Pfaff erkennen können?

Dann hat es sich gelohnt, diese Erinnerungen niederzuschreiben.

VIELEN DANK!

Dieses Buch konnte nur entstehen, weil mehrere Menschen an ihm mitgewirkt haben. Diesen Menschen möchte ich danken. Großer Dank gebührt meinen Fans, die mich auf dem Fußballplatz, aber auch neben dem Platz als Weggenossen begleitet und unterstützt haben. Dass wir Fußballer während unserer aktiven Karriere wahrhaftige Freunde unter den andere Spielern gewinnen, kommt eher selten vor. Mir war es vergönnt, auf und neben dem Fußballplatz liebe und herzensgute Menschen kennenzulernen, die alle auf irgendeine Art und Weise mein Leben mitbestimmt haben. Manchmal haben diese Begegnungen auch wehgetan, weil diese Menschen mir Wahrheiten gesagt haben, die mich zunächst einmal geschmerzt, mich dann jedoch weitergebracht haben. Ohne die Begegnungen und Erfahrungen mit diesen Menschen wäre ich nicht der geworden, der ich heute bin. Vielen Dank dafür.

Der größte Dank gebührt meinen Eltern, Gott und meiner Familie: meiner Frau Carmen, meinen Töchtern Debby, Kelly und Lyndsey und deren jeweiligen Familien. Auch meinen Brüdern und Schwestern sage ich Dank, ebenso wie den Lehrern und Trainern, bei denen ich die Schulbank gedrückt und bei denen ich in die Schule des (Fußball-)Lebens gehen durfte.

Das Geheimnis eines Spitzentorwarts liegt in der Mischung aus Reflexen, Sprungkraft, Technik und Konzentration und im Willen, den Ball in allen Situationen fangen zu wollen.

Die technischen Dinge haben mir jene Fußballtrainer beigebracht, denen ich vor allem in Beveren, bei Bayern München und der belgischen Nationalmannschaft begegnen durfte. Und auch von meinen jeweiligen Mitspielern konnte ich profitieren. Vieles jedoch habe ich nur mithilfe meines Dranges nach Perfektionismus und meiner enormen Willenskraft und Willensstärke erworben. Wer den unbändigen Willen hat, alle Situationen im Leben zu meistern, der hat auch den Willen, den Ball in allen Situationen zu fangen. Und dann gelingt dies auch! Diesen unbändigen Willen verdanke ich vor allem meiner Mutter und meinem Vater, deren Glauben an ihren Sohn mich zu dem gemacht hat, der ich bin.

Dank sagen möchte ich auch allen, die unmittelbar am Entstehen dieses Buches beteiligt waren. Besonders danke ich Udo Jahreis von der HDI und dem Verlag Sicher Wissen, der das Buchprojekt initiiert hat, und Dr. Michael Madel (Redaktions- und Kommunikationsbüro), der mich bei der Erstellung des Manuskripts tatkräftig unterstützt und die Interviews mit meinen Töchtern Debby, Kelly und Lyndsey geführt hat. Michael Backhausen ist für das Lektorat zu danken. Zudem danke ich meinem langjährigen Freund Martin Heidt von „Jean-Marie Pfaff Medien & PR" für die Unterstützung bei der Fotoauswahl und Dr. Christiane Gierke von der text-ur agentur Dr. Gierke, Köln, die mit ihrem Team das Layout entwickelt und die Buchproduktion federführend begleitet hat. Vielen Dank auch an Martin Heidt und Christiane Gierke für ihre Unterstützung, meine Biografie möglichst vielen Menschen bekannt zu machen.

Die Zusammenarbeit lief unter erschwerten Coronabedingungen ab. Umso stolzer bin ich auf das schöne Ergebnis!

Euer Jean-Marie

NACHWORT VON CARMEN PFAFF

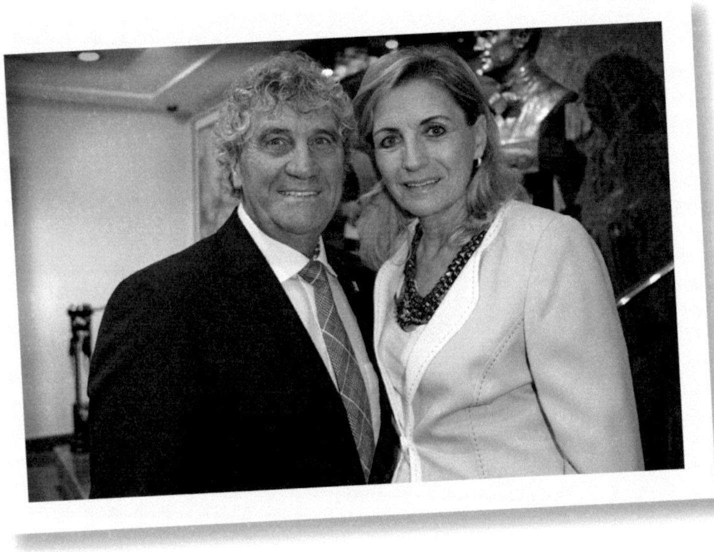

Ein Bund fürs Leben

Gern hätte ich Jean-Marie auch einen Sohn geschenkt. Selbst einen Namen hatte ich bereits gefunden: Juan-Mario.

So bin ich Mutter von drei unglaublich tollen und vor allem gesunden Mädchen geworden. Und darauf bin ich sehr stolz, ebenso wie Jean-Marie.

Alle drei Kinder gehen den perfekten Weg in eine gute Zukunft. Auch heute noch gebe ich Ihnen gern mit viel Liebe meine Lebenserfahrung mit auf den Weg. Ich bin sehr stolz auf das, das sie erreicht haben und noch erreichen werden.

Wir sind nicht immer die Gewinner auf dem Feld, und dann ist man als Mutter und Ehefrau gefragt, morgens fröhlich das Frühstück zuzubereiten und zu präsentieren. So können wir mit einem Lächeln und mit neuem Lebensmut der nächsten Herausforderung trotzen.

Nach fast 50 Ehejahren möchte ich meinem lieben Ehemann und besten Freund und dem liebevollsten Vater und besten Opa sagen:

ICH LIEBE DICH! ❤

Carmen

QUELLENVERZEICHNIS

Bei meiner Erinnerungsarbeit habe ich intensiv das Internet genutzt und in Interviews, die ich einst gegeben habe, und in Berichten über Fußballspiele gekramt:

INTERVIEWS, BERICHTE UND WEITERE QUELLEN

- Interview mit Tim Jürgens am 14. Dezember 2017: „Die Bundesliga machte mir Angst". Quelle: https://11freunde.de/artikel/die-bundesliga-machte-mir-angst/583781
- Interview mit Michael Knippenkötter am 4. Dezember 2013: Pfaff: „Wäre heute gerne ein Bayern-Profi". Quelle: https://www.tz.de/sport/fc-bayern/bayern-legende-jean-marie-pfaff-tz-interview-3253351.html
- Interview mit Henning Klefisch am 31. August 2013: „Meine schönste Zeit als Profi erlebte ich beim FC Bayern München". Quelle: www.3-liga.com/news-fussball-sportjournalist-henning-klefisch-trifft-jean-marie-pfaff-7289.html (dreiteiliges Interview)
- Bericht von Udo Muras zum Spiel zwischen Werder Bremen und Bayern München im April 1986 (mit Kutzop-Elfmeter): Quelle: https://www.dfb.de/news/detail/es-geschah-am-33-spieltag-kutzops-fataler-fehlschuss-32738/
- TRAINER BAADE (Fußballblog): „Pfaff kommt im Bayerntor an, Kaltz' Elfmeter nicht". Bericht vom 25. August 2012 zum Spiel Bayern München–Hamburger SV (mit Video zum Elfmeter von Manfred Kaltz). Quelle: http://www.der-libero.de/2012/08/pfaff-kommt-im-bayerntor-kaltz-elfmeter.html
- Peter Handke: Die Angst des Tormanns beim Elfmeter. Suhrkamp Taschenbuch, Frankfurt am Main, 1. Auflage 1972 (Zitate auf S. 112)

VIDEOS

Zu einigen in meiner Biografie erwähnten Erlebnissen gibt es spannende Videos im Internet (dokumentiert bei Redaktionsschluss Oktober 2021), zum Beispiel:

- https://www.youtube.com/watch?v=1LbHLjauBE8 – zum Spiel Belgien gegen Spanien bei der Weltmeisterschaft 1986 in Mexiko, in dem ich im Elfmeterschießen den entscheidenden Elfmeter halte
- www.youtube.com/watch?v=sazhizYvqrs – zu Frank Mills Fehlschuss für die Ewigkeit (1986). Interview mit Frank Mill unter www.weltfussball.de/news/_n2361561_/damals-ein-fehlschuss-fuer-die-ewigkeit/
- https://www.zdf.de/nachrichten/sport/fussball-bundesliga-1986-werder-bremen-bayern-muenchen-michael-kutzop-100.html – zum Elfmeter von Michael Kutzop im Spiel zwischen Werder Bremen und Bayern München im April 1986
- www.youtube.com/watch?v=gys5nmx0iRs – Elfmeter-Drama im Spiel des FC Bayern München gegen PAOK Saloniki 1983
- https://www.youtube.com/watch?v=5725OukmQv4 – zum Einwurftor von Uwe Reinders (1982)
- https://ostbelgiendirekt.be/10-sieg-gegen-argentinien-1982-video-177282#comment-208272 – WM-Eröffnungsspiel 1982 Belgien–Argentinien (mit Bericht zum Spiel)

ALLGEMEIN

Wer sich für Statistiken zu einzelnen Spielen interessiert:

- www.fussballdaten.de
- www.weltfussball.de
- www.transfermarkt.de

Und viele Infos auf meiner neuen Website:

- www.jmpfaff.com

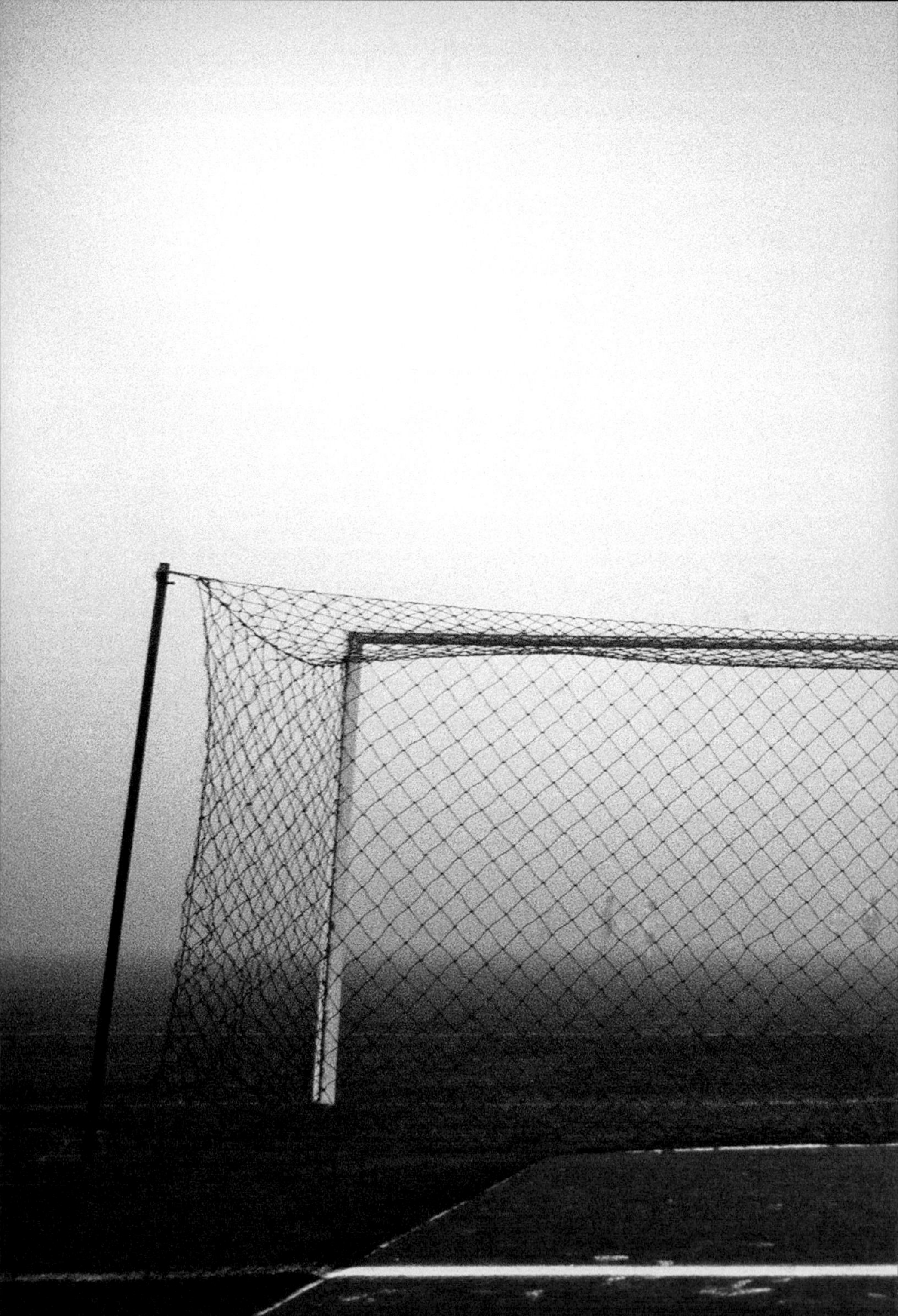

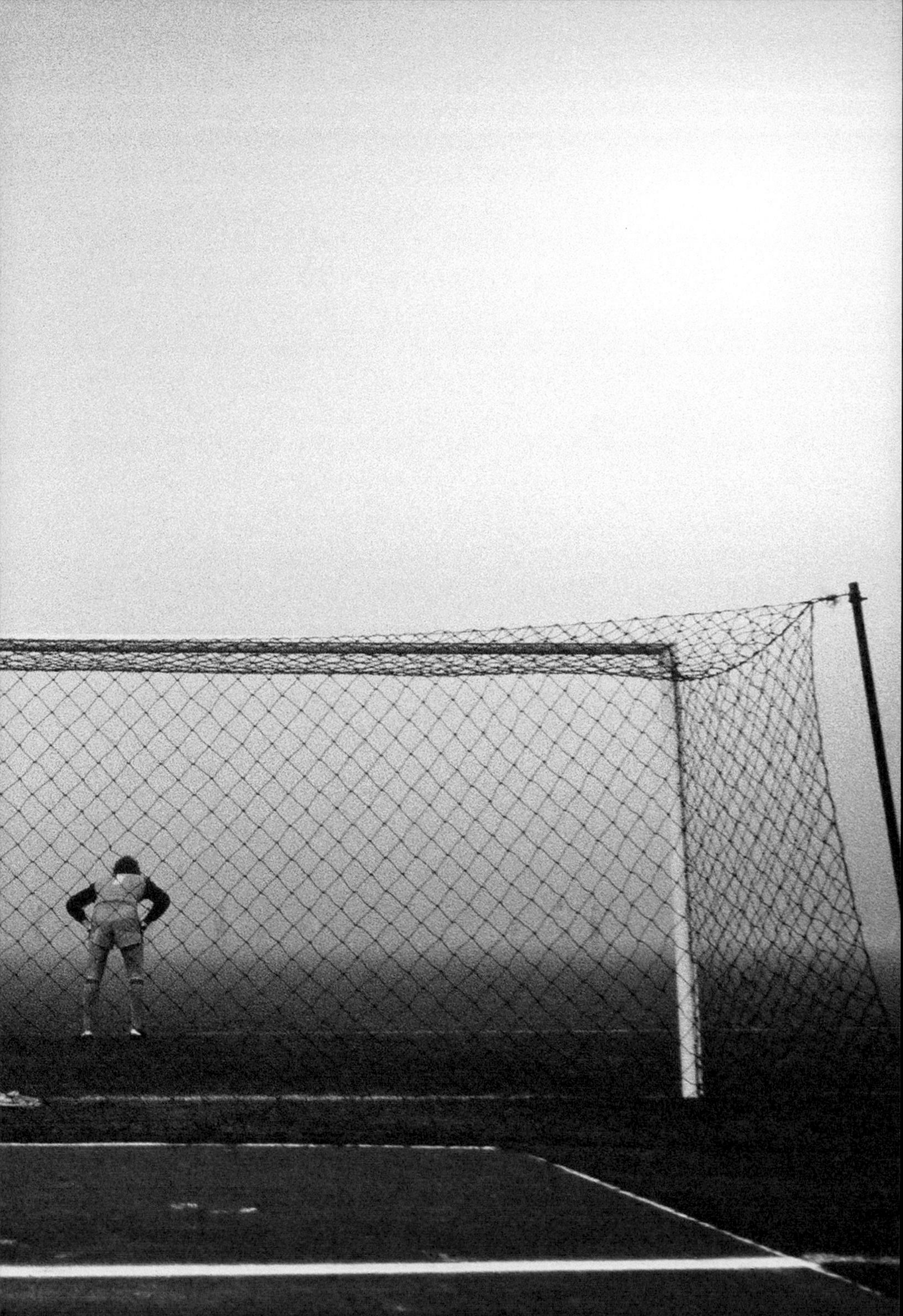

MIX
Papier aus verantwortungsvollen Quellen
Paper from responsible sources
FSC® C105338